U0094311

程水龍 校點

性理群書補註

［宋］熊剛大 集解 ［明］吴 訥 補註

華東師範大學出版社

圖書在版編目（CIP）數據

性理群書補註／［宋］熊剛大集解；［明］吴訥補註；程水龍校點. —上海：華東師範大學出版社，2023

ISBN 978－7－5760－4061－6

Ⅰ. ①性… Ⅱ. ①熊… ②吴… ③程… Ⅲ. ①理學—中國—南宋 Ⅳ. ①B244.75

中國國家版本館 CIP 數據核字(2023)第 144601 號

性理群書補註

編　著　者　［宋］熊剛大　［明］吴　訥
校　點　者　程水龍
責任編輯　吕振宇
責任校對　王麗平　時東明
裝幀設計　劉怡霖

出版發行　華東師範大學出版社
社　　址　上海市中山北路3663號　郵編　200062
電　　話　021－60821666　行政傳真　021－62572105　客服電話　021－62865537
網　　址　www.ecnupress.com.cn
門市地址　上海市中山北路3663號華東師範大學校内先鋒路口　郵編　200062
門市(郵購)電話　021－62869887
網　　店　http://hdsdcbs.tmall.com/

印　刷　者　蘇州工業園區美柯樂製版印務有限公司
開　　本　890毫米×1240毫米　1/32
印　　張　17.25
字　　數　334千字
版　　次　2024年1月第1版
印　　次　2024年1月第1次
書　　號　ISBN 978－7－5760－4061－6
定　　價　150.00元

出　版　人　王　焰

本書爲全國高等院校古籍整理研究工作委員會規劃項目：《〈性理群書補註〉整理與研究》（一九四五）

本書獲江蘇省高校優勢學科項目資助

目録

賦

卷七……二〇九

贊……二〇九

卷十……三〇二

序……三〇二

記

祭文

附録……五二七

校點説明

吴訥（一三七二—一四五七），字敏德，號思庵，明初海虞（今江蘇常熟）人。永樂年間因善醫術被舉薦至京，爲宫廷顧問。洪熙初授監察御史，宣德年間歷任浙江、貴州巡按，後任南京都察院左副都御史。正統初被誣下獄，獲釋後歸里。

吴訥自幼受父親薰陶，學習小學、四書，閲讀朱子所釋諸經與熊剛大性理群書句解。私淑朱子，一生博覽群書，於性理之學多有發明，認爲「先生（朱子）之學，體用兼備，其教學者必先小學、四書而後進讀諸經以及文辭」，編有晦庵朱先生文鈔七卷，著有思庵集、思庵文粹、小學集解、祥刑要覽等。

吴訥性理群書補註（以下簡稱「補註」）是對南宋熊節編、熊剛大注解的性理群書句解（以下簡稱「句解」）進行删減、增補、注釋而成。句解在理學文獻編纂史上具有導乎先路之功，明清時期一系列「性理」之書的編纂多受其影響，諸如性理大全書、性理備要、性理要解、性理精義等。

句解在史上具有較大的文獻與學術價值，在明代前期仍在流布。據明宣德九年（一四三四）嚴本性理群書補註後可知，吴訥在没有被舉薦到宫中之前，已在弦誦性理群書句解。因而性理群書句解宋元傳本是吴訥生活時代，即明代永樂、宣德、正統年間求學性理之學者的閲讀對象。

但是，因爲南宋熊剛大當初是爲了便於童蒙習讀性理群書而進行句解，故其注文淺顯易懂，卻又顯得瑣碎，往往解不必解。熊剛大句解不足的問題，在明代早期也顯現出來，崇敬朱子學的吴訥多年研讀句解，已感到前哲相去遥遠，「懼斯文之湮晦，弦誦之暇，删其可疑，補其所闕，而又稽經質傳，擇取儒先成説，足以己意，一以晦庵爲主，題曰補註」。他謹遵朱子教誨，静思體悟，在熊氏注解的基礎上進行補注，對於「訓詁名物及理致尤難明者」略加注釋，對於句解易明之處則不注釋，對於「不可解處」也不硬解，故其補註「凡易明者不載熊注，不可解者闕」。簡言之，句解易明處吴訥不注，且删除熊氏注文，難明處則予以注解，不可解處存疑。

據性理群書補註凡例，吴訥以性理群書句解元代刊本爲對象進行補注（吴訥關於句解本中近思録某些語録的分合，與現存句解元刻本吻合），且在六十歲前後對自己的補註「重加考訂，繕寫成帙」。嚴本得其稿本後，又爲嚴氏姻親徐敏叔所知，徐氏有感於「是編發明親切，可以羽翼四書」，於是「捐貲繡梓」，故嚴本特爲之作跋以記之，這便是補註的宣德九年刊本。此本每半葉十一行二十一字，四周雙欄，有界行。上下粗黑口，順（黑）魚尾。版心魚尾間刻有卷次、頁碼。卷端首行頂格題「性理群書卷之某某」，第二、第三行均低九字格，分别題署「建安熊剛大集解」、「海虞吴訥補註」，隨後刻印正文。性理群書的文字均頂格刻印，熊剛大集解、吴訥補注的文字皆單列，低一字格刻印，以「熊氏曰」、「補註」標識。在補註卷十四末，另葉刻有明宣德九年嚴本性理群書補註後。是本現藏中國臺北「中央圖書館」，殘存卷九至卷十四，鈐有「國立北平圖書館收藏」朱文印。

吴訥補註宣德九年刊本行世四十五年之後，於成化十五年（一四七九）進行了重刊，希古爲此撰有重刊性理群書補註序。此書言正而理深，故明代前期流布於世，之後傳至朝鮮、日本。韓國今存補註朝鮮李朝刻本中，有李朝成宗年間（一四七〇—一四九四）重刻本，其體例編次與上述明刻本一致，内容完全相同。每半葉十行二十字，四周雙欄，有界行。上下黑口，順魚尾。版心題卷次、頁碼。卷一卷端首行頂格題「性理群書卷之一」，第二、第三行均低九字格，分别題署「建安熊剛大集解」、「海虞吴訥補註」，第四行刻印正文。性理群書的文字均頂格刻印，熊剛大集解、吴訥補注的文字皆單列，低一字格刻印。卷首刻有明成化十五年希古重刊性理群書補註序、吴訥凡例、性理群書目録。從此刻本與現存明代刊本體例編次、卷前序跋、目録推斷，很可能是翻刻明成化十五年刊本。此木板現藏韓國國立中央圖書館，四册。藏家著録爲李朝成宗年間木板本，覆刻明刊本。遺憾的是，該藏本流布過程中脱損約八葉，顯得美中不足。

補註流布日本後，江户時代日本人進行了抄寫，其内容與明刊本、朝鮮李朝木板本基本一致。該抄寫本在素紙上用行楷抄録，十行二十字。雖無框欄行格，然編次整齊，抄寫工整。卷一卷端首行抄録「性理群書卷之一」，第二、第三行低九字格，分别題署「建安熊剛大集解」、「海虞吴訥補註」，第四行抄録正文。正文中性理群書文字單列，熊剛大注文、吴訥補註的文字隨後單列，低一字格抄録，以「熊氏曰」、「補註」的字樣標識。現藏日本國立公文書館的抄本，六册，卷帙完整，在卷十四末抄有吴訥跋文。抄寫者常用一些俗字或異體字，如「皃」（貌）、「発」（發）、「艸」（草）、「辤」（辭）、「読」（讀）等，而且抄寫本中常出現倒乙現象，偶有文字脱衍。

儘管朝鮮成宗刻本脱損少許卷葉，然其文字内容與殘存明代宣德刊本一致，甚而可謂覆刻明本，故選作本次校點的底本，其脱損卷葉的文字據校本，即殘存明本、日本江户抄寫本（簡稱「日本抄本」）補入。今校點完成，乞方家指正。

蘇州大學程水龍

凡例

一　熊氏此編首載濂溪、明道、伊川、康節、横渠、温公、晦庵畫像并贊，蓋以著明理學之所自也。其行狀、墓誌則皆録寘卷末，然節減太多，不免文有間斷，事不聯續。今考原本，刴取其要補入於内，仍移寘各贊之後，以便觀考。至若畫像，朱子嘗云「列聖賢像于室而宴處其中，甚爲非宜」，况置几案而坐對之乎？及像後所列傳道門人，如邢恕，宋史書爲姦臣，又嘗誣伊川於罪，今亦載爲程門弟子，兼其他亦多冗雜，故皆不敢録載云。

一　河圖、洛書、先天圖，朱子考釋精密，載于啓蒙之首；太極、通書、西銘，朱子闡明解剥，已無餘藴；張子正蒙，邵子皇極經世，朱子與蔡西山亦嘗論著。廬陵黄觀樂通輯各篇并註文，定爲朱子成書，傳行于世。今此編又自河圖而下，著爲句解，載於諸先生詩文之後，然朱子已註，尚奚容註哉？故皆不敢收載，學者取成書讀之，則自得之矣。

一　熊本所載吕與叔克己銘，朱子嘗論，未當與人物對言，又無克己工夫。詠禮詩云「寒即加衣飢即食」，竊謂無可以食、不可以食之義。又若龜山「人間幾度熟黄粱」、蔡西山

「頹然無縫塔」等句，後學皆難取法。及范魯公訓子弟、橫渠詠土牀、南軒宿方廣寺、勉齋訪高僉判等詩，并温公獨樂園、晦翁曲江樓記之類，恐非發明性理之作，故皆不敢收入。又如所載晦翁感興諸詩，凡天人之藴，靡不備具，其詠開窻等小詩，似不必更録。至若伊川答楊中立，温公答明道，晦翁答汪尚書，及觀心説、讀唐志、蔡九峯書集傳序之類，率皆發明理義之要，因復增入於卷云。

一 易傳序後又有易序、禮序，皆謂伊川所作。易序有曰：「太極者道也，兩儀者陰陽也，陰陽一道也，太極無極也。」竊惟程氏遺文朱子蒐輯備至，通書後録載明道誌其子端慤及其友李仲通墓，并伊川顔子好學論，皆著其引用圖、書「陰陽」、「二氣」、「五行」之語。若有此序明言太極，何不取附圖後乎？況陸象山之書力言「無極之非」，又言二程言論文字未嘗一及「無極」，又何不引此以折之乎？載考當時王安石廢罷儀禮，棄經任傳，今禮序亦止稱禮記四十九篇，而不及儀禮，何哉？因竊有疑于心，近脩補註，詳讀二序，率皆格致輕巧。禮序曰：「禮記其文繁，其義博，學者觀之，如適大通之衢，珠珍器帛，隨其所取，如游阿房之宫，千門萬户隨其所入。」絶不類伊川平日質慤精深之語。又周易董氏附録有曰：「易序，伊川集所不載，人以爲疑。」愚於是益信二序非伊川所作，故亦不敢收載云。

一 熊註間有差誤，不敢輒改，依温公註法言例補註其後，若脱簡譌字，則考他書正之，仍詳著以俟考訂。

一　是編所録程、張之言，亦有與四書集註不同，蓋此乃元本。而集註則朱子之所删潤，故理雖一而言辭少異，讀者亦所當知。

一　朱子嘗云：「凡解經書，只須略釋訓詁名物及理致尤難明者，其易明處更不須貼句相續，使讀者將註就經上體會，自然思慮歸一，意味深長。」又曰：「經書有不可解處，只得缺之，若一向去解，便有謬處。」今遵其意，凡易明者不載熊註，不可解者缺焉。

性理群書補註目録[一]

賦

卷之六

箴

目録終

校勘記

[一] 性理群書補註目録　「補註」二字原無，校點時所增。
[二] 事狀　「事」，朝鮮本正文作「行」。
[三] 和堯夫打乖吟　「和」下，朝鮮本正文有「邵」字。

〔四〕邵州遷學祝文　「學」下，朝鮮本正文有「釋菜」二字，無「祝」字。
〔五〕滄洲精舍告文　「告」下，朝鮮本正文有「先聖」字。
〔六〕論臨政處事　「政」原作「故」，據朝鮮本正文標目改。

性理群書補註卷之一[一] 建安熊剛大集解 海虞吴訥補註

濂溪先生周元公畫像贊[二] 晦翁

熊氏曰：此篇贊詠濂溪上續千載不傳之道統。

補註：此篇贊濂溪啓後世道學之功。

道喪千載，聖遠言湮。

熊氏曰：道者，日用常行之理，自孟子没不得其傳，聖人之世遼遠而不相接，聖人之言湮没而不可見。

補註：道者，日用事物當行之理，以人所共由而言謂之道，以其各有條理而言謂之理。喪，失也，即中庸序所謂孟氏「没而遂失其傳」者也。

不有先覺，孰開我人？

熊氏曰：不有周子先知此理，將何所賴以啓我後人乎？

補註：孰，誰也。

書不盡言，圖不盡意。

熊氏曰：書者，易通之書，而書不足以盡周子之言。圖者，太極之圖，而圖不足以盡周子之意。

補註：書，即通書。易大傳云「書不盡言，言不盡意」。朱子曰：「言不足以盡意，故立象以盡意。書不足以盡言，故繫辭以盡言。」又曰：「太極具天地萬物之理，周子爲圖以象之。」又曰：「周子留下太極圖，若無通書卻教人如何解得？故太極圖得通書而始明。」又曰：「通書太極之説，所以明天理之根源，究萬物之終始，豈用意爲之哉？是則所謂『書不盡言，圖不盡意』者，乃所以著圖書之相爲表裏，而言意之無盡也歟！」

風月無邊，庭草交翠。

熊氏曰：胸懷洒落，猶光風霽月，浩無邊岸。生意無息，猶庭前之草，翠色交加。此等氣象，豈圖、書所能盡哉？

補註：按：黄太史云「周茂叔人品甚高，胸中洒落，如光風霽月」。又明道云「周茂叔窻前草不除。問之，云『與自家意思一般』」。贊辭引此所以形容有道者之氣象，若云「豈圖、書所能盡」，竊意圖、書具天地萬物之理，斯言蓋非朱子之意也。上文圖、書「不足以盡周子之言」，意亦與此同。

行狀[三]

晦翁

先生世家道州營道縣濂溪之上，姓周氏，名惇實[四]，字茂叔。後避英宗舊名，改惇頤。用舅氏龍圖閣學士鄭公向奏，授洪州分寧縣主簿。縣有獄久不決，先生至，一訊立辯，衆口交稱之。部使者薦以爲南安軍司理參軍，移郴及桂陽令。用薦者改大理丞[五]，知洪州南昌縣事，簽書合州判官事，通判虔州事，改永州，權發遣邵州事。熙寧初，用趙清獻公、吕正獻公薦，爲廣南東路轉運判官，改提點刑獄公事。未幾而病，亦會水齧其先墓，遂求南康軍以歸。既歸[六]，上其印綬，分司南京。時趙公再尹成都，復奏起先生，朝命及門，而先生卒矣，熙寧六年六月七日也，年五十有七。葬江州德化縣清泉社。

補註：按：何棄仲營道齋詩序曰：「營道縣出郭三十里有村落曰濂溪，周氏家焉。先生遠宦，弛肩廬阜，力不能返，乃結屋臨流，寓『濂溪』之名，志鄉關在目中也。」趙清獻公名抃，吕正獻公名公著。

先生博學力行，聞道甚早，遇事剛果，有古人風。爲政精密嚴恕，務盡道理。嘗作太極圖、易説、易通數十篇。在南安時，年少，不爲守所知。洛人程公珦攝通守事，視其氣貌非常人，與語，知其爲學知道也。因與爲友，且使其二子往受學焉。及爲郎，故事當舉代，每一遷授，輒以先生名聞。在郴時，郡守李公初平知其賢，與之語，而嘆曰：「吾欲讀書，何如？」先生曰：「公老，無及矣，某也請得爲公言之。」於是初平日聽先生語，二年果有得。而程公二子，即所謂河南二先生者也。

補註：易説世無傳本。程公珦，程子父太中公也。明道先生嘗言，自再見周茂叔後，吟風弄月以歸，有「吾與點也」之意。門人記二先生語曰：「昔受學於周茂叔，每令尋仲尼、顔子樂處，所樂何事。」又按：行録云：「程公二子皆倡鳴道學以繼孔孟不傳之統，世所謂二程先生者，其原蓋自先生發之也。」

南安獄有囚，法不當死，轉運使王逵欲深治之。逵苛刻，吏無敢與相可否。先生獨力爭之，不聽，則置手板，歸取告身委之而去，曰：「如此尚可仕乎！殺人以媚人，吾不爲也。」逵亦感悟，囚得不死。在郴、桂陽皆有治績。來南昌，縣人迎喜曰：「是能辯分寧獄者，吾屬得所訴矣。」於是更相告語，莫違教命。蓋不惟以抵罪爲憂，實以污善政爲耻也。在合州，事不經先生手，吏不敢決。苟下之，民不肯從。蜀之賢人君子皆喜稱之。趙公時爲使者，人或讒先生，趙公臨之甚威，而先生處之超然。然趙公疑終不釋，及守虔，先生適佐州事，趙公熟視其所爲，乃寤[七]，執其手曰：「幾失君矣！今日乃知周茂叔也。」於邵州，新學校以教其人。及使嶺表，不憚出入之勤，瘴毒之侵[八]，雖荒崖絶島，人跡所不至者，亦必緩視徐按，務以洗冤澤物爲己任。施設措置，未及盡其所爲而病以歸矣。

自少信古好義，以名節自砥礪。奉己甚約，俸禄盡以周宗族、奉賓友，家或無百錢之儲。李初平卒，子幼，護其喪歸葬之。又往來經紀其家，始終不懈。及分司而歸，妻子饘粥或不給，而亦曠然，不以爲意也。襟懷飄洒，雅有高趣，尤樂佳山水，遇適意處，或徜徉終日。廬山之麓有溪焉，發源於蓮華峯下，潔清紺寒，下合於湓江。先生濯纓而樂之，因寓以「濂溪」之號，而築書堂於其上。豫章黄太史庭堅詩以序之曰：「茂叔人品甚高，胸中洒落，如光風霽月。」知德者亦深有取於其言云。

補註：按：行録云：先生在南昌，得病暴卒，更一日夜始甦，或視其家，止一敝篋，錢不滿百。後築書堂濂溪之上，語其友潘延之曰：「可仕可止，古人無所必，束髮爲學，將有以設施可澤於斯人者，必不得已，止未晚也。此濂溪者，異時與子相從於上，歌詠先王之道足矣。」

明道先生程純公畫像贊[九]

晦翁

熊氏曰：此篇贊詠明道道德温粹之容。

補註：此篇贊明道渾然道德之粹。

揚休山立，玉色金聲。

熊氏曰：「揚」與「陽」同，「休」與「噓」同。言氣之充實，如陽氣之噓物。貌之端嚴，如山之屹立。色之温栗，如玉色之不變。聲之洪暢，如金聲之不絶也。

補註：「揚休山立玉色」，見禮記玉藻篇。「金聲」，見孟子。「休」與「煦」同，言其和氣接人，如陽和之煦物也。「山立」，謂其立容儼然如山嶽之鎮重也。「玉色」，言其色容之盛如良玉温潤而栗然也。「金聲」，謂其辭氣之出如金聲，扣之以大則大鳴，扣之以小則小鳴也。此二句函陰陽動静之德。

元氣之會，渾然天成。

熊氏曰：是皆天地真元之氣，會合而生。德性渾全，出於天成，不假人力之爲也。

瑞日祥雲，和風甘雨。

熊氏曰：人之仰其德者，如瑞日祥雲之間見。被其德者，如和風甘雨之著物也。

龍德正中，厥施斯普。

熊氏曰：龍乾之象，九二中正之位，聖人具陽剛中正之德，大而化之猶龍之變化莫測，言明道實具聖人之德而在下位。使得其位以行其道，則此德所施極天下矣。

補註：易本義云：「正中者，不潛而未躍之時也。」易傳云：「見於地上德化及物，其施已普也。」又行狀云：「先生充養有素，其接物如陽春之温，其入人如時雨之潤，其教人循循有序，其爲政道之而從，動之而和，不求物而物應，未施信而民信。」又曰：「先生得不傳之學於遺經，以興起斯文爲己任，辯異端，闢邪說，使聖人之道煥然復明於世。孟子之後一人而已。是則先生之德，匪獨施於當時，抑且普及天下後世也。」

行狀

伊川

先生姓程氏，諱顥，字伯淳。父珦，見任太中大夫，致仕；母，壽安縣君侯氏。曾祖而下，葬河南，今爲河南人。先生生而神氣秀爽，異於常兒。未能言，叔祖母任氏太君抱之行，不覺釵墜，後數日方求之。先生以手指示，隨其所指而往，果得釵。數歲，通詩書[一〇]，强記過人。十歲能爲詩賦。十二三時，群居庠序中，如老成人，見者無不愛重。故户部侍郎彭公思永謝客，至學舍，一見異之，許妻以女。

補註：謝客，謂謝絶賓客，獨行至庠舍中也。劉立之曰：「先生幼有奇質，明慧驚人，年數歲即有成人之度，嘗賦酌貪泉詩曰：『中心能自固，外物豈能遷？』當世先達，許其志操。」

踰冠，中進士第，調京兆府鄠縣主簿[一一]。民有借其兄宅以居者，發地中藏錢。兄之子訴曰：「父所藏也。」令曰：「此無證佐。」先生曰：「此易辯爾。」問兄之子曰：「爾父藏錢幾何時矣？」曰：「四十年矣。」「彼借宅居幾何時矣？」曰：「二十年矣。」即遣吏取錢十千視之，謂借宅者曰：「今官所鑄錢，不五六年即遍天下，此錢皆爾未藏前數十年所鑄，何也？」其人遂服。南山僧舍有石佛，歲傳其首放光，遠近男女聚觀，晝夜雜處，爲政者畏其神，莫敢禁止。先生至，詰其僧曰：「吾聞石佛歲現光，有諸？」曰：「然。」戒曰：「俟復現，必先白吾，職事不能往，當取其首就觀之。」自是不復有光矣。府境水害，倉卒興役，先生所部，飲食茇舍，無不安便。時盛暑泄利大行，獨鄠人無死者。當路者欲薦之，多問所欲。先生曰：「薦士當以才之所堪，不當問所欲。」

補註：劉立之曰：「先生釋褐主鄠縣簿，帥守皆禁密，大臣待先生莫不盡禮。」游酢曰：「先生董役祁寒烈日，不擁裘，不御蓋，時所巡行，衆莫測其至，故人自致力常，先期畢事。」茇舍者，草舍也。周禮「夏官教茇舍」。

再朞，以避親罷。再調江寧府上元縣主簿。田税不均，蓋近府美田，爲貴家富室以厚價薄其税而買之，小民苟一時之利，久則不勝其弊。先生爲令畫法，民不知擾，而一邑大均。

會令罷去，先生攝邑事。上元劇邑，訴訟日不下二百。先生處之有方，不閱月，民訟遂簡。江南稻田，賴陂塘以漑。盛夏塘堤大決，計非千夫不可塞。法當言之府漕，然後計功調役，非月餘不能興作。先生曰：「比如是，苗槁矣[一二]，救民獲罪，所不辭也。」遂發民塞之，歲則大熟。

江寧當水運之衝，舟卒病者，爲營以處，歲不下數百人，至者輒死。先生察其由，蓋既留然後請於府，給券乃得食，比文具，則困於飢已數日矣。先生白漕司，給米貯營中，至者與之食，自是生全者大半。先生常云：「一命之士，苟存心於愛物，於人必有所濟。」

仁宗登遐，遺制官吏成服，三日而除。三日之朝，府尹率群官將釋服。先生進曰：「請盡今日，若朝而除之，所服止二日爾。」尹怒不從。先生曰：「公自除之，某非至夜不敢釋也。」一府相視，無敢除者。

茅山有龍池，其龍如蜥蜴而五色。祥符中，中使取二龍。至中途，奏一龍飛空而去。嚴奉以爲神物，先生捕而脯之。其始至邑，見人持竿以黏飛鳥，取其竿折之。及罷官，艤舟郊外。有數人共語：自主簿折黏竿，鄉民子弟不敢畜鳥[一三]。

再朞，就移澤州晉城令。民以事至邑者，必告之以孝悌忠信，入所以事父兄，出所以事長上。度鄉村遠近爲伍保，使之力役相助、患難相卹。孤煢殘廢，使無失所。行旅出其途者，疾病皆有所養。諸鄉皆有校，暇時親至，召父老與之語；兒童所讀書，親爲正句讀；教者不善，則爲易置。俗始甚野，不知爲學。先生擇子弟之秀者，聚而教之。去邑纔十餘年，而服儒服者數百人矣。

鄉民爲社會，爲立科條，旌別善惡，使有勸有耻。邑幾萬室，三年之間，無强盗及鬬死者。秩滿，代者且至，吏夜扣門，稱有殺人者。先生曰：「吾邑安有此？誠有之，則某村某人也[一四]。」問之果然。家人驚異，問何以知之。曰：「吾常疑此人惡少而弗革者也。」

河東財賦窘迫。雖至賤之物，至官取之，則其價翔踴。先生常度所需，使富家預儲，定其價而出之。富室不失倍息，而鄉官所費[一五]，比常十不過二三。民税常移近邊，載往則道遠，就糴則價高。先生擇富民之可任者，預使購粟邊郡，所費太省，民力用紓。民憚差役，役及則互相糾訴。先生盡知民産厚薄，第其先後，按籍而命之，無有辭者。

河東義勇，應文備數而已。先生至，晉城之民遂爲精兵。俗尚焚屍[一六]。先生教諭禁止，民始信之。先生爲令，視民如子。欲辨事者，或不持牒，徑至庭下，陳其所以。先生從容告語，諄諄不倦。在邑三年，百姓愛之如父母，去之日，哭聲振野。

補註：范祖禹曰：「先生爲政，視民如子。慘怛教愛，出於至誠。建利除害，所欲必得。故所至，民賴之如父母，去久而思之不忘。先生嘗言，縣之政可達於天下，一邑者天下之式也。」劉立之曰：「晉城民不知學，百年無登科者，先生擇其秀異置學舍教之，朝夕督厲，誘進學者，風靡後多登科者。」

用薦者，改著作佐郎。尋以御史中丞呂公公著薦，授太子中允，擢監察御史裏行[一七]。神宗素知先生名，比二三見，遂期以大用。每將退，必曰：「頻求對來，欲常相見爾。」一日，論議甚人[一八]，日官報午正，先生遽求退，庭中中人相謂曰：「御史不知上未食邪！」前後進説甚多，大要以正心窒慾、求賢育材爲先。先生不飾辭辯，獨以誠意感動人主。神宗嘗使推擇人材，所薦者數十人，而以父表弟張載暨弟頤爲首。所上章疏，子姪不得窺其藁。嘗言：「人主當防未萌之欲。」神宗俯身拱手曰：「當爲卿戒之。」及因論人才，曰：「陛下奈何輕天下士？」神宗曰：「朕何敢如是？」言之至于再三。

時王荆公安石日益信用，先生每進見，必爲神宗陳君道以至誠仁愛爲本，未嘗及功利。嘗極陳治道，神宗曰：「此堯舜之事，朕何敢當？」先生愀然曰：「陛下此言，非天下之福也。」

補註：劉立之曰：「先生被薦爲御史，神宗召對，問所以爲御史。對曰：『使臣拾遺補闕，裨贊朝廷，則可；使臣掇拾臣下短長，以沽直名，則不能。』神宗歎賞。」裏行者，唐太宗拜馬周御史裏行，言品秩未至，令於御史内行事也。

荆公寖行其説，先生意多不合，事出必論列。數月之間，章疏十上。尤極論者：輔臣不同心，小臣與大計，公論不行，青苗取息，賣祠部牒，差提舉官多非其人，興利之臣日進，尚德之風寖衰等十餘事。荆公與先生雖道不同，而嘗謂先生忠信。先生每與論事，心平氣和，荆公多爲之動。而言路好直者，必欲力攻取勝，由是與言者爲敵矣。

先生言既不行，懇求外補，神宗猶重其去，上章及面請至十數，不許，遂闔門待罪。神宗將黜諸言者，命執政除先生監司差，權發遣京西路提點刑獄。復上章曰：「臣言是願行之。如其妄言，當賜顯責。請罪而獲遷，刑賞混矣。」累請得罷。既而神宗手批，暴白同列之罪，獨於先生無責。

補註：言路好直者，謂御史張天祺也。按：遺書云：先生謂荆公曰：「管仲猶能言『出令當如流水，以順人心』。今參政須要做不順人心事，何故？」荆公曰：「此感賢誠意。」天祺其日於中書大悖，荆公怒，遂以死爭於上前，從此黨分矣。先生遂待罪，後荆公逐不附己者，獨不怨先生，且曰：「此人雖未知道，亦忠信人也。」

改差簽書鎮寧軍節度判官事。爲守者嚴刻多忌，通判而下，莫敢與辯事。始意先生嘗任臺憲，必不盡力職事，而又慮其慢己。既而先生事之甚恭，雖筦庫細務，無不盡心，事小未安，必與之辯，遂無不從者。屢平反重獄，得不死者前後蓋十數。

河清卒於法不它役。程昉爲外都水丞，怙勢，蔑視州郡，欲盡取諸埽兵治二股河，先生以法拒之。昉請於朝，命以八百人與之。天方大寒，昉肆其虐，衆逃而歸。州官畏昉欲不納[一九]。先生曰：「此逃死自歸，弗納必爲亂。昉有言，某自當之。」即親往，開門撫諭，約歸休三日復役，衆歡呼而入。具以事上聞，得不復遣。後昉奏事過州，揚言於衆曰：「澶卒之潰，乃程中允誘之，吾必訴於上。」同列以告，先生笑曰：「彼方憚我，何能爾也？」果不敢言。

會曹村埽決，時先生方救護小吳，相去百里。州帥劉公涣以事急告，先生一夜馳至。帥俟於河橋。先生謂帥曰：「曹村決，京城可虞。臣子之分，身可塞亦爲之。請盡以廂兵見付。」帥遂以本鎮印授先生，曰：「君自用之。」先生得印，徑走決堤，諭士卒曰：「朝廷養爾輩，正爲緩急爾。爾知曹村決則注京城乎？吾與爾曹以身捍之！」衆皆感激自效。先生命善泅者御細繩以渡[二〇]，決口水方奔注，達者百一，卒能引大索以濟衆，兩岸並進，晝夜不息，數日而合。

補註：邢恕曰：先生爲澶州幕官，歲餘罷歸。恕後過澶州，問村民，莫不咨嗟歎息。蓋先生之從政，視民如子，憂公如家。其誠心感人，雖爲郡寮佐，歲餘而去，至使田父野人皆知姓名，又稱歎其賢。使爲一郡，又何如哉？使行乎天下，又何如哉？

郊祀霈恩，先生曰：「吾罪滌矣，可以去矣。」遂求監局，以便親養，得罷歸。歲餘，得監西京洛河竹木務。薦者言其未嘗叙年勞，丐遷秩，特改太常丞。神宗猶念先生，會脩三經義，語執政曰：「程某可用。」執政不對，又嘗有登對者自洛至，問曰：「程某在彼否？」連言佳士。其後彗見翼軫間，詔求言，先生應詔論朝政極切。還朝執政屢進擬，神宗皆不許，既而手批與府界知縣，差知扶溝縣事。先生詣執政，復求監當。執政諭以上意不可改也。數月，右府同薦，除判武學。新進者言其新法之初，首爲異論，罷復舊任。

補註：劉立之曰：先生在御史，有南士遊執政門者，方自南還，素議虧闕。先生奏言其行。後先生被命判武學，其人已通顯，懼先生復進，乃抗章，論先生新法之初首爲異論。先生笑曰：「是豈誣我邪？」執政者，荆公新進者李定也。定不服生母服，時共鄙之。

先生爲治，專尚寬厚，以教化爲先。扶溝素多盜，先生在官，無强盜者幾二年[二二]。廣濟、蔡河出縣境，瀕河不逞之民，專脇取舟人物，歲必焚舟十數以立威。先生始至，捕得一人，使引其類，得數十人，分地處之，使以挽舟爲業，且察爲惡者。自是邑境無焚舟之患。

畿邑田税重，朝廷歲常蠲除。良善之民憚督責先輸，獲除者皆頑民也。先生爲約，前料獲免者，今必如期而足，於是惠澤始均。司農言，天下役錢，達户四等，而畿内獨止第三，請亦及第四。先生力陳不可，司農奏其議，神宗是之，畿邑皆得免。

常權穀價，不使至甚貴甚賤。會大旱，麥苗且枯。先生教人掘井以溉，一井不過數工，而所灌數畝，闔境賴焉。水灾民飢，先生請發粟貸之。鄰邑亦請。司農怒，遣使閱實。使至鄰邑，而令遽自陳穀且登，無貸可也。使至，謂盍亦自陳？先生力言民飢，遂得穀六千石，飢者用濟。

都知王中正巡閲保甲，諸邑供帳競務華鮮，以悦奉之。主吏以請，先生曰：「吾邑貧，安能效他邑？且取於民，法所禁也。今有故青帳，可用之。」鄰邑有冤訴府，願得先生決之者，前後五六。有犯小盗者，謂曰：「汝能改行，吾薄汝罪。」盗叩首願自新。後數月，復穿窬。捕吏及門，盗告其妻曰：「我與太丞約，不復爲盗，今何面目見邪？」遂自經。

官制改，除奉議郎。鄰邑民犯盗，繫縣獄而逸。坐是以特旨罷。邑人知且罷，詣府及司農丐留者千數。去之日，不使人知，老稚數百，追及境上，攀挽號泣，遣之不去。以親老求近鄉監局，得監汝州酒稅。

補註：按：庭聞藁録曰：扶溝地卑，明道經畫溝洫之法未及興工而去，曰：「以扶溝之地盡爲溝洫，必數年乃成。吾爲經畫十里之地以開其端，後人知其利，必有繼之矣。夫爲令之職，必使境内之民凶年飢歲免於死亡，飽食逸居有禮義之訓，然後爲盡。故吾於扶溝開設學校，聚邑人子弟教之，亦幾成而廢。夫百里之地至狹也，而道之興廢繫焉。是數事皆未及成，豈不有命歟！然知而不爲，而責命之興廢則非矣，此吾所以不敢不盡心也。」

今上嗣位，覃恩，改承議郎。先生雖小官，賢士大夫視其進退，以卜興衰。召爲宗正寺丞，未行，以疾終，元豐八年六月十五日也，享年五十有四。士大夫識與不識，莫不哀傷，爲朝廷生民恨惜。

補註：邵伯温曰：先生以宗丞召，未行而卒。先生素爲温公、申公所重，使不早死，更相調護協濟於朝，則元祐朋黨之論無自而起矣。或問明道於富韓公，公曰：「伯淳無福，天下人也無福。」

先生資稟既異，而充養有道：純粹如精金，温潤如良玉；寬而有制，和而不流；忠誠貫於金石，孝悌通於神明。視其色，其接物也，如春陽之温；聽其言，其入人也，如時雨之潤。胸懷洞然，徹視無間；測其蘊，則浩乎若滄溟之無際；極其德，美言蓋不足以形容。先生行己，内主於敬，而行之以恕；見善若出諸己，不欲弗施於人；居廣居而行大道，言有物而動有常。

先生爲學，自十五六時，聞汝南周茂叔論道，遂厭科舉之業，慨然有求道之志。未知其要，泛濫於諸家，出入於老、釋者幾十年，返求諸六經而後得之。明於庶物，察於人倫。知盡性至命，必本於孝悌；窮神知化，由通於禮樂。辯異端似是之非，開百代未明之惑，秦漢而下，未有臻斯理也。

謂孟子没而聖學不傳，以興起斯文爲己任。其言曰：「道之不明，異端害之也。昔之害近而易知，今之害深而難辯。昔之惑人也，乘其迷暗；今之入人也，因其高明。自謂之窮神知化，而不足以開物成務。言爲無不周遍，實則外於倫理；窮深極微，而不可以入堯舜之道，天下之學，非淺陋固滯，則必入於此。自道之不明也，邪誕妖異之説競起，塗生民之耳目，溺天下於污濁；雖高才明智，膠於見聞，醉生夢死，不自覺也。是皆正路之蓁蕪，聖門之蔽塞，闢之而後可以入道。」

先生進將覺斯人，退將明之書；不幸早世，皆未及也。其辯析精微，稍見於世者，學者之所傳爾。先生之門，學者多矣。先生之言，平易易知，賢愚皆獲其益，如群飲於河，各充其量。

先生教人，自「致知」至於「知止」，「誠意」至於「平天下」，洒掃應對至於窮理盡性，循循有序。病世之學者捨近而趍遠，處下而闚高，所以輕自大而卒無得也。

先生接物，辯而不間，感而能通。教人而人易從，怒人而人不怨，賢愚善惡咸得其心，狡僞者獻其誠，暴慢者致其恭，聞風者誠服，覿德者心醉。雖小人以趍嚮之異，顧於利害，時見排斥，退而省其私，未有不以先生爲君子也。

先生爲政，治惡以寬，處煩而裕。當法令繁密之際，未嘗從衆，爲應文處責之事。人皆病於拘礙，而先生處之綽然；衆憂以爲甚難，而先生爲之沛然。雖當倉卒，不動聲色。方監司競爲嚴急之時，其待先生，率皆寬厚，設施之際，有所賴焉。先生所爲綱條法度，人可效而爲也。至其道之而從，動之而和，不求物而物應，未施信而民信，則人不可及也。

補註：劉立之曰：先生既不用於朝，以奉親之故，禄仕筦庫以爲養。居洛幾十年，玩心道德性命之際，其渾浩冲融必合乎規矩準繩。蓋真顔氏之流、黄憲之徒不足道也。

彭夫人封仁和縣君，嚴正有禮，事舅以孝稱，善睦其族，先一年卒。子曰端懿，蔡州汝陽縣主簿；曰端本，治進士業。女適承務郎朱純之。卜以今年十月乙酉，葬于伊川先塋。謹書家世行業及歷官行事之大槩，以求誌於作者。

補註：伊川既狀先生之行，而太師文公彦博題先生之墓曰：「明道先生之墓。」伊川復作墓表其略曰：「周公没，聖人之道不行。孟軻死，聖人之學不傳。道不行，百世無善治。學不傳，千載無真儒。無善治，士猶得以明夫善治之道，以淑諸人，以傳諸後。無真儒，天下貿貿焉莫知所之，人欲肆，而天理滅矣。先生生千四百年之後，得不傳之學於遺經，志將以斯道覺斯民，辯異端，闢邪説，聖人之道得先生而後明，爲功大矣。然學者之於道，知所向，然後見斯人之爲功；知所至，然後見斯名之稱情也。」

伊川先生程正公畫像贊[二三]

晦翁

熊氏曰：此篇贊詠伊川氣象端嚴之態。

補註：此篇贊伊川履道立言之正。

規圓矩方，繩直準平。

熊氏曰：規所以爲圓之器，矩所以爲方之器，言其周旋中規、折旋中矩也。繩所以取直之器，準所以取平之器，言其至直如繩、至平如準也。

補註：規矩準繩，法度之器。盡其所以爲方圓平直之理者也。胡安國言於朝曰：「伊川脩身行法，規矩準繩，獨出諸儒之表。」司馬温公亦曰：「伊川道德純備，學問淵博，有經天緯地之才，有制禮作樂之具。」合二説而觀之，則所謂規矩準繩、圓方直平者，可見矣。

允矣君子，展也大成。

熊氏曰：信矣，此君子之人。誠然集大成之美。

補註：此二句詩小雅車攻篇之詞，引此以贊。信乎，其爲君子也。誠哉，其爲大成也。

布帛之文，菽粟之味。

熊氏曰：文章見於世，猶布帛然，雖無文綉之施，實民生之不可闕。意味之根於理，猶菽粟然，雖無膏粱之珍，實民食之不可無。

補註：伊川年十八游太學，作顔子好學論，學者師焉。自是日以講學明道爲務，未嘗爲世俗文詞，其文章傳世惟易傳爲備，故胡氏曰：「先生之文，於易傳則因理以明象，而知體用之一源；於春秋則見諸行事，而知聖人之大用；於諸經、語、孟，則發其微指，而知求仁之方、入德之序。」朱子亦曰：「先生之學以大學、論、孟、中庸爲標指，而達於六經，使人讀書窮理以誠其意、正其心、脩其身，而自家而國以及於天下。」此即所謂「布帛之文、菽粟之味」者也。

知德者希，孰識其貴！

熊氏曰：知此德者少，孰知其爲可貴邪！

補註：「知德者鮮」，孔子呼子路而告之辭也。朱子曰：「德謂義理之得於己者，非己有之不能知其意味之實也。」

晦翁

年譜

先生名頤，字正叔，明道先生弟也。幼有高識，非禮不動。年十四五，與明道同受學於春陵周茂叔先生。皇祐二年，年十八，上書闕下，勸仁宗以王道爲心、生靈爲念[一三]，乞召對，陳所學。不報，閒游太學。胡翼之先生方主教導，嘗以顔子所好何學論試諸生，得先生所試，大驚，即延見，處以學職。吕希哲原明與先生鄰齋，首以師禮事焉，既而四方從遊者日益衆。舉進士，嘉祐四年，廷試報罷，遂不復試。太中公屢當得任子恩，輒推與族人。治平、熙寧間，近臣屢薦，自以爲學不足，不願仕也。

補註：按：治平二年，吕公著奏：「伏見南省進士程頤，年三十四，有特立之操、出群之姿。嘉祐四年，已與殿試，自後絶意進取，往來太學，諸生願得以爲師。臣方領國子監，親往敦請，卒不能屈。臣與之語，洞明經術，通古今治亂之要，實有經世濟物之才，非同拘士曲儒，徒有偏長。使在朝廷，必爲國器。伏望特以不次旌用。」又按：明道行狀云：「神宗嘗使推擇人材，所薦數十人，以父表弟張載暨弟頤爲稱首。」

元豐八年，哲宗嗣位。門下侍郎司馬光、尚書左丞吕公著，及西京留守韓絳，上其行義于朝。

補註：按：温公、吕申公劄子曰：「臣等竊見河南處士程頤，力學好古，安貧守節，言必忠信，動遵禮義，年踰五十，不求仕進，真儒者之高蹈、聖世之逸民。伏望特加召命，擢以不次，足以矜式士類，裨益風化。」又按：諫官朱光庭言：「頤道德純備，學問淵博，材資勁正，有中立不倚之風；識慮明徹，至知幾其神之妙；言行相顧而無擇，仁義在躬而不矜。若用斯人，俾當勸講，必能輔養聖德，啓導天聽，一正君心，爲天下福。」又言：「頤究先王之藴，達當世之務，乃天民之先覺、聖代之真儒。俾之日侍經筵，足以發揚聖訓；兼掌學校，足以丕變斯文。」「祖宗時起陳摶、种放，高風素節，聞于天下。揆頤之賢，摶、放未必能過之。頤之道，則有摶、放所不及知者。觀其所學，真得聖人之傳，致思力行，非一日之積，有經天緯地之才，有制禮作樂之具。乞訪問其至言正論，所以平治天下之道。」又謂：「頤，以言乎道，則貫徹三才而無一毫之爲間；以言乎德，則並包衆美而無一善之或遺；以言乎學，則博通古今而無一物之不知；以言乎才，則開物成務而無一理之不總。是以聖人之道，至此而傳。況當天子進學之初，若俾真儒得專經席，豈不盛哉！」

十一月，授汝州團練推官、西京國子監教授。先生再辭，尋召詣闕。元祐元年三月，至京師。

補註：按：監察御史王巖叟奏云：「伏見程頤，學極聖人之精微，行全君子之純粹，早與其兄顥俱以德名顯於時。頤趍召以來，待詔闕下，四方俊乂，莫不翹首嚮風，以觀朝廷所以待之者如何，處之者當否。臣願陛下加所以待之之禮，擇所以處之之方，而使高賢得爲陛下盡其用，則所得不獨頤一人而已，四海潛光隱德之士，皆將相招而爲朝廷出矣。」

除宣德郎、秘書省校書郎。先生辭曰：「祖宗時，布衣被召，自有故事，今臣未得入見，未敢祇命。」

補註：按：王巖叟又奏云：「臣伏聞聖恩特除程頤京官，仍與校書郎，足以見陛下優禮高賢，而使天下之人歸心於盛德也。然臣區區之誠，尚願陛下一召見之，試以一言，問爲國之要，陛下至明，遂可自觀其人。臣以頤抱道養德之日久，而潛神積慮之功深，靜而閱天下之義理者多，必有嘉言以新聖聽，此臣所以區區而進頤。然非爲頤也，欲成陛下之美耳。陛下一見而後命之以官，則頤當之而無愧，陛下與之而不悔，授受之間，兩得之矣。」

於是召對，面喻[一四]，將以爲崇政殿說書。先生辭不獲，始受西監之命。且上奏論經筵三事。既而命下，以通直郎充崇政殿說書。先生再辭而後受命。

補註：西監之命，謂初授西京國子監教授之命也。

五月，差同顧臨、孫覺看詳國子監條制。先生所定大槩以爲學校禮義相先之地，而月使之爭，殊非教養之道，請改試爲課。更不考定高下。制尊賢堂以延天下道德之士，鐫解額以去利誘，省繁文以專委任，勵行檢以厚風教，及置待賓、吏師齋，立觀光法，如是者亦數十條。

補註：解額，秋試解送鄉貢之額也。元豐後國學解額增至五百人，天下士子奔集以圖進取，先生欲鐫減量，留一百人，餘四百人分於州郡解額窄處。胡宗愈爲禮部尚書，因是深詆先生，不宜使在朝廷。

六月，上疏言輔養上德。要使跬步不離正人，日講宰臣、史官皆入，使上不得舒泰。請自今一月再講於崇政殿，然後宰臣、史官入侍。餘日講於延和殿。

八月，差兼判登聞鼓院。先生言入談道德，出領訴訟，非用人之體，再辭不受。

先生在經筵，每當進講，必宿齋豫戒，冀以感動上意。一日當講「顏子不改其樂」章，門人或疑此章非有人君事也，何以爲説。及講畢，復言曰：「陋巷之士，仁義在躬，忘其貧賤。人主崇高，奉養備極。苟不知學，安能不爲富貴所移？且顏子，王佐之才也，而簞食瓢飲；季氏，魯國之蠹也，而富於周公。魯君用捨如此，非後世之鑑乎？」聞者嘆服，哲宗亦首肯之。嘗聞上在宫中起行漱水必避螻蟻。先生曰：「願陛下推此心以及四海。」

補註：跬步，半步也。首肯，謂點頭以是其言也。

文潞公嘗與吕、范諸公入侍經筵，聞先生講説，退相與嘆曰：「真侍講也！」一時人士歸其門者甚盛。而先生亦以天下自任，論議褒貶，無所顧避。由是，同朝之士有以文章名世者疾之如讎，巧爲謗詆。

補註：吕范謂：「公著，純仁也。文章名世者，東坡蘇公也。」按：吕陶言：「明堂降赦，臣僚稱賀訖，兩省官欲往奠司馬光。程頤曰：『子於是日哭則不歌，豈有賀赦才了，卻往弔喪？』坐客有難之曰：『子於是日哭則不歌，即不言歌則不哭。今也賀赦了，卻往弔喪，於禮無害。』蘇軾遂以鄙語戲程頤，衆皆大笑。結怨之端，蓋自此始。」又語録云：「國忌行香，伊川令供素饌。子瞻詰之曰：『正叔不好佛，胡爲食素？』先生曰：『禮，居喪不飲酒，不食肉。忌日，喪之餘也。』子瞻令具肉食於是，范醇夫輩食素，秦、黄輩食肉。」「才」，與「纔」同。

諫議大夫孔文仲因劾奏先生「請放還田里」。八月，差管勾西京國子監。

補註：按：呂申公家傳云：「文仲本以伉直稱，然惷不曉事，爲浮薄輩所使，以害善良，晚乃自知爲小人所紿，憤鬱嘔血而死。」又范太史家傳云：「元祐九年，奏曰：『臣伏見元祐之初，陛下召程頤對便殿，自布衣除崇政殿説書，天下之士皆謂得人。纔及歲餘，即以人言罷之。頤之經術行誼，天下共知。司馬光、呂公著皆與頤相知二十餘年，然後舉之。此二人者，非爲欺罔以誤聖德也。頤在經筵，切於陛下進學，故其講説語常繁多。草茅之人，一旦入朝，與人相接，不爲關防，未習朝廷事體，而言者謂頤大佞大邪，貪黷請求，奔走交結，又謂頤欲以故舊傾大臣，以意氣役臺諫，其言皆誣罔非實。蓋當時臺諫官王巖叟、朱光庭、賈易皆素推伏頤之經行，故不知者指以爲頤黨。陛下慎擇經筵之官，如頤之賢，乃足以輔導聖學。至如臣輩，叨備講職，實非敢望頤也。臣久欲爲頤一言，懷之累年，猶豫不果。使頤受誣罔之謗於公正之朝，臣每思之，不無愧也。今臣已乞去職，若復召頤勸講，必有補聖明，臣雖終老在外，無所憾矣。」

先生既就職，再上奏乞歸田里，曰：「臣本布衣，因説書得朝官。今已罪罷，則所授官不當得。」三年，又請，皆不報。乃乞致仕，至再，又不報。五年正月，丁太中公憂，去官。七年，服除，除直秘閣，判西京國子監。

補註：按：王公繫年録云：「元祐七年三月四日，三省進呈，程頤服除，欲與館職判檢院。以其不靖，令只與西監，遂除直秘閣，判西京國子監。初頤在經筵，歸其門者甚盛；而蘇軾在翰林，亦多附之者，遂有洛黨、蜀黨之論。二黨道不同，互相非毁，頤竟爲蜀黨所擠。適軾弟轍執政，纔進稟，便云『但恐不靖』。故頤不復得召。」

先生再辭，極論儒者進退之道。監察御史董敦逸奏有怨望輕躁語。五月，改授管勾崇福宫。未拜，以疾尋醫。九年，哲宗初視政，申秘閣、西監之命。再辭不就。紹聖間，以黨論放歸田里。四年十一月，送涪州編管。門人謝良佐曰：「是行也，乃族子公孫與邢恕之爲爾。」先生曰：「族子至愚不足責，故人情厚不敢疑。孟子既知天，焉用尤臧氏？」

補註：公孫，先生族兄子，名公孫。邢恕，先生門人。

元符二年正月，易傳成而序之。三年正月，徽宗即位。移峽州。四月，復宣德郎，任便居住，還洛。十月，復通直郎，權判西京國子監。建中靖國二年五月，追所復官，依舊致仕。

補註：按：行狀前此未嘗致仕而云「依舊致仕」，疑西監供職不久，即嘗致仕也。

崇寧二年，言者論其叙復過優。於是追毁出身以來文字，其所著書令監司覺察。先生於是遷居龍門之南，止四方學者曰：「尊所聞，行所知可矣；不必及吾門也。」五年，復宣義郎致仕。時易傳成書已久，學者莫得傳授，或以爲請，先生曰：「自量精力未衰，尚覬有少進耳。」其後寢疾，始以授尹焞、張繹。

大觀元年九月庚午卒於家，年七十五。疾革，門人進曰：「先生平日所學，正今日要用。」先生微視曰：「道着用便不是。」其人未出門而没[二五]。初，明道先生嘗謂先生曰：「異日能使人尊嚴師道者，吾弟也。若接引後學，隨人材而成就之，則予不得讓焉。」先生既没，昔之門人高弟多已先亡，無有能形容其德美者。然先生嘗謂張繹曰：「我昔狀明道先生之行，我之道蓋與明道同，異時欲知我者，求之於此文可也。」

補註：按：遺書先生云：「頤於易傳已自成書，但逐旋脩改，期以七十，其書可出。今農夫祁寒暑雨，深耕易耨，播種五穀，吾得而食之。百工技藝作爲器用，吾得而用之。甲胄之士被堅執鋭以守土宇，吾得而安之。卻如是閑過了日月，即是天地間一蠹也。功澤又不及民，别事又做不得，惟有補緝聖人遺書，庶幾有補耳。」

性理群書補註卷之一終[二六]

校勘記

［一］性理群書補註卷之一　「補註」二字原無，爲校點時所增，以下各卷同，不再出校。

［二］濂溪先生周元公畫像贊　「周元公畫像」，句解本作「遺像」。

［三］行狀　此二字，句解本作「濂溪先生行録」，晦庵先生朱文公文集卷九十八題作「濂溪先生事實記」。

［四］名惇實　「惇」，句解本作「敦」，下句亦如是。

［五］用薦者改大理丞　「理」下，朱熹周敦頤事狀有「寺」字，見周敦頤集，中華書局一九九〇年版；晦庵先生朱文公文集卷九十八濂溪先生事實記（朱子全書本）有「寺」，當補。

［六］既歸　「歸」，周敦頤事狀、晦庵先生朱文公文集卷九十八濂溪先生事實記作「葬」。

［七］乃寤　「寤」，周敦頤事狀作「悟」。

［八］瘴毒之侵　「毒」，周敦頤事狀作「癘」。

［九］明道先生程純公畫像贊　「程純公畫像」，句解本作「遺像」。

［一〇］通詩書　「通」，當據河南程氏文集卷十一明道先生行狀作「誦」。按：見二程集本，中華書局一九八七年版。

［一一］調京兆府鄠縣主簿　「簿」下，句解本與明道先生行狀皆有「令以其年少未知之」八字。

［一二］苗槁矣　「槁」下，明道先生行狀有「久」字。

［一三］鄉民子弟不敢畜鳥　「畜」下，明道先生行狀有「禽」字。

〔一四〕則某村某人也　「則」，明道先生行狀、句解本作「必」。

〔一五〕而鄉官所費　「官」，明道先生行狀作「民」。

〔一六〕俗尚焚屍　「俗」上，明道先生行狀、句解本有「晉」，且「屍」下，均有「雖孝子慈孫習以爲安」九字。

〔一七〕擢監察御史裏行　「擢」，明道先生行狀作「權」。

〔一八〕論議甚人　「人」，明道先生行狀作「久」。

〔一九〕州官畏昉欲不納　「州」、「不」，明道先生行狀、句解本分别作「衆」、「弗」。

〔二〇〕先生命善泅者御細繩以渡　「御」，當據明道先生行狀作「銜」。

〔二一〕無强盜者幾二年　「二」，明道先生行狀作「一」。

〔二二〕伊川先生程正公畫像贊　「程正公畫像」，句解本作「遺像」。

〔二三〕勸仁宗以王道爲心生靈爲念　「念」下，晦庵先生朱文公文集卷九十八伊川先生年譜有「黜世俗之論期非常之功」十字。此類現象在補註中較多，下文不再列舉。

〔二四〕面喻　「面」上，晦庵先生朱文公文集卷九十八伊川先生年譜有「太皇太后」四字。

〔二五〕其人未出門而没　「而」下，二程遺書附録、晦庵先生朱文公文集卷九十八伊川先生年譜有「先生」二字，當補。

〔二六〕性理群書補註卷之一終　按：爲與卷首相應，「補註」二字，爲校點時所增，以下各卷同，不再出校。

性理群書補註卷之二

建安熊剛大集解　海虞吴訥補註

共城邵康節先生畫像贊[一]　晦翁

熊氏曰：此篇贊詠康節胸襟豪逸之態。

補註：此篇贊康節玩心高明之域。

天挺人豪，英邁蓋世。

熊氏曰：天所挺生，豪傑之人。英雄超邁之氣，蓋乎一世。

補註：挺，特也，謂特出也。智過百人曰豪，千人曰英。蓋，掩覆也。程子曰：「吾從堯夫游，聽其議論，振古之豪傑也。」

駕風鞭霆，歷覽無際。

熊氏曰：御風氣而上游，叱雷霆而在下。遍覽宇宙之間，浩無邊方之限。

補註：駕風鞭霆，即列子寓言「御風」之意，蓋以深贊康節英豪放曠之氣象也。無際，謂天地六合之外。程子曰：「堯夫放曠。」邵伯温曰：伊川嘗指食卓問曰：「此卓安在地上，不知天地安在甚處。先君爲極論天地萬物之理，以及六合之外。」伊川嘆曰：「平生惟見周茂叔論至此。」

手攀月窟[二]，足躡天根。

熊氏曰：一陰生於姤，是爲月窟，言邵子能探陰陽消長之理，而姤卦居先天圖之上，故曰「手探」。一陽生於復，是爲天根，言邵子獨會陽長陰消之理，而復卦居先天圖之下，故曰「足躡」。

補註：先天有圓方二圖，姤上復下，乃圓圖也。

閑中今古，醉裏乾坤。

熊氏曰：閑中静觀古今之變，醉裏玩視乾坤之大。

補註：行狀云：先生著經世書，經之以元，紀之以會，參之以運，終之以世，又斷自唐、虞，訖于五代，天道人事興廢治亂，靡所不載，此即所謂「閑中今古」也。又無名公傳云：性喜飲酒，飲喜微酡弄丸，餘暇閑往閑來，此即所謂「醉裏乾坤」也。明道嘗和先生首尾吟曰：「醉裏乾坤都寓物，閑來風月更輸誰。」贊辭本此。

墓誌銘[三]

明道

熙寧丁巳孟秋癸丑，堯夫先生疾終于家。洛之人弔哭者相屬於途，其尤親且舊者，又聚謀其所以葬。先生之子泣以告曰：「昔先人有言，誌於墓者，必以屬吾伯淳。」噫！先生知我者，以是命我，我何可辭？謹按：邵氏姬姓，系出召公，故世爲燕人。父諱古，隱德不仕。母李氏，其繼楊氏。先生之幼，從父徙共城，晚遷河南，葬其親於伊川，遂爲河南人。先生生於祥符辛亥，至是蓋六十七年矣。雍，先生之名，而堯夫其字也。娶王氏。伯温、仲良，其二子也。先生之官，初舉遺逸，試將作監主簿，後又以爲潁州團練推官，辭疾不赴。

補註：仁宗嘉祐中詔舉遺逸，留守王拱辰以先生應詔，授將作監主簿。神宗熙寧初復求逸士，御史中丞吕誨、龍圖閣直學士祖無擇、宰相吴充，又以先生名聞，補潁州團練推官。

先生始學於百源，堅苦刻厲，冬不爐，夏不扇，夜不就席者數年，衛人賢之。先生歎曰：「昔之人尚友於古，而吾未嘗及四方，遽可已乎？」於是走吴適楚，過齊、魯，客梁、晉。久之而歸，曰「道其在是矣」，蓋始有定居之意。

先生少時，自雄其才，慷慨有大志。既學，力慕高遠，謂先王之事爲可必致。及其學益老，德益卲，玩心高明，觀天地之運化，陰陽之消長，以達乎萬物之變，然後頹然其順，浩然其歸。在洛幾三十年，始至，蓬蓽環堵，不蔽風雨，躬爨以養父母，居之裕如。講學于家，未嘗强以語人，而就問者日衆。鄉里化之，遠近尊之，士人之道洛者，有不之公府，而必之先生之廬。

先生德氣粹然，望之可知其賢，然不事表襮，不設防畛，正而不諒，通而不汙，清明坦夷，洞徹中外，接人無貴賤親踈之間，群居燕飲，笑語終日，不取甚異於人，顧吾所樂如何耳。

熊氏曰：百源，明數學之人，先生初就之學。

補註：百源，山名，在共城縣。按：張峄行狀云：「先生退居共城，廬于百源之上，覃思於易經，夜不設寢，日不再食，三年，學以大成。」又云：「先生游河、汾之曲，以至淮海之濱，涉於濟、汶，達于梁、宋。年三十餘，來游于洛。以洛邑天下之中，乃定居焉。」襮，刺繡文於衣領也。不事表襮，謂作事不務表見於外也。畛，井田間陌也。不設防畛，謂待人坦夷，不設關防界限也。

病畏寒暑，常以春秋時行遊城中，士大夫家聽其車音，倒屣迎致，雖兒童奴隸，皆知歡喜尊奉。其與人言，必依於孝弟忠信，樂道人之善，而未嘗及其惡，故賢者悦其德，不賢者服其化，所以厚風俗、成人材者，先生之功多矣。

補註：先生自著無名公傳，有曰：人告以脩福，曰未嘗爲不善；告以禳災，曰未嘗妄祭。故詩曰：「禍如許免人須諂，福若待求天可量；中孚起信寧須禱，無妄生災未易禳。」所寢之室，謂之安樂窩，不求過美，惟求冬煥夏凉，遇有睡思則就枕，故詩曰：「墻高于肩，室大于斗。布被暖餘，藜羹飽後。氣吐胸中，充塞宇宙。」與人交，雖賤必洽，未嘗作皺眉事。見貴人，未嘗興奉；見不善人，未嘗急去；見善人未之知，未嘗急合，故詩曰：「風月情懷，江湖性氣。色斯其舉，翔而後至。無賤無貧，無富無貴。無將無迎，無拘無忌。」聞人之謗，未嘗怒；聞人之譽，未嘗喜；聞人言人之惡，未嘗和；聞人言人之善，則就而和之，又從而喜之，故詩曰：「樂見善人，樂聞善事。樂道善言，樂行善意。聞人之惡，如負芒刺。聞人之善，如佩蘭蕙。」朝廷授之官，不强免，亦不强起。晚有二子，教之以仁義，授之以六經。舉世尚虛談，未嘗掛一言；舉世尚奇事，未嘗立異行，故詩曰：「不佞禪伯，不諛方士。不出户庭，直游天地。」家素業儒，口未嘗不道儒言，身未嘗不行儒者之行，故詩曰：「心無妄思，足無妄走。人無妄交，物無妄受。炎炎論之，甘處其陋。綽綽言之，無出其右。羲軒之書，未嘗去手。堯舜之談，未嘗虛口。當中和天，同樂易友。吟自在詩，飲歡喜酒。百年升平，不爲不偶。七十康强，不爲不壽。」此無名公之行乎！○按：熊本載無名公傳，作無名公傳序。又按：朱子伊洛淵源録載程子之言曰：「堯夫直是不恭，雖天理亦爲之侮玩。如無名公傳言『問諸天地，天地不對』，自贊云『弄丸餘暇，閑往閑來』之類是也。」今謹刻取傳中有關世教者，附著於此云。丸，謂天形圓如彈丸也。

昔七十子學於仲尼，其傳可見者，惟曾子所以告子思，而子思之所以授孟子者耳。其餘門人，各以其材之所宜。爲學，雖同尊聖人，所因而入者，門户則衆矣。况後此千餘歲，師道不立，學者莫知其從來。獨先生之學爲有傳也。先生得之於李挺之，挺之得之於穆伯長，推其源流，遠有端緒。今穆、李之言及其行事槩可見矣。而先生醇一不雜，汪洋浩大，乃其所自得者多矣。然而名其學者，豈所謂門户之衆，各有所因而入者與，語成德者，昔難其居。若先生之道，就所至而論之，則可謂安且成矣。

補註：宋史列傳：「之才，字挺之，受易于穆脩，脩受之种放，放受之陳摶，源流最遠。之才攝共城令，聞邵雍好學，造其廬，謂曰：『予亦聞物理性命之學乎？』雍對曰：『幸受教。』乃事之才，受河圖、洛書、伏羲八卦六十四卦圖象。而雍探賾索隱，妙悟神契，多所自得者矣。」又云：「雍之葬，程某爲銘，稱其道醇一不雜，就其所至可謂安且成矣，是則誌文唯此爲切要。」熊本節去「然而名其學」至「安且成者矣」四十餘字，今用補入，竊復紬繹其義，而論之曰：「孟子云君子深造之以道，欲其自得之也。自得之，則居之安。所謂『語成德，昔難其居』者，豈非去聖人遠學者，無所自得，故居之不安也？其謂『安且成』者，豈非堯夫之道多所自得，故居之安而有所成也歟？」

先生有書十二卷[四]，命曰皇極經世；古律詩二千篇，題曰擊壤集。先生之葬，祔于先塋，實其終之年孟冬丁酉也。銘曰：嗚呼先生，志豪力雄；闊步長趍，凌高厲空；探幽索隱，曲暢旁通。在古或難，先生從容；有問有觀，以飫以豐。天不憖遺，哲人之凶；嗚皐在南，伊流在東；有寧一宫，先生所終。

補註：「凌高厲空」者，謂堯夫之學務於高遠也。「以飫以豐」者，謂學者有問無不厭足而觀者，亦皆有以見其德容之盛也。憖强遺留也，言天不强留，而使遽罹凶變也。行狀云：「先生治易、書、詩、春秋之學，窮意言象數之藴，明皇帝王霸之道，著書十餘萬言。釋、老、技術之説，一無所惑。」横渠問疾曰：「先生論命否？當推之。」先生曰：「若天命則已知之，世俗所謂命則不知也。」横渠曰：「先生知天命，載尚何言！」或問康節數學。朱子曰：「且未須理會數，自是有此理，有生便有死，有盛必有衰，且如一朵花，含蕊時是將開，略放時是正盛，爛熳時是衰謝。又如看人即其氣之盛衰，便可以知其生死。蓋其學本於明理，故明道謂其『觀天地之運化』，『然後頹乎其順，浩乎其歸』，若曰渠能知未來事，則與世間占覆之術何異？其去道遠矣，其知康節者末矣。」

横渠先生張獻公畫像贊[五]

晦翁

熊氏曰：此篇贊詠横渠力學精思之功。

補註：此篇贊横渠入道進德之勇。

蚤悦孫吴，晚逃佛老。

熊氏曰：先生初喜孫臏、吴起用兵之法。後來盡棄佛氏、老子虚寂之教。

補註：孫，謂孫武，有孫子十三篇。吴，謂吴起，有吴子二卷行世。行狀云：「先生年十八，以功名自許，上書謁范文正公，公勸讀中庸。先生讀之，猶以爲未足。又訪釋老之書，累年盡究其説，知無所得，乃反求之六經。」

勇撤臯比，一變至道。

熊氏曰：臯比，虎皮也。嘗在京師坐虎皮説周易，及聞二程論易，遂撤去其席。

補註：行狀云：嘉祐初，見程伯淳兄弟，共語道學之要。先生涣然自信曰：「吾道自足，何事旁求？」乃盡棄異學，淳如也。

精思力踐，妙契疾書。

熊氏曰：精思以通其微，力踐以造其極。中夜妙合於此心，取燭速記其所得。

補註：力踐，謂力行。先生教學者以禮謂先，終日危坐一室，左右簡編，俯而讀，仰而思，有得則識之，或中夜起坐，取燭以書。

訂頑之訓，示我廣居。

熊氏曰：西銘之書，初名訂頑，無非示我以仁義之大。廣居，所以狀仁體之大，而可以安居也。

補註：「廣居」，出孟子。朱子曰：「廣居，仁也。」又曰：「西銘狀仁之體，昭著横渠示人至爲深切，伊川又以理一分殊贊之，言雖至約，而理則無餘矣。」

行狀

吕與叔

先生諱載，字子厚。世大梁人。父迪，仕仁宗朝，終于殿中丞、知涪州事，涪州卒于西官，諸孤皆幼，不克歸，僑寓於鳳翔郿縣横渠鎮之南大振谷口，因徙而家焉。

先生嘉祐二年登進士第，始仕祁州司法參軍，遷丹州雲巖縣令，又遷著作佐郎，簽書渭州軍事判官公事。熙寧二年冬，被召入對，除崇文院校書。明年移疾。十年春，復召還館，同知太常禮院。是年冬謁告西歸。十有二月乙亥，行次臨潼，卒于館舍，享年五十有八。是月以喪歸殯于家，卜以元豐元年八月癸酉葬于涪州墓南之兆。熊本無「墓南之兆」四字。娶南陽郭氏，有子曰因，尚幼。

熊氏曰：臨潼，地名。行至其地，終于次舍，遂以喪歸，復葬于涪。

補註：按：邵氏聞見録：「横渠先生元豐中再移疾西歸，過洛見二程先生，曰：『載病不起，尚可及長安也。』行至臨潼，沐浴更衣而寢，及旦視之，亡矣。門生衰絰挽車以葬。」按：先生世家大梁，父仕至涪州守，卒贈尚書都官郎中，葬郿縣横渠鎮，先生因徙而家焉。故先生之卒，門生挽車送柩至家，卜葬父涪州公墓南之祔穴，三月而葬。熊本脱「墓南之兆」四字，今考元本補入。涪在蜀江邊，去横渠萬里。

先生始就外傅，志氣不群，知虔奉父命，守不可奪，涪州器之。少孤自立，無所不學。當康定用兵時，年十八，慨然以功名自許，上書謁范文正公。公一見，知其遠器，乃責之曰：「儒者自有名教，何事於兵？」因勸讀中庸。先生讀其書，猶未以爲足，又訪諸釋老之書，累年盡究其説，知無所得，反而求之六經。嘉祐初，見洛陽程伯淳、正叔昆弟于京師，共語道學之要，先生涣然自信曰：「吾道自足，何事旁求！」乃盡棄異學，淳如也。

補註：康定，仁宗年號。趙元昊寇西邊用兵之時也。朱子曰：「吕與叔作横渠行狀今有兩本，一本有云『見二程，盡棄其學而學焉』；一云『於是盡棄異學，淳如也』。其他不同處亦多，要皆後本爲勝，疑與叔後嘗删改，如此今特據以爲定。」

方未第時，文潞公以故相判長安，聞先生名行之美，聘以束帛，延之學宮，士子矜式焉。其在雲巖，政事大抵以敦本善俗爲先，每以月吉具酒食，召鄉人高年會於縣庭，親爲勸酬，使人知養老事長之義，因問民疾苦及告所以訓戒子弟之意。知京兆，王公樂道嘗延至郡學，先生多教人以德，從容語學者曰：「孰能少置意科舉，相從于堯舜之域否？」學者聞法語，亦多有從之者。在渭，渭帥蔡公子正特所尊禮，軍府之政，小大咨之。先生夙夜從事，所以贊助之力爲多。並塞之民常苦乏食而貸于官，帑不能足，又屬霜旱，先生力言于府，取軍儲數十萬以救之。又言戍兵徒往來，不可爲用，不若損數以募土人便爲。

熊氏曰：聘以束帛，謂以禮幣聘之也。月吉，月朔也。學者聞法語，謂學徒聞其言語有法也。

補註：「法語」者，正言也。蔡子正，名挺。

上嗣位之二年，登用大臣，思有變更，御史中丞呂晦叔薦先生于朝曰：「張載學有本原，西方之學者皆宗之，可以召對訪問。」上即命召。既入見，上問治道，皆以漸復三代爲對。上説之，曰：「卿宜日見二府議事，朕且將大用卿。」先生謝曰：「臣自外官赴召，未測朝廷新政所安，願徐觀旬月，繼有所獻。」上然之。他日見執政，執政與語曰：「新政之更，懼不能任事，求助於子何如？」先生對曰：「朝廷將大有爲，天下之士願與下風。若與人爲善，則孰敢不盡！如教玉人追琢，則人亦故有不能。」執政默然，所語多不合，寖不悅。既命校書崇文，先生辭，未得謝，復命按獄浙東。或有爲之言曰：「張載以道德進，不宜使之治獄。」執政曰：「『淑問如臯陶』，猶且獻囚，此庸何傷！」

熊氏曰：「淑問如臯陶，猶且獻囚」者，謂善德獄之吏如臯陶，尚在泮宮獻囚也。

補註：「登用大臣，思有變更」，蓋神宗初任，王安石行新法之時。「漸復三代」，謂爲治當以漸而復夏、商、周之道也。「二府」，宋以中書省、樞密院爲東西二府。「教玉人追琢」，出孟子所謂「至於治國家，則曰姑舍爾所學而從我，則何異於教玉人雕琢玉哉」。按獄浙東，謂往明州，按問苗振之獄也。淑問如臯陶，在泮獻囚，此二句詩魯頌泮水篇之辭。臯陶，舜臣，古者出兵受成於學歸，則以虜獲之囚獻，而訓於泮宮也。

獄成，還朝。會弟天祺以言得罪，先生益不安，乃謁告西歸，居于橫渠故居，遂移疾不起。

橫渠至僻陋，有田數百畝以供歲計。終日危坐一室，左右簡編，俯而讀，仰而思，有得則識之。或中夜起坐，取燭以書，其志道精思，未始須臾息，亦未嘗須臾忘也。學者有問，多告以知禮成性、變化氣質之道，學必如聖人而後已，聞者莫不動心有進。門人之無貲者，雖糲蔬亦共之。其自得之者，窮神化，一天人，立大本，斥異學，自孟子以來，未之有也。嘗謂門人曰：「吾學既得於心，則脩其辭命，辭無差，然後斷事，斷事無失，吾乃沛然。精義入神者，豫而已矣。」

補註：天祺，先生弟戩也，爲監察御史，請罷條例司，因詣中書，極陳其事，辭氣甚厲。王安石以扇掩面而笑，戩怒曰：「參政笑戩，戩亦笑參政，豈惟戩笑，天下誰不笑之？」退而家居，申臺待罪以去。

近世喪祭無法，喪惟致隆三年，祭先之禮，一用流俗節序，燕褻不嚴。先生遭期功之喪，始治喪服，輕重如禮；家祭始行，四時之薦，曲盡誠潔。聞者始或疑笑，終乃信而從之。

先生氣質剛毅，德盛貌嚴，然與人居，久而日親。其治家接物，大要正己以感人，人未之信，反躬自治。故識與不識，聞風而畏，非其義也，不敢以一毫及之。其家童子，必使洒掃應對，給侍長者。女子之未嫁者，必使觀祭祀，納酒漿，皆所以養孫弟、就成德。嘗曰：「事親奉祭，豈可使人爲之！」聞人之善，喜見顔色。答問學者，雖多不倦。有不能者，未嘗不開其端。其所至必訪人材，有可語者，必丁寧以誨之，惟恐其成就之晚。歲適大歉，家人惡米不鑿，將舂之，先生亟止之曰：「飢殍滿野，雖疏食且自愧，又安忍有擇乎？」甚或咨嗟，對案不食者數四。

補註：期功之喪，謂期年大功小功之喪也。先生嘗曰：「教小兒先要安詳恭敬，今世學不講，男女從幼便驕惰壞了。」又著女戒教爲女歸之道，具載文鑒。「不鑿」者，米不精也。疏食，麁飯也。程氏遺書云：「子厚見餓殍者，食便不美。」

熙寧九年秋，先生感異夢，乃集所立言，謂之正蒙，出示門人曰：「此書予歷年致思所得，其言殆與前聖合！大要發端示人而已，其觸類廣之，則吾將有待於學者。正如老木之株，枝別固多，所少者潤澤華葉爾。」又嘗謂：「春秋之爲書，在古無有，乃聖人所自作，惟孟子爲能知之，非理明義精殆未可學。先儒未及此而治之，故其說多穿鑿，及詩書樂之言，多不能平易其心，以意逆志。方且條舉大例，考察文理，與學者緒正其說。」

補註：按：横渠遺書有西銘，有東銘，有正蒙。若西銘之篇，朱子已與周子太極圖、通書同註。是則横渠立言之粹，莫過於西銘。今行狀不載西銘篇目者，蓋東西二銘舊本俱載正蒙中也。

先生慨然有意三代之治。嘗曰:「仁政必自經界始。貧富不均,教養無法,雖欲言治,皆苟而已。世之病難行者,未始不以亟奪富人之田爲辭,然兹法之行,悦之者衆,苟處之有術,期以數年,不刑一人而可復,所病者特上未之行爾。」乃言曰:「縱不能行之天下,猶可驗之一鄉。」方與學者議古之法,共買田一方,畫爲數井。上不失公家之賦役,退以其私正經界,分宅里,立斂法,廣儲蓄,興學校,成禮俗,救菑恤患,敦本抑末,足以推先王之遺法,明當今之可行。此皆有志未就。

補註:孟子曰:「仁政必自經界始。」「經界」者,治地分田,經畫其溝塗封植之界也。又曰:方里而井。井九百畝,其中爲公田,八家皆私,百畝同養公田,詳見集註。

會秦鳳帥吕公薦之曰:「張載之學,善發聖人之遺意,其術略可措之以復古,乞召還舊職,訪以治體。」詔從之。先生曰:「吾是行也,不敢以疾辭,庶幾有遇焉。」及至都,公卿聞風慕之,然未有深知先生者。會言者欲講行冠昏喪祭之禮。禮官安習故常,以古今異俗爲説,先生獨以爲可行,衆莫能奪,然議卒不决。郊廟之禮,先生見禮不致嚴,亟欲正之,而衆莫之助。會有疾,謁告以歸,知道之難行,欲與門人成其初志,不幸告終。

没之日,惟一甥在側,囊中索然。明日,門人在長安者,奔哭致賻禭,始克斂,遂奉柩歸殯。卜以三月而葬。其治喪禮一用古，以終先生之志。

某惟先生之學之至，備存于書，略述于謚議矣，然欲求文以表其墓，必得行事之迹，敢次以書。

補註：「帥呂公」者，呂大防也。「略述于謚議」者，初横渠没，門人欲謚爲「明誠」，中子質于明道先生。先生疑之，訪於司馬温公，温公答書以爲不可。蓋必初有謚議，而以温公之言而止也。謚議不傳，答書見後第九卷。

涑水先生司馬文正公畫像贊[六]

晦翁

熊氏曰：此篇贊詠温公清脩苦節之美。

補註：此篇贊温公德言功烈之盛。

篤學力行，清脩苦節。

熊氏曰：專志於學，勉力於行。清介自脩，堅苦節約。

補註：篤厚而力也。篤學，即論語「篤信好學」之謂。力行，即中庸「行之弗得弗措」

之謂。節，操也。

有德有言，有功有烈。

熊氏曰：藴於内爲德，發於外爲言。著於國曰功，及於民曰烈。

補註：烈功之光且盛者。行狀云：「先生忠信孝友，恭儉正直，未嘗妄語。其好學如飢之嗜食，於財利紛華，如惡惡臭，惡衣菲食以終其身，非所謂德乎？著資治通鑒等書，歷事四朝，忠誠進諫，非所謂言乎？元祐拜相，罷青苗、保甲等新法，以活國救民，非所謂功乎？南渡再造，先儒謂終賴元祐收回天下戴宋之心，迄濟中興，非所謂烈乎？」

深衣大帶，張拱徐趨。

熊氏曰：身服以深衣，束以大帶。張手而拱，徐步而趨。

補註：張拱，謂張舒兩臂而手常拱，其端好如鳥舒翼。

遺像凛然，可肅薄夫。

熊氏曰：一見遺像，凛然難犯。澆薄之夫，莫不起敬。

補註：肅，恭也，敬也。「可肅薄夫」，即孟子「聞柳下惠之風者，鄙夫寬，薄夫敦」之謂。

行狀

蘇子瞻

公姓司馬，名光，字君實，陝西夏縣人。公自成童，凜然如成人。七歲，聞講左氏春秋，大愛之，退爲家人講，即了其大義。自是手不釋卷，至不知飢渴寒暑。年十五，書無不通，文辭醇深，有西漢風。初以父任，爲將作監主簿，舉進士甲科，改奉禮郎簽書武成軍判官，改大理評事，爲國子直講，遷本寺丞，召試除館閣校勘，同知太常禮院。遷殿中丞，除史館檢討集賢校理，通判鄆州，徙并州，改太常博士、祠部員外郎、直秘閣，判吏部南曹，遷開封府推官，度支員外郎，判句院，擢脩起居注，判禮部，遷起居舍人，同知諫院。至和中，仁宗始不豫，國嗣未立，天下寒心。諫官范鎮首發其議，公時從龐莊敏公辟，通判并州，聞而繼之，上疏言：「願擇宗室，使攝儲貳，以待皇嗣之生，退居藩服，亦足係天下之望。」及爲諫官，復上疏，且面言：「臣爲并州通判，所上三章，願陛下果斷力行之。」時仁宗簡默不言，雖執政奏事，首肯而已。聞公言，沉思久之，曰：「得非欲選宗室爲繼嗣者乎？此忠臣之言也。」

補註：不豫，謂不悦。豫，有疾之稱。龐莊敏，名籍，謚莊敏。

改判檢院，權判國子監，除知制誥，力辭。改授天章閣待制兼侍講，仍知諫院。英宗即位，執政言濮安懿王宜有尊禮，詔兩制議。學士王珪等相顧不敢先，公獨奮筆立議，曰：「爲之後者，爲之子，不得復顧私親，宜準先朝封贈期親尊屬故事，高官大爵，極其尊榮。」珪即勑吏以公手藁爲案，除龍圖閣直學士，判流内銓，改右諫議大夫。神宗即位，首擢公翰林學士，力辭，不許，遂爲御史中丞。公上疏論脩心之要三：仁、明、武。治國之要三：官人、信賞、必罰。其説甚備，曰：「臣昔爲諫官，即以此六言獻仁宗。其後以獻英宗，今以獻陛下。平生學力，盡在是矣。」

熊氏曰：仁主於愛，明主於察，武主於斷。官人，謂任官惟人。信賞，謂有功必賞。必罰，謂之有過必罰。

補註：仁，謂至公，如天地無不持載，無不覆燾。明，謂至明，如日月無物不照。武，謂神武不殺。

公論參政，張方平不叶物望還，公翰林兼侍讀學士權知審官院。百官上尊號，公上疏言：「建言者，以國家與契丹書信，彼有尊號，而我獨無。昔漢文時，單于自稱天地所生，日月所置。匈奴大單于未聞文帝復以大名加之也。」上大悦，手詔答公「非卿，朕不聞此言」，遂終身不受尊號。執政以河北灾傷，國用不足，乞今歲郊賚，兩府不賜金帛，送學士院取旨。與王安石、王珪同對，公言「救灾節用，宜自近始，可聽辭賜。」安石曰：「常袞辭賜饌，時議以袞自知不能，句。當辭禄。且國用不足，非當今之急務也。」公曰：「袞辭禄，猶賢於持禄保位者。國用不足，真急務，安石言非是。」安石曰：「不足者，以未得善理財者故也。」公曰：「善理財者，不過頭會箕歛以盡民財，民窮爲盜，非國之福。」安石曰：「不然。善理財者，不加賦而上足用。」公曰：「天下安有此理！天地所生止有此數，不在民則在官，不加賦而上用足，不過設法陰奪民利，其害甚於加賦。此乃桑弘羊欺武帝之言。至末年，盜賊蠭起，幾至於亂。若武帝不悔禍，昭帝不變法，則漢幾亡。」

熊氏曰：「時議以袞自知不能當」者，時人議袞自知不足當此也。「辭位不當辭禄」者，謂當去位，不當辭其賜饌也。「會歛以盡民財」者，謂聚歛以竭天下之財也。

補註：「時議以袞自知不能」，謂不能居相位也，故下句云「當辭位不當辭禄」。「頭會箕歛」，見史記，謂點人頭會計而以竹箕歛穀也。桑弘羊欺漢武，其事亦見史記。

兼史館脩譔。及王安石執政，始創條例司，建青苗、助役、水利、均輸之政，謂之「新法」。公上疏，逆陳其害。行之十年，皆如公章。邇英進讀蕭何、曹參事，公曰：「參不變何法，得守成之道。故孝惠、高后時，天下晏然，衣食滋殖。」上曰：「漢常守蕭何之法不變，可乎？」公曰：「何獨漢也，使三代之君，常守禹、湯、文、武之法，雖至今存可也。漢武帝用張湯言，取高帝約束紛更之，盜賊半天下；元帝改宣帝之政，而漢始衰。由此言之，祖宗法不可變也。」後數日，呂惠卿進講，因言：「先王之法，有一年一變者，『正月始和，布法象魏』是也。有五年一變者，『巡狩考制度』是也。有三十年一變者，『刑罰世輕世重』是也。有百年不變者，『父慈子孝』是也。前日光言非是，其意以諷朝廷，且譏臣爲條例司官耳。」上問：「惠卿言何如？」公曰：「布法象魏，布舊法也，何名爲變？若四孟月朔屬民讀法，爲時變月變耶？諸侯有變禮、易樂者，王巡狩則誅之，王不自變也。刑新國用輕典，亂國用重典，平國用中典，是爲世輕世重，非變也。」

熊氏曰：「象魏」者，雉門兩觀，懸其法於上也。

補註：邇英，殿名。武帝用張湯言，元帝改宣帝之政，皆見漢書。布法象魏，屬民讀法，巡守考制度，刑罰世輕世重，俱見書、周禮。

拜樞密副使，公上章力辭至六七，以端明殿學士出知永興軍，移知許州，不赴，遂乞判西京留司御史臺以歸。自是絶口不論事。熙寧七年，詔求直言，復諫六事：一青苗，二免役，三市易，四邊事，五保甲，六水利。此尤病民者，宜先罷之。凡居洛十五年，再任留司御史臺，四任提舉崇福宮。官制行，改太中大夫，加資政殿學士。神宗崩，公赴闕，民遮道呼曰：「公無歸洛，留相天子，活百姓。」所在數千人。公懼歸洛，除知陳州，且過闕入見，使者勞問，相望於道，至則拜門下侍郎，力辭，不許。遂罷保甲，廢市易法，上疏論免役，降敕罷之。又論西戎，以和戎爲便。又論將官之害，詔諸將兵，皆隸州縣。又以文學、德行、吏事、武略等十科，以求天下遺才。拜左僕射，遂罷青苗錢。九月丙辰薨，年六十八，贈太師、温國公。公博學無所不通，音、曆、天文、書、數，皆極其妙。尤好禮，不喜佛、老，有資治通鑑等書傳于世。公嘗問康節曰：「我何如人？」康節曰：「君實脚踏實地人也。」公深以爲知言。明道嘗言：「君實之語，如人參甘草。」又曰：「君實之忠孝誠實，只是天資。」范太史亦以爲勤禮出於天性。哲宗親篆碑額，曰「清忠粹德之碑」。

性理群書補註卷之二終

校勘記

[一] 共城邵康節先生畫像贊　「畫像」，句解本作「遺像」。

[二] 手攀月窟　「攀」，晦庵先生朱文公文集卷八十五、句解本作「探」。

[三] 墓誌銘　「墓」上，句解本有「康節先生」四字。

[四] 先生有書十二卷　「書」下，邵堯夫先生墓誌銘有「六」字，當補。

[五] 横渠先生張獻公畫像贊　「張獻公畫像」，句解本作「遺像」。

[六] 涑水先生司馬文正公畫像贊　「司馬文正公畫像」，句解本作「遺像」。

性理群書補註卷之三

建安熊剛大集解　海虞吴訥補註

晦庵先生朱文公書畫像自警[一]

熊氏曰：此篇自述其行己養心之道。

補註：此篇書任道日脩之功以自警。

從容乎禮法之場，沉潛乎仁義之府，

熊氏曰：動而此身優游於天理準則之地，静而此心存養夫實理渾涵之天。

補註：「從容」者，自然不迫之謂。「禮法之場」，家鄉、邦國皆是也。除地曰場，王褒頌亦有「恬淡無爲之場」之語。「沉潛」者，深沉潛泳之謂。「仁義之府」，性命道德皆是也。府，聚也。康節觀物篇亦謂：「易、書、詩、春秋，爲謂聖人之四府。」

是予蓋將有意焉，而力莫能與也。

熊氏曰：皆吾之意所欲爲，而吾之力恐未及。

補註：「蓋」者，不敢决之辭。將，謂將欲也。蓋將有意，謙言，將欲有意於是也。力，以力任物之謂。與，及也。力莫能與，雖亦謙辭，然非寘嘗用力者莫能知所不及也。任道之意，於此亦可見矣。

佩先師之格言，奉前烈之餘矩，惟闇然而日脩，或庶幾乎斯語。

熊氏曰：佩服先儒當理之言，奉承前人正己之道。惟知幽隱之中，日不忘自脩之實。庶動遵禮法，静守仁義，於斯言得之。先生自少而老，恪守父師之訓。韋齋，父也。劉屏山，師也。既冠，屏山祝詞云：「木晦於根，春華曄敷。」既長，題桃符曰：「佩韋遵考訓，晦木謹師傳。」故贊亦及之。

補註：先師，孔子、顔、曾、思、孟也。格言，至言，謂五經、四書也。前烈，周、程、張、邵與父師也。餘矩，進脩之方也。闇然，不求人知之謂。日脩者，無日而不脩也。庶幾，近辭。斯語，即上文從容禮法沉潛仁義之語。此雖自謙之詞，然深味之，則其俛焉孳孳，惟日不足之意，亦可見矣。愚謂：從容禮法，沉潛仁義，乃真知實踐之極功，非幾於不勉而中，與夫不厭不倦者，不能及也。「佩韋」「晦木」之訓朱子，書爲觀省之要，若夫進脩之功，則豈止於是焉？善乎！果齋李氏有曰：「先生之道之至原，其所以臻斯閾者，亦曰主敬以立其本，窮理以致其知，反躬以踐其實，而敬者又貫通乎二者之間，所以成始而成終者也。」自孟子殁，千有餘年，而後周、程、張子出焉，歷時未久，浸失其真，及先生出而後，會濂洛之正傳，紹魯鄒之正緒，起斯文於將墜，覺來裔於無窮，雖與天壤俱敝，可也。嗚呼，盛哉！按：四書註稱屏山、延平曰師，此云先師，其爲孔孟無疑矣。

行狀[二]

黄直卿

先生姓朱，諱熹，字仲晦。朱氏爲婺源著姓，以儒名家，世有偉人。父松，號韋齋先生，因仕入閩，至先生始寓建之崇安五夫里，今居建陽之考亭。先生以建炎四年九月十五日午時生南劍尤溪之寓舍。幼穎悟莊重，能言，韋齋指示曰：「此天也。」問曰：「天之上何物？」韋齋異之，就傳授以孝經，一閲對之，題其上曰：「不若是，非人也。」嘗從群兒戲沙上，獨端坐以指畫沙，視之，八卦也。

補註：先生祖居徽之婺源縣萬安鄉松巖里，宣和末，韋齋尉建之政和，丁外艱，服除，調南劍尤溪尉。先生生於尤溪鄭氏之寓舍，韋齋官至尚書吏部員外郎，兼史館校勘，以上書諫和議，去國，紹興癸亥卒于建之水南。

少長，厲志聖賢之學。年十八，貢于鄉，中紹興十八年進士第，以左迪功郎主泉州同安簿。涖職勤敏，纖悉必親。職兼學事，選秀民充弟子員，求名士以爲表率，日與講説聖賢修己治人之道。年方踰冠，聞其風者，已知學之有師而尊慕之。歷四考，罷歸，以奉親講學爲急。二十八年，請祠，監潭州南嶽廟。明年，詔赴行在。言路有托抑奔競以沮之者，遂以疾辭。

補註：紹興丁卯，請建州鄉舉，明年戊辰春登第，賜同進士出身。辛未銓試入等，授同安縣主簿。癸酉夏，受學延平先生之門，秋七月之同安任職，兼學事，請名士徐應中等爲學職。丙子考滿，代者不至，丁丑歲罷歸。四考者，四年也。於是士思其教、民懷其惠，相與立祠于學。戊寅請祠，己卯被召，辭。

三十二年，祠秩滿，再請。孝宗即位，復因其任。會有詔求直言，因上封事。其略言：「聖躬雖未有闕失，而帝王之學不可以不熟講；朝政雖未有闕遺，而脩攘之計不可以不早定；利害休戚雖不可偏以疏舉，然本原之地不可以不加意焉。」

補註：壬午夏五月，祠滿，復請。六月，孝宗即位。八月，應詔上封事，是月得祠。

明年，改元隆興。復召，辭。不許，即入對。其一言：「大學之道，在乎格物以致其知。」其二言：「君父之讎，不與共戴天。今日所當爲者，非戰無以復讎，非守無以制勝。」末言：「古先聖王制御夷狄之道，其本不在乎威强，而在乎德業；其任不在乎邊境，而在乎朝廷；其具不在乎兵食，而在乎紀綱。」三劄所陳，不出封事之意，而加剴切焉。除武學博士，待次。乾道改元，促就職。既至，以時相方主和議，請監南嶽廟以歸。三年，差充樞密院編脩官，待次。五年，三促就職。會魏掞之以布衣召爲國子録，因論曾覿而去，遂力辭。雖擢用狎至，不敢就。

補註：隆興元年三月被召，辭。七月趣行，十月至在所。入對垂拱殿。十一月，除武學博士待次，遂歸。乾道乙酉，趣就職，請祠復歸。丁亥，除樞密院編脩待次。戊子，趣就職，辭。時相，謂洪适，復主和議，方遣使金虜議和。魏掞之，即魏元履也。「狎至」者，前漢書「羽檄重迹而狎至」，注云「相因而至也」。

尋丁内艱。六年，復召，以未終喪辭。七年，復召，以禄不及養辭。四年之間，辭者凡六。九年，有旨：「安貧守道，廉退可嘉。」特改合入官，主管台州崇道觀。先生以改秩畀祠，皆進賢賞功、優老報勤之典，今無故驟得之，求退得進，於義未安，再辭。淳熙元年，又再辭。上意愈堅，始拜命。改宣教郎，奉祠。

補註：先是有旨再趣行，又辭。既而四被堂帖，俱辭。至是進呈乞嶽廟劄子。上曰：「朱熹安貧守道，廉退可嘉，特改合入官。」仍奉祠。

三年，除秘書郎。力辭。時上諭大臣欲奬用廉退，執政以先生爲言，故有是命。會有言虚名之士不可用者，以故再辭，即從其請，主管武夷山冲佑觀。

補註：淳熙丙申六月，除秘書省秘書郎，時上欲奬用廉退之士，參政龔茂良以先生操行耿介、屢召不起爲言，遂有此除，力辭不允，再辭，遂奉祠。

五年，差發遣南康軍事，辭者四，始之任。先生自同安歸，奉祠家居幾二十年，間關貧困，不以屬心。涵養充積，理明義精，見之行事者益霈然矣。至郡，懇惻愛民，興利除害。屬邑星子，土瘠税重，乞從蠲減。歲值不雨，講求荒政，凡請於朝，言無不盡。官物之檢放、倚閣、蠲減、除豁，帶納，如秋苗夏税、木炭月樁、經總制錢之屬，爲之條奏，或至三四，不得請不已。並奏截留綱運，撥錢米充軍糧，備賑濟。申嚴隣路遏糴之禁，選官吏視境内，荒歉分數、户口多寡、蓄積虚實、通商勸分，多所全活。施設次第，人爭傳録爲法。郡濱大江，因募飢民築堤捍舟，民脱於飢，舟患亦息。姦豪侵擾細民、撓法害政者，懲之不少貸。數詣郡學，引進士子，與之講論。訪白鹿洞書院遺址，奏復其舊。乞賜勑額及石經板本九經註疏等書。每休沐，輒至，諸生質疑問難，誨誘不倦。又求栗里陶靖節之居、西澗劉屯田之墓、孝子熊仁瞻之閭旌顯之。

補註：戊戌差知南康軍，累辭，趣行，己亥三月到任。

明年，詔監司、郡守條具民間利病。遂上疏言：「天下之大務，莫大於恤民，恤民之本，又在人君正心術以立紀綱，又以人户逃移自劾者再，以疾請奉祠者五。將滿，除江西提舉常平茶鹽事，待次。初，廟堂議遣先生使蜀，上意不欲遠去，故有是命。詔以脩舉荒政，民無流殍，除直秘閣，凡三辭，皆以納粟人未推賞。會淛東大饑，易提舉淛東。即日單車就道。復以南康納粟人未推賞辭職名，且乞奏事之任。納粟賞行，遂受職名。

補註：辛丑三月，除提舉江西常平茶鹽。閏三月，解紱東歸。七月，除直秘閣。八月改除淛東常平茶鹽。十一月，奉事延和殿。

入對，奏劄凡七，其一二皆自書以防宣洩。又以南康所上封事繕寫成册，重封投進。後五劄亦有非一時捄荒之急者，罄竭忠悃，不敢有隱也。先生所居之鄉，每春夏之交，豪户閉糴[三]，細民發廩强奪，動相賊殺。先生嘗帥鄉人置社倉以賑貸。至是，乞推行之。白鹿書院[四]，前期執政使人諭「且勿言」。及對，卒言之。上委曲訪問，悉從其請。

先生初拜命，則移書他郡，募米商，蠲其征。及至，客舟之米輻湊。復以荒政數事推廣條上，日與僚屬、寓公鉤訪民隱。按行所部，窮山長谷，靡所不到，拊問存恤，所活不可勝計。每出皆乘單車，屏徒從，所歷雖廣而人不知。郡縣官吏憚其風采，至有自引去者。復奏紹興和買之弊。又乞免台州丁錢。差役利害，亦條具申省。又乞取會福建下四州産鹽法，行於本路沿海四州。又乞依處州法，改諸郡酒坊爲萬户。捄荒之餘，悉及他事，以爲經久之計。

又以前後奏請多見抑卻，幸而從者，又率稽緩後時，蝗旱相仍，不勝憂憤。復奏言：「爲今之計，獨有斷自聖心，沛然發號，責躬求言，君臣相戒，痛自脩省[五]。其次，惟有盡出内庫之錢，以供大禮之費爲收糴之本。無得催理舊欠，依條限檢放税租，沙汰被災路分州軍監司、守臣之無狀者，遴選賢能，責以荒政，庶幾下結人心，消其乘時作亂之意。不然，臣恐所憂者不止於饑殍，而在於盜賊。蒙其害者不止於官吏，而上及於國家也。」復上時宰書云：「朝廷愛民之心，不如惜費之甚，是以不肯爲極力救民之事；明公憂國之念，不如愛身之切，是以但務爲阿諛順旨之計。然民之與財，孰輕孰重？身之與國，孰大孰小？財散猶可復聚，民心一失，不可復收。身危猶可復安，國勢一傾，不可復正。至於民散國危，而措身無所，則其所聚，有不爲大盜積者耶？」

九年，以賑濟有勞，進直徽猷閣，辭。知台州。唐仲友與時相王淮同里，爲姻家，遷江西提刑〔六〕，未行。先生行部，訟者紛然，得其姦贓、僞造楮幣等事，劾之。奏上，淮匿不以聞，論愈力，章至十上。事下紹興府鞫之，獄具情得，乃奪其新命授先生。先生以爲是蹊田而奪之牛，辭不拜，遂歸。尋令兩易江東，辭，及辭職名。且言唐仲友雖寢新命，已具之獄，竟釋不治，則是所按不實，難以復沾恩賞。並不許。受職名，再辭新任，且乞奉祠。

言：「所劾贓吏，大者宰制斡旋於上，小者馳鶩經營於下。若其加害於臣，遠至師友淵源之所自，亦復橫肆觝排。」時從臣有奉時相意上疏毀程氏之學以陰詆先生者，故有是言。

補註：壬寅夏，劾奏前台州知州唐仲友不法。八月，以賑濟有勞，除直徽猷閣，改除江西提刑。十二月，受職名，力辭新任，乞祠。時鄭丙上疏詆程氏之學。

十年，差主管台州崇道觀。先生守南康，使浙東，始得行其所學，已試之效卓然。退而奉崇道、雲臺、鴻慶之祠者五年，自是海内學者尊信益衆。十四年，除提點江西刑獄公事，待次，以疾辭，不許，遂拜命。十五年，促奉事，又以疾辭，不許，遂行。又以疾請奉祠者再。

補註：癸卯春，上覽奏，知不可强起，詔：朱熹屢乞祠，可差主管台州崇道觀。乙巳二月，崇道秩滿，復丐祠。四月，拜華州雲臺之命。丁未，差主管南京鴻慶宫。七月，除江西提刑，辭不允。時上論宰執曰：「楊萬里封事薦朱熹久閑，故有是命。」戊申正月，趣奏事之任，以疾辭，不允。

淮罷相，遂力疾入奏。首言：「近年以來，刑獄不當，甚至涉於人倫風化之重者。亦從流宥之法，天理民彝，幾何不至於泯滅？」又言：「州郡獄官乞注，有舉主關陞，及任滿銓試第二等以上人，常調關陞，及省部胥吏，並不注擬。縣獄專委之令，望令縣丞、主簿同行推訊。」又言提刑司管催經總制錢，及江西諸州科罰之弊。至其末篇，乃言：「陛下即位二十有七年，而因循荏苒，無尺寸之效可以仰酬聖志。嘗反覆而思之，無乃燕閒蠖濩之中[七]，虚明應物之地，天理有未純、人欲有未盡？是以爲善不能充其量，除惡不能去其根。

一念之頃，公私邪正，是非得失之機，交戰於其中。體貌大臣非不厚，而便嬖側媚得以深被腹心之寄；寤寐豪英非不切，而柔邪庸繆得以久竊廊廟之權；非不樂聞公議正論，而有時不容；非不聖讒説殄行，而未免誤聽；非不欲報復陵廟讎耻，而不免畏怯苟安；非不欲愛養生靈財力，而未免歎息愁怨。凡若此類，不一而足，願陛下自今以往，一念之頃，則必謹而察之：此爲天理耶，爲人欲耶？果天理也，則敬以充之，而不使其少有壅閼；果人欲也，則敬以克之，而不使其少有凝滯。推而至於言語動作之間、用人處事之際，無不以是裁之，則聖心洞然，中外融澈，無一毫之私欲得以介乎其間。而天下之事，將惟陛下之所欲爲，無不如志矣。」是行也，有要之於路，以「正心誠意」爲上所厭聞，戒以勿言者。先生曰：「吾平生所學，只有此四字，豈可回互而欺吾君乎？」及奏，上曰：「久不見卿，淛東之事，朕自知之。今當處卿清要，不復勞卿州縣。」除兵部郎，以足疾丐祠。本部侍郎林栗，前數日與先生論易、西銘不合，至是遣部吏抱印，迫以供職。先生以疾告，遂疏先生欺慢。時相請授以前江西之命，仍舊職名。先生行且辭曰：「論者謂臣事君無禮。爲人臣子有此名，罪當誅戮，豈可復任外臺耳目之寄？」章再上，除直寶文閣，主管西京嵩山崇福宮。栗亦罷。辭磨勘及職名，不許，轉朝奉郎。

補註：六月壬申，奏事延和殿，獎諭甚渥，辭謝。久之，乃出奏劄，上曰：「正所願聞。」奏畢，上未嘗不稱善，除兵部郎官，以足疾丐祠。繼聞劾章，力辭，依舊職，名江西提刑。七月，在道辭，免新任。八月，丐祠，除直寶文閣，主管西京崇福宫。蠖濩，楊雄甘泉賦「嫺蜎蠖濩之中」，顔師古曰：「言屋之深廣也。」

未踰月，再召，受職名。辭召命，以爲遷官進職，皆爲許其閑退，方竊難進易退之褒，復爲彈冠結綬之計，則其爲世觀笑，不但往來屑屑之譏。又促召。初，先生入奏事，迫於疾作，嘗面奏，以爲口陳之説有所未盡，乞具封事以聞。至是再辭，遂併具封事投匭以進，其略曰：「今天下大勢，臣不暇言其他，且以天下之大本與今日之急務爲陛下言之。蓋大本者，陛下之心；急務則輔翼太子、選任大臣、振舉綱維、變化風俗、愛養民力、脩明軍政六者是也。」疏入，夜漏下七刻，上已就寢，亟起秉燭，讀之終篇。明日，除主管太乙宫兼崇政殿説書。時上已有倦勤之意，蓋將以爲燕翼之謀。

補註：燕翼之謀，見詩「以燕翼子」。先生於戊申十一月上封事，明年己酉二月，孝宗内禪於光宗矣。

先生奏疏，言講學以正心，脩身以齊家，遠便嬖以近忠直，抑私恩以抗公道，明義理以絶神姦，擇師傅以輔皇儲，精選任以明體統，振綱紀以厲風俗，節財用以固邦本，脩政事以攘夷狄。凡十事，欲以爲新政之助。會執政有指道學爲邪氣者，力辭新命，除秘閣脩撰，仍奉外祠，遂不果上。

補註：己酉正月，除秘閣脩撰，仍奉外祠。

先生當孝宗朝，陛對者三，上封事者三。其固以講學窮理爲出治之大原[八]，其後則直指天理人欲之分、精一克復之義。其初固以當世急務一二爲言，其後封事之上，則心術、宮禁、時政、風俗，披肝瀝膽，極其忠鯁。蓋所望於君父愈深，而其言愈切，故於封事之末有曰：「日月逾邁，如川之流。不唯臣之蒼顔白髪，已迫遲暮，而切仰天顔[九]，亦覺非昔時矣。」忠誠懇惻，至今讀者猶爲之涕下。先生進疏雖切，孝宗亦開懷容納，武博編摩、秘省郎曹之除，蓋將引以自近。守南康，持淛東、江西之節，又知其不可强留而授之。至是復有經帷之命。先生之盡忠，孝宗之受盡言，亦未爲不遇也。然先生進言，皆痛詆大臣近習，孝宗之眷愈厚，而嫉者愈深。是以不能一日安其身於朝廷之上，而孝宗内禪矣。光宗即位，再辭職名，仍舊直寶文閣。降詔奬諭，除江東轉運副使，以疾辭者再。覃恩轉朝散郎，賜緋衣銀魚，改知漳州。又再以疾辭，不許。紹熙元年之任。奏除屬縣無名之賦七百萬，減經總制錢四百萬。加意學校，教誘諸生。又以習俗未知禮，採古喪葬嫁娶之儀，揭以示之。釋氏南方爲盛，男女聚僧廬爲傳經會，女不嫁者，私爲庵舍以居，悉爲之禁。郡有故迪功郎高登，忤秦檜，貶死，爲奏請昭雪，以褒其直。

補註：二月，光宗即位，拜祠命，辭職名。四月，再辭職名。五月，從所請仍舊直寶文閣。降詔獎諭。八月，除江東運副，再辭。十一月，改知漳州，再辭，不允。紹熙庚戌四月到任。

會朝論欲行泉、漳、汀三州經界，遂疏其事上之。且言必可行之説三，將必至於不能行之説一。蓋謂經界法行，大爲民利，而占田隱税、侵漁貧弱者所不便。寓公豪右果爲異議以沮之。明年，屬有嗣子之喪，再請奉祠，除秘閣脩撰，主管南京鴻慶宮，辭者再。詔：「論撰之職，以寵名儒。」乃拜命。除荆湖南路轉運副使，再辭。漳州經界竟報罷，遂以前言經界可行自劾。三年，再以疾辭，乞補滿宫觀，從之。數月，差知静江府、廣南西路經界安撫，辭。四年，又辭，主管南京鴻慶宮。

補註：辛亥正月，長子塾卒于婺。報至，即以繼體服斬衰丐祠，歸治喪葬。遂除秘撰，主管南京鴻慶宮。四月，拜祠命，辭職名，解組而歸。

未幾，差知潭州荆湖南路安撫，力辭。五年，再辭。有旨：「長沙巨屏，得賢爲重。」會洞獠擾屬郡，遂拜命赴鎮。至則遣人諭以禍福，皆降之。申教令，嚴武備，戢姦吏，抑豪民。湖湘士子素知學，日伺公退，則請質所疑。爲之講説不倦，四方之學者畢至。又以南康、漳州所申改正釋奠儀式爲請，録故死節五人，爲之立廟。孝宗升遐，先生哀慟不能自勝。又聞上以疾不能執喪，中外洶洶，益憂懼。遂申省，乞歸田里。又草封事，極言父子天性，不應以小嫌廢彝倫，言頗切直。會今上即位，不果上。

補註：癸丑十二月，除湖南安撫，辭。甲寅正月，再辭。二月，詔疾之任。五月，至鎮，遣諭洞蠻，蒲來矢降，更建嶽麓書院。

上在潛邸，聞先生名[一〇]，每恨不得爲本宫講官，至是，首召奏事。先生行且辭。除煥章閣待制、侍講，辭，不許。又再辭，且言：「陛下嗣位之初，方將一新庶政，所宜愛惜名器，若使倖門一開，其弊豈可復塞。至於博延儒臣，專意講學，將求所以深得親歡者，爲建極導民之本；思所以大振朝綱者，爲防微慮遠之圖。顧問之臣，實資輔養，用人或繆，所繫非輕。」蓋先生在道聞南内朝禮尚闕，近習已有用事者，故預有是言。又不許，遂奏乞且依元降指揮帶元官職事者再。

補註：先是蜀人黃裳爲翊善，善講説開導，一日光宗諭曰：「嘉王進學，皆卿之功。」裳曰：「若欲進德脩業，追蹤古先哲王，則須尋天下第一等人。」光宗問爲誰。對曰：「朱熹。」彭龜年繼爲宫僚，因講魯莊公不能制其母，云母不能制，當制其侍御僕從。」上問：「此誰之説？」對曰：「朱熹。」自後每講必問朱熹之説云何。故履位之初，首加迅召。

及入對，首言「大倫大本」，次言：「爲學莫先於窮理，窮理必在於讀書。讀書之法，莫貴於循序而致精。致精之本，又在於居敬而持志。」又三劄言：「湖南歲計，城壁[一一]，乞行計度脩築。」既對，面辭待制、侍講，不許。翌日，又辭待制職名，乞改作説書差遣。上手札：「卿經術淵源，正資勸講，次對之職，勿復牢辭，以副朕崇儒重道之意。」遂拜命。

補註：初，先生行至宜春，門人劉黻請曰：「是行，上虚心以待，敢問何先？」先生曰：「今日之事必有惡衣菲食、卑宫室之志，而不敢以位爲樂。庶幾積誠盡孝，默通潛格，天人和同，方可有爲。其事大，其體重，以言乎輔贊之功，則非吾之所任；以言乎啓沃之道，則非吾之敢當。然天下無不可爲之時，人主無不可進之善，以天子之命，召藩臣當不俟駕而往，吾知竭吾誠、盡吾力耳，外此，非吾所能預計也。」

會趙彦逾接視孝宗山陵[一二]，以爲土肉淺薄，掘深五尺，下有水石。先生上議狀：「當廣求術士，博訪名山。」不報。覃恩轉朝請郎，賜紫章服兼實録院同脩撰，再辭，不許。受詔進講大學。遂奏乞除，朔望旬休及過宫日分，並令蚤晚進講。又乞置局看詳四方封事，瑞慶節免稱賀。皆從之。復因有旨脩葺舊東宫，爲屋三數百間，遂具四事奏。皆不報。先生進講，每及數次，復以前所講者編次成帙以進。上亦開懷容納。且面諭以「求放心之説甚喜」，遂以劄子勉上進德。其略言：「願陛下日用之間，語默動静必求放心以爲之本，而於玩經觀史、親近儒學已用力處益用力焉。數召大臣，切劘治道，俾陳今日要務，略如仁祖開天章閣故事。至於群臣進對，亦賜温顔，反覆詢訪，以求政事之得失、民情之休戚，而又因以察其人才之邪正短長，庶於天下之事，各得其理。」

補註：先生講及數次，復編次成帙，取旨進入。上喜，且令點句以來他日請問，上曰：「宫中讀之，其要在求放心爾。」先生頓首謝，復奏疏勉上進德。

又奏：「禮經勑令：子爲父，嫡孫承重爲祖父，皆斬衰三年。嫡子當爲父後，不能襲位執喪，則嫡孫繼統而代之執喪。欲望明詔禮官，稽考禮律。」會孝宗祔廟，議宗廟迭毁之次。有請併祧僖、宣二祖。先生度難以口舌爭，遂移疾，上議狀，條其不可者四。既上，廟堂持之不以聞，即毁撤僖、宣廟室，更創别廟以奉四祖。宰相既有所偏主，樓鑰、陳傅良又復牽合裝綴以附其説。先生因節略狀文，及爲劄子，畫圖以進。事竟不行。上之立也，丞相趙汝愚密與知閤門事韓侂胄謀之，侂胄自謂有定策功，居中用事。先生辭免待制、侍講，已微寓其意。及進對，復嘗再三面言，又約吏部侍郎彭龜年〔一三〕，出護使客，侂胄益得志。先生又於所奏四事疏中，斥言左右竊柄之失，後因講筵留身，復申言前疏，乞賜施行。既退，即降御批云：「憫卿耆艾，方此隆冬，恐難立講，已除卿宫觀。」宰相執奏不行。明日，徑以御批付下，臺諫給舍亦爭留，不可。除寶文閣待制，與州郡差遣，力辭。尋除知江陵府，又力辭。仍乞追還新舊職名，詔依舊焕章閣待制、提舉南京鴻慶宫。慶元元年，又乞追還舊職，不許。趙丞相亦罷，謫永州。丞相既當大任，收召四方知名之士，中外引領以觀新政，先生獨惕然以侂胄用事爲慮。既屢爲上言，又數以手書遣生徒密白丞相，當以厚賞酬其勞，勿使得預朝政。丞相方謂其易制，所倚以爲腹心謀事之人，又皆持禄苟安，無復遠慮。丞相既逐，而朝廷大權悉歸侂胄。先生自念身雖閑退，尚帶侍從職名，不敢自嘿，遂草書萬言，極言姦邪蔽主之禍，因以明其冤。諸生更諫，以筮決之，遇遯之同人，先生默默，退取諫藁焚之，自號遯翁。以廟議不合，乞收還職名，又以疾乞休致，不許。轉朝奉大夫，又辭職名，乞休致。又以嘗妄議山陵自劾，又言已罷講官，不敢復帶侍從職名，詔依舊秘閣脩撰。二年，又言：「昨來疏封錫服，封贈蔭補，磨勘轉官，皆爲已受從官恩數，乞改正。」沈繼祖爲監察御史，上章誣詆，落職罷祠。四年十二月，以來歲年及七十，申乞致仕。五年，依所請。六年三月甲子，終於正寢。十一月壬申，葬建陽縣唐石里之大林谷。嘉泰二年，除華文閣待制，與致仕恩澤。

補註：先是癸亥，諸生入問疾，先生起坐曰：「誤諸君遠來，然道理亦止是如此。但相率下，堅苦工夫牢固着，足方有進步耳。」甲子，即命移寢中堂，諸生復入問疾，良久，恬然而逝，午初刻。享壽七十有一。

自先生去國，侂胄勢益張。鄙夫憸人迎合其意，以學爲僞，謂貪黷放肆乃人真情，潔廉好禮者皆僞也。科舉取士稍涉經訓者，悉見排黜；文章議論根於理義者，並行除毀。六經、語、孟悉爲世之大禁。猾胥賤隸、頑鈍無耻之徒，往往引用以至鄉相。繩趨尺步，稍以儒名者，無所容其身。從遊之士，特立不顧者，屏伏丘壑；依阿巽懦者，更名他師。先生日與諸生講學竹林精舍。有勸以謝遣生徒者，笑而不答。先生既没，侂胄志氣驕溢，遂至擅開邊釁，幾危宗社，而生靈塗炭矣。開禧三年，侂胄伏誅。嘉定元年，詔賜謚與遺表恩澤。明年，賜謚曰文。又明年，贈中大夫，特贈寶謨閣直學士。後以明堂恩，累贈通議大夫。

先生平居惓惓，無一念不在於國。聞時政之闕失，則戚然有不豫之色；語及國勢之未振，則感慨以至泣下。然謹難進之禮，則一官之拜，必抗章而力辭；厲易退之節，則一語不合，必奉身而亟去。其事君也，不貶道以求售；其愛民也，不徇俗以苟安。故其與世動輒齟齬，自筮仕以至屬纊，五十年間，歷事四朝，仕於外者，僅九考，立於朝者，四十日，道之難行也如此。然紹道統、立人極，爲萬世宗師，則不以用舍爲加損也。

自韋齋先生得中原文獻之傳，聞河洛之學，推明聖賢遺意，日誦大學、中庸，以用力於致知誠意之地，先生蚤歲已知其説，而心好之。韋齋病且亟，屬曰：「籍溪胡原仲、白水劉致中、屏山劉彦冲三人，吾友也，學有淵源，吾所敬畏。吾即死，汝往事之，而惟其言之聽，則吾死不恨矣。」先生既孤，則奉以告三君子而稟學焉。時年十有四，慨然有求道之志，博求之經傳，徧交當世有識之士，雖釋老之學，亦必究其歸趣、訂其是非。延平李先生學於豫章羅先生，羅先生學於龜山楊先生，延平於韋齋爲同門友。先生不遠數百里，徒步往從之。延平稱之曰：「樂善好義，鮮與倫比。」又曰：「穎悟絶人，力行可畏。」其所論難，體認切至。自是從游累年，精思實體，而學之所造者益深矣。其爲學也，窮理以致其知，反躬以踐其實，居敬者所以成始成終也。謂致知不以敬，則昏惑紛擾，無以察義理之歸；躬行不以敬，則怠惰放肆，無以致義理之實。持敬之方，莫先主一。既爲之箴以自警，又筆之書，以爲小學大學皆本於此。終日儼然，端坐一室，討論典訓，未嘗少輟。自吾一心一身，以至萬事萬物，莫不有理。存此心於齋莊靜一之中，窮此理於學問思辨之際，皆有以見其所當然而不容已，與其所以然而不可易，然充其知而見於行者，未嘗不反之於身也。不睹不聞之前，所以戒懼者愈嚴愈敬；隱微幽獨之際，所以省察者愈精愈密。思慮未萌，而知覺不昧；事物既接，而品節不差。無所容乎人欲之私，而有以全乎天理之正。不安於偏見，不急於小成，而道之正統在是矣。其爲道也，有太極而陰陽分，有陰陽而五行具，稟陰陽五行之氣以生，則太極之理各具於其中。天所賦爲命，人所受爲性，感於物爲情，統性情爲心。根於性，則爲仁義禮智之德；發於情，則爲惻隱、羞惡、辭遜、是非之端；形於身，則爲手足耳目口鼻之用；見於事，則爲君臣、父子、夫婦、兄弟、朋友之常；求諸人，則人之理不異於己；參諸物，則物之理不異於人。貫徹古今，充塞宇宙，無一息之間斷，無一毫之空闕，莫不析之極其精而不亂，然後合之盡其大而無餘。先生之於道，可謂建諸天地而不悖，質諸聖賢而無疑矣。故其得於己而爲德也，以一心而窮造化之原，盡性情之妙，達聖賢之蘊，以一身而體天地之運，備事物之理，任綱常之責。明足以察其微，剛足以任其重，弘足以致其廣，毅足以極其常。其存之也，虛而靜；其發之也，果而確；其用之也，應事接物而不窮；其守之也，歷變履險而不易。本末精粗，不見其或遺；表裏初終，不見其或異。至其養深積厚，矜持者純熟，嚴厲者和平，心不待操而存，義不待索而精，猶以爲義理無窮，歲月有限，常慊然有不足之意。蓋有日新又新不能自已者，而非後學之所擬議也，其可見之行，則脩諸身者，其色莊，其言厲，其行舒而恭，其坐端而直。其閒居也，未明而起，深衣幅巾方履，拜於家廟以及先聖。退坐書室，几案必正，書籍器用必整。其飲食也，羹食行列有定位，匕箸舉措有定所。倦而休也，瞑目端坐；休而起也，整步徐行。中夜而寢，既寢而寤，則擁衾而坐，或至達旦。威儀容止之則，自少至老。祁寒盛暑，造次顛沛，未嘗須臾離也。行於家者，奉親極其孝，撫下極其慈，閨庭之間，内外斬斬，恩意之篤，怡怡如也。其祭祀也，事無纖鉅，必誠必敬，小不如儀，則終日不樂已。祭無違禮，則油然而喜。死喪之威[一四]，哀戚備至，飲食衰絰，各稱其情。賓客往來，無不延遇，稱家有無，常盡其歡。於親故雖疏遠必致其愛，於鄉閭雖微賤必致其恭。吉凶慶弔，禮無所遺；賙卹問遺，恩無所闕。其自奉則衣取蔽體，食取充腹，居止取足以障風雨，人不能堪而處之裕如也。若其措諸事業，則州縣之設施，立朝之言論，經綸規畫，正大宏偉，亦可槩見。雖達而行道，不能施之一時；然退而明道，足以傳之萬代。謂聖賢道統之傳，散在方册，聖經之旨不明，則道統之傳始晦。於是竭其精力，以研窮聖賢之經訓。於大學、中庸，則補其闕遺，別其次第，綱領條目，粲然復明。於論語、孟子，則深原當時答問之意，使讀而味之者，如親見聖賢而面命之。於易與詩，則求其本義，攻其末失，深得古人遺意於數千載之上。凡數經者，見之傳註，其關於天命之微、人心之奥、入德之門、造道之閾者，既已極深研幾，探頤索隱，發其旨趣而無所遺矣。至於一字之未安、一詞之未備，亦必沉潛反復，或達旦不寢，或累日不倦，必求至當而後已。故章旨字義，至微至細，莫不理明詞順、易知易行。於書，則疑今文之艱澁，反不若古文之平易。於春秋，則疑聖心之正大，决不類傳註之穿鑿。於禮，則病王安石廢罷儀禮而傳記獨存。於樂，則憫後世律尺既亡，而清濁無據。是數經者，亦嘗討論本末，雖未能著爲成書，然其大旨固已獨得之矣。若歷代史記，則又考論西周以來至於五代，取司馬公編年之書，繩以春秋紀事之法，綱舉而不繁，目張而不紊。國家之理亂、君臣之得失，如指諸掌。周、程、張、邵之書，所以繼孔孟道統之傳，歷時未久，微言大義，鬱而不章，先生爲之裒集發明，而後得以盛行於世。太極、先天二圖，精微廣博，不可涯涘，爲之解剥條畫，而後天地本原、聖賢藴奥不至於泯没。程、張門人，祖述其學，所得有淺深，所見有疏密。先生既爲之區别，以悉取其所長，至或識見小偏、流於異端者，亦必研窮剖析，而不没其所短。南軒張公、東萊吕公同出其時，先生以其志同道合，樂與之友。至或見識少異，亦必講磨辨難，以一其歸。至若求道而過者，病傳注誦習之煩，以爲不立文字，可以識心見性；不假脩爲，可以造道入德，守虚靈之識而昧天理之真，借儒者之言以文老佛之説。學者利其簡便，詆訾聖賢，捐棄經典，猖狂叫呶，側僻固陋，自以爲悟。立論愈下者，則又崇奬漢唐，比附三代，以便其計功謀利之私。二説並立，高者陷於空無，下者溺於卑陋，其害豈淺淺哉！先生力排之，俾不至亂吾道以惑天下，於是學者靡然向之。

補註：求道而過，病傳註之繁，以爲不立文字，可以識心見性者，江西陸氏之學是也。崇奬漢唐，比附三代，以便其計功謀利之私者，永嘉陳氏之學是也。

先生教人，以大學、語、孟、中庸爲入道之序，而後及諸經。以爲不先乎大學，則無以提綱挈領，而盡語、孟之精微。不參之以論、孟，則無以融會貫通而極中庸之旨趣。然不會其極於中庸，則又何以建立大本、經綸大經，而讀天下之書、論天下之事哉？其於讀書也，必使之辨其音釋，正其章句，玩其辭，求其義，研精覃思以究其所難知，平心易氣以聽其所自得。然爲己務實，辨别義利，毋自欺、謹其獨之戒，未嘗不再三致意焉。蓋亦欲學者窮理反身而持之以敬也。從遊之士，迭誦所習，以質其疑。意有未諭，則委曲告之而未嘗倦；問有未切，則反覆戒之而未嘗隱。務學篤則喜見於言，進道難則憂形于色。講論經典，商略古今，率至夜半。雖疾病之支離，至諸生問辨，則脱然沉痾之去體。一日不講學，則惕然常以爲憂。摳衣而來，遠自川蜀。文詞之傳，流及海外。至於夷虜亦知慕其道，竊問其起居。窮鄉晚出，家蓄其書，私淑諸人者，不可勝數。

補註：按：年譜：光宗紹熙癸丑，是冬使人自金虜回，虜問朱先生安在，答以見已擢用。歸白廟堂，遂除湖南安撫。

先生既没，學者傳其書、信其道者益衆，亦足以見理義之感於人者深矣。繼往聖將微之緒，啓前賢未發之機，辨諸儒之得失，闢異端之訛謬，明天理、正人心，事業之大，又孰有加於此者？至若天文、地志、律曆、兵機，亦皆洞究淵微。文詞字畫，騷人才士，疲精竭神，常病其難，至先生未嘗用意而亦皆動中規繩，可爲世法。是非資禀之異、學行之篤，安能事事物物各當其理，各造其極哉！學脩而道立，德成而行尊，見之事業者又如此。秦漢以來，迂儒曲學，既皆不足以望其藩墻，而近代諸儒有志乎孔孟周程之學者，亦豈能以造其閫域哉？嗚呼！是殆天所以相斯文，篤生哲人，以大斯道之傳也。

先生疾且革，手爲書，囑其子在與門人范念德、黄榦，尤拳拳於勉學及脩正禮書爲言[一五]。翌旦，門人侍疾者請教，先生曰：「堅苦。」問温公喪禮，曰：「疎略。」問儀禮，頷之。已而正坐整冠衣，就枕而逝。門人治喪者既一以儀禮從事，而訃告所至，從遊之士與夫聞風慕義者，莫不相與爲位而聚哭焉，禁錮雖嚴，有所不避也。嗚呼！天又胡不憖遺，以永斯道之傳，而遽使後學失所依歸哉！先生所著書，有易本義、啓蒙、蓍卦考誤，詩集傳，大學中庸章句、或問，論語孟子集註，太極圖、通書、西銘解，楚詞集註、辨證，韓文考異；所編次，有語孟集義，孟子指要，中庸集略，孝經刊誤，小學書，通鑑綱目，本朝名臣言行録，古今家祭禮，近思録，河南程氏遺書，伊洛淵源録，皆行於世。先生著述雖多，於語、孟、中庸、大學尤所加意，若大學、論語，則更定數四，以至垂没。大學「誠意」一章，乃其絶筆也，其明道垂教，拳拳深切如此。楚詞集註亦晚年所作，其愛君憂國，雖老不忘。通鑑綱目僅能成編，每以未及脩補爲恨。又嘗編次禮書，用工尤苦，竟亦未能脱稾。所輯家禮，世多用之，然其後亦多損益，未暇更定。平生爲文，則季子在類次之矣。生徒問答，則後學李道傳嘗裒輯鋟板，未備也。

娶劉氏，追封碩人，白水草堂先生之女。草堂，即韋齋所屬以從學者也。其卒，以乾道丁酉其葬以祔穴[一六]。子三人，長塾，先十年卒，次埜，迪功郎，監湖州德清縣户部新市犒賞酒庫，後十年亦卒。季在，承議郎，提舉兩浙西路常平茶鹽公事。女五人，壻儒林郎、静江府臨桂縣令劉學古，奉議郎、主管亳州明道宫黄榦，進士范元裕。仲、季二人，亦早卒。孫男七人，鑑、鉅、銓、鐸、銍、鉉、鑄。鉅，從政郎、新差監行在雜買務雜賣場門。銓，從事郎、融州司法參軍。鑑，迪功郎、新辟差充廣西經略安撫司準備差遣。餘業進士。女九人，壻：承議郎、主管華州雲臺觀趙師夏，進士華韜甫、周巽亨、鄭宗亮、黄輅，從政郎、紹興府會稽縣丞趙師嶅〔一七〕，黄慶臣，李公玉。曾孫男六人：淵、洽、濳、濟、濬、澄，女七人。

先生没有年矣，狀其行者，未有所屬筆。在以榦從學日久，俾任其責。先生既不假是而著，榦之識見淺陋，言語卑弱，又不足模倣萬一。追思平日步趨謦欬，則悲愴哽咽，不忍書，亦不忍忘也。竊聞道之正統，待人而後傳。自周以來，任傳道之責、得統之正者，不過數人，而能使斯道章章較著者，一二人而止耳。由孔子而後，曾子、子思繼其微，至孟子而始著。由孟子而後，周、程、張子繼其絶，至先生而始著。蓋千有餘年之間，孔孟之徒所以推明是道者，既已煨燼殘闕、離析穿鑿，而微言幾絶矣。周、程、張子崛起於斯文湮塞之餘，人心蠹壞之後，扶持植立，厥功偉然。未及百年，踳駁尤甚。先生出，而自周以來聖賢相傳之道一旦豁然，如大明中天，昭晰呈露，則摭其言行，又可略歟？輒採同志之議，敬述世系、爵里、出處、言論，與夫學問、道德、行業，人之所共知者，而又私竊以道統之著者終之，以俟知德者考焉。

性理群書補註卷之三終

校勘記

[一] 晦庵先生朱文公書畫像自警　「自警」，句解本作「贊」。

[二] 行狀　此二字，句解本作「晦庵朱先生行狀」。

[三] 豪户閉糴　「糴」下，黄榦勉齋集卷三十六朱先生行狀(文淵閣四庫全書本)有「牟利」二字。

[四] 白鹿書院　「院」下，黄榦朱先生行狀有「事本不暇及」五字。

[五] 痛自脩省　「脩省」，黄榦朱先生行狀作「省改」。

[六] 遷江西提刑　「提刑」，黄榦朱先生行狀作「憲」。

[七] 無乃燕閒蠖濩之中　「蠖濩」，黄榦朱先生行狀作「起居」。

[八] 其固以講學窮理爲出治之大原　「其」字下空闕一箇字的位置，據黄榦朱先生行狀當補「初」字。

[九] 而切仰天顔　「切」，黄榦朱先生行狀作「竊」。

[一〇] 聞先生名　「名」原作「召」，據黄榦朱先生行狀改。

[一一] 城壁　「城」上，黄榦朱先生行狀有「入少出多……潭州」五十字，當補。

[一二] 會趙彦逾接視孝宗山陵　「接」，黄榦朱先生行狀作「按」。

[一三] 又約吏部侍郎彭龜年　「年」下，黄榦朱先生行狀有「共攻之龜年」五字，當補。

[一四] 死喪之威　「威」，黄榦朱先生行狀作「禮」。

［一五］尤拳拳於勉學及脩正禮書爲言　「禮書」，黄榦朱先生行狀作「遺書」。

［一六］以乾道丁酉其葬以祔穴　「乾道丁酉」，黄榦朱先生行狀作「淳熙丙申」。

［一七］從政郎紹興府會稽縣丞趙師郗　「郗」，黄榦朱先生行狀作「若」。

性理群書補註卷之四

建安熊剛大集解　海虞吴訥補註

性理字訓

程復原

補註：晦翁門人程正思著性理字訓三十條。晦翁曰：「此可謂大爾雅矣。」後新安程復原復考濂洛關閩遺言，增廣爲六門，共百八十條。熊氏止録前本三十條，寘詩文之首，今用備載，凡訓義所出，略與考究附註。伊川先生有云：「凡看文字，先須曉其文義，然後可求其意，未有文義不曉而見意者也。」讀者，誠先於是熟記而詳考焉，則以之讀諸先生之文，庶幾曉其文義，而有以得其意云。

造化第一

至理渾然，冲漠無眹，造化樞紐，品彙根柢，是曰太極。

補註：至理者，至極之理。冲，深。漠，曠遠也。一説冲漠，澹静貌。眹者，目未開而有其縫也。樞，户之轉軸，開闔由之者也。紐，容樞之臼也。物之異類曰品，同類曰彙。柢，木根也。北溪陳氏曰：「理雖無形狀，方體萬物，無不以之爲根柢、樞紐，以其渾淪極至之甚，故謂之太極。」

一氣坱然，充塞太虚，動静周流，造化發育，是曰元氣。

補註：坱，無界限貌。周，謂周遍。流，謂流行。造，謂成物。化，謂消物。發，謂生發。育，謂長育。

氣動而健，能始萬物。其數也奇，是之謂陽。

補註：健者，强力不倦之謂。奇者，一三五七九也。

氣静而順，能成萬物，其數也偶，是之謂陰。

補註：順者，柔順不專之謂。偶者，二四六八十也。

得氣之陽，輕清成象，運乎地外，大無不覆，主於生物，是之謂天。

補註：象，謂日月星之象。覆，蓋也。

得氣之陰，重濁成形，函於天中，廣無不載，主於成物，是之謂地。

補註：形，謂水火土石之形。函，包也。

爲陽之性，爲天之德，健而無息，是之爲乾。

補註：程子曰：乾者，天之性情。健而無息之謂乾。

爲陰之性，爲地之德，順而有常，是之謂坤。

補註：易文言：坤，至静而德方，後得主而有常，坤道其順乎！承天而時行。

氣運於天，循環無端，春木夏火，秋金冬水，土爲冲氣，寄王四時，是曰五行。

補註：冲氣，謂冲融之氣。寄王，謂土無正位，每季寄王十八日也。

質生於地，自微而著，潤下炎上，曲直從革，土兼載之，而能稼穡，是曰五材。

補註：潤下炎上，曲直從革，稼穡，見書洪範。質，體也。五行之體，以微著爲次，水至微爲一，火漸著爲二，木形實爲三，金體固爲四，土質大爲五。潤下者，潤而又下也。炎上者，炎而又上也。曲直者，曲而又直也，從革者，從而又革也。稼穡者，稼而又穡也。

萬物之生，於時爲春，氣爲少陽，天道之始，是之謂元。萬物之長，於時爲夏，氣爲老陽，天道之通，是之謂亨。萬物之遂，於時爲秋，氣爲少陰，天道之宜，是之謂利。萬物之成，於時爲冬，氣爲老陰，天道正固，是之謂貞。

補註：貞，正而固也。北溪陳氏曰：「自其生意之已定者而言，故謂之正；自其斂藏者而言，故謂之固。」

形而上者，無聲無臭，是之謂道。形而下者，有方有體，是之謂器。

補註：形而上者，指理而言；形而下者，指事物而言。真氏曰：「器者，有形之物也。道者，無形之理也。」

自然之理，是之謂天。主宰萬化，是之謂帝。

補註：程子曰：「夫天專言之，則道也。分而言之，則以形體謂之天，以主宰謂之帝。」

以二氣言，陽靈爲魂，陰靈爲魄。以一氣言，氣至而伸，氣往而屈，皆曰鬼神。

補註：二氣以陰陽對待者言，一氣以陰陽流行者言。朱子曰：「至而伸者爲神，反而歸者爲鬼，其實一物而已。」朱氏升曰：「魂爲神，魄爲鬼，專言在人物者；伸爲神，屈爲鬼，兼言在氣化者。」

一氣流行，變通不窮，兩儀對峙，交錯代換，是皆謂易。

補註：朱氏升曰：一氣之運，是變易之易，如帝出乎震、齊乎巽、至成言乎艮是也。兩儀相對，是交易之易，如天地定位、山澤通氣、雷風相薄、水火不相射是也。

寖長有形，爲化之漸，消融無迹，爲變之成，是謂變化。

補註：寖長有形，爲化之漸，釋「變」字。消融無迹，爲變之成，釋「化」字。朱子曰：

「變是自無而有，化是自有而無。」

陽動陰靜，合一不測，二氣消長，推行有漸，是謂神化。

補註：張子曰：「氣有陰陽，推行有漸，爲化合一，不測爲神。」又曰：「一故神，兩故化。」

維天之命，於穆不已，無聲無臭，是曰道體。

補註：天命，即天道也。於，歎美辭。穆，深遠之意。臭，氣也。道體者，天道之本體也。

陰陽之運，消息始終，生生不窮，是曰造化。

補註：運者，流轉運行之謂。消，謂漸無。息，謂漸有。窮，盡也。

性情第二

元亨利貞，自然之理，是曰天道。人倫日用，當然之則，是曰人道。

補註：朱子曰：「元亨利貞，天道之常。」又曰：「天生衆民，自百骸、五藏、九竅而達之君臣、父子、夫婦、長幼、朋友，無非物也，而莫不有法焉。如視之明、聽之聰、貌之恭、言之順，君臣有義、父子有親之類是也。」程子曰：「道未始有天人之别，但在天則爲天道，在人則爲人道。」

天理流行，賦予萬物，是之謂命。

熊氏曰：天以元亨利貞運行于上，賦予萬物，所謂命也。

補註：朱子曰：「天以陰陽五行化生萬物，氣以成形而理亦賦焉，猶命令也。」愚按：此言天命之性，蓋專以理言者。

人所禀受賢愚厚薄，是謂之分。

補註：朱氏升曰：「命是天所令者，分是人分得者。」愚按：此是兼氣禀而言。

古今人物，本本原原，初無或異，是曰理一。親疎貴賤，賢愚厚薄，萬有不齊，是曰分殊。

補註：程子論張子西銘「理一而分殊」，字訓本此。所謂「理一」，即朱子所謂「天地之間理一而已」。分殊，即龜山所謂「親親而仁民，仁民而愛物。其分不同，故所施不能無差等耳」。

稟於天者，有清有濁，有美有惡，是之謂氣。受於人者，或明或昏，或粹或雜，是之謂質。

補註：稟氣清者質明，氣濁者質昏，氣美者質粹，氣惡者質雜。

天地之心，鬼神之會，靈於萬物，能推所爲，是之謂人。

補註：記禮運曰：「人者，天地之心也。」又曰：「陰陽之交，鬼神之會，五行之秀，氣也。」陳氏澔曰：「天地鬼神五行，皆陰陽會者，妙合而凝也。此數語真聖賢之遺言。」

動植之類，形氣之偏，拘於所稟，而不能推，是之謂物。

補註：荀子曰：水火有氣而無生，草木有生而無知，禽獸有知而無義。

所稟厚薄，所遇盛衰，是曰天命。所主邪正，所行是非，是曰人事。

補註：前言命字，以天理之命言。此以氣數之命言，君子惟知安天命而盡人事而已。

稟乎天理，莫非至善，是之謂性。感物而動，分乎善惡，是之謂情。主乎吾身，統乎性情，是之謂心。

熊氏曰：人心稟受此理莫非純粹至善，所謂性也。感於事物而動，斯性之欲，是之謂情。爲一身之主宰，兼性情而統之，是之謂心。

補註：張子曰：「心統性情。」朱子曰：「性是靜，情是動，心兼動靜而言。統如統兵之統，所以主宰之也。」

心具五常，不慮而知，是曰良知。身備萬善，不學而能，是曰良能。

補註：良者，本然之善。愛親敬長，所謂良知、良能也。真氏曰：「善出於性，故有本然之知，不待學而知，本然之能，不待學而能。」

口鼻噓吸，思慮謀畫，氣之神也，是之謂魂。耳目聰明，記憶辨別，精之靈也，是之爲魄。

補註：陽氣爲魂，陰精爲魄。朱子曰：「燈似魂，鏡似魄。燈有光燄，物來便燒，可收可放。鏡雖照見物，然只在裏面。魂動魄靜，魂熱魄冷。」

心體虛明，能知能覺，是之謂靈。

補註：虛明心之體，知覺心之用，知是識其所當然，覺是悟其所以然。

性之所能，無有不善，質之所能，有善有惡，是皆謂才。

熊氏曰：本性所受之體質，或剛或柔，或强或弱，善惡以分，所謂才也。

補註：北溪陳氏曰：「才有才質、才能之異。才質猶言才料，質幹是以體言。才能是言會做事的，同這件事，有人會發揮得，有人全發揮不去，便是才不同。」伊川云：「氣清則才善，氣濁則才惡。」

心之所之趨向，期必能持於人，是之謂志。

熊氏曰：此心所適，定期所至，所謂志也。

補註：北溪陳氏曰：志有趨向、期必之意，趨向那裏去，期料要恁地決然必欲得之，此是志也。

心之所發，思惟念慮，欲有所爲，是之謂意。

補註：朱子曰：「意者，心之所發。」又曰：「情是發出恁地，意是主張要恁地。」

稟命之元，具愛之理，爲心之德，其端惻隱，是之謂仁。

熊氏曰：具在人心，爲愛之理，發見於外，則爲惻怛之情，所謂仁也。

補註：朱子曰：「仁者，心之德，愛之理。」端，緒也。惻，傷之切。隱，痛之深也。

稟命之亨，具恭之理，爲心之敬，其端辭讓，是之謂禮。

熊氏曰：具在人心，爲恭之理，發見於外，則爲辭遜之情，所謂禮也。

補註：朱子曰：禮者，天理之節文，人事之儀則，辭解使去已也，讓推以與人也。

稟命之利，具宜之理，爲心之制，其端羞惡，是之謂義。

熊氏曰：具在人心，爲宜之理，發見於外，則爲羞惡之情，所謂義也。

補註：朱子曰：義者，心之制事之宜。羞者，恥己之不善也。惡者，憎人之不善也。

稟命之貞，具別之理，爲心之覺，其端是非，是之謂智。

熊氏曰：具在人心，爲分別之理，發見於外，則爲是非之情，所謂智也。

補註：朱子曰：「是者，知其善而以爲是也。非者，知其惡而以爲非也。」胡氏曰：「智則心之神明，所以妙衆理而宰萬物者也。」

人倫事物，當然之理，公平廣大，人所共由，是之謂道。道之界辨，精密有條，各止其所，確然不易，是之謂理。

熊氏曰：君臣、父子、夫婦、長幼、朋友之倫，事事物物，酬應之際，理有當然而然，所謂道也。

補註：朱子曰：「道訓路，大槩説人所共由之路，理各有條理界辨。」北溪陳氏曰：「『道』字與『理』字對説，則道字較寬，理字較實，理有確然不易底意，萬古一定而不可易。」

道得於心，緼而不失，是之謂德。

補註：北溪陳氏曰：道是天地間本然之道德，是就人做工夫處論行是道，而實有得於心者，故謂之德。

道著於事，積而有成，是之謂業。

補註：著，見也。程子曰：「業，謂成於事者。」

真實無妄，始終不息，表裏不雜，天之道也，是之謂誠。

補註：朱子曰：「誠者，真實無妄之謂，天理之本然也。」藍田吕氏曰：「實理不二，則其體不雜，其體不雜，則其行無間，故至誠無息。」

循物無違，四端百行，必以其實，人之道也，是之謂信。

補註：朱子曰：循於物理而不違背爲信，此明道之言。伊川見此語，尚晦，故更云：「以實之謂信。」

靜而未發，無所偏倚，爲性之德，是之謂中。發必中節，無所乖戾，爲情之正，是之謂和。性之所存，中而不偏，天下之理，皆由此出，是曰大本。情之所發，和而不乖，古今人物，所共由之，是曰達道。

補註：朱子曰：喜怒哀樂情也，其未發則性也。無所偏倚，故謂之中。發皆中節，情之正也。無所乖戾，故謂之和。大本者，天命之性，天下之理，皆由此出，道之體也。達道者，循性之謂，天下古今之所共由，道之用也。

萬善之本，全體具焉，是曰大德。全體之分，片善存焉，是曰小德。

補註：中庸：「小德川流，大德敦化。」朱子曰：「大德者萬殊之本，小德者全體之分。此言天地造化之理。」

方其靜也，統宗會元，萬有畢該，是之謂體。及其動也，汎應酬酢，隨事發見，是之謂用。

補註：朱氏升曰：靜，謂心未應物。統宗，如支庶之統於宗子。會元，如血脈之會於元首。萬有，謂萬事萬物所有之理。動，謂心之應物。汎應，如舟之浮水以應物。酬酢，如導飲者之報獻體者，以身體爲喻。用，即其運用也。

理義所根，體統所繫，事所由出，是之謂本。聲色所形，簡册所載，雜而有倫，是之謂文。

補註：朱氏升曰：「雜，交錯也。」記曰：「先王之立，禮也。有本有文，無本不立，無文不行。」又曰：「聲成文謂之音。」易曰：「物相雜，故曰文，此聲色所形者也。」周子曰：「文所以載道，此簡册所載者也。」

天則之常，叙而有法，是之謂彝。

補註：彝，常也。洪範曰：「彝倫攸叙。」

德行之常，久而不易，是之謂庸。

補註：朱子曰：「庸，平常也。」程子曰：「不易之謂庸。」北溪陳氏曰：「平常是人所常用，如父子之親，君臣之義，夫婦之别，長幼朋友之序與信，都是平常道理，如五穀之食，布帛之衣，可食可服而不厭者，只是平常耳。」

心涵萬理，虛靈洞徹，是曰明德。

補註：朱子曰：明德者，人知所得乎天，虛靈不昧，以具衆理而應萬事者也。

事物準則，極其純粹，是曰至善。

補註：朱子曰：至善，事理當然之極也。

充養剛大，配乎道義，是曰浩氣。

補註：孟子曰：「我善養吾浩然之氣。其爲氣也，至大至剛，以直養而無害，則塞乎天地之間。其爲氣也，配義與道，無是餒也。」朱子曰：「配者，合而有助之意。浩然者，盛大流行之貌。」詳見集註。

學力第三

脩道明倫，以覺乎人，是之謂教。

補註：中庸曰：「脩道之謂教。」脩，謂品節之也。孟子曰：「設爲庠序學校以教之，皆所以明人倫也。」明，謂明之也。倫，即父子至朋友，五品之人倫也。

未知未能，必效諸人，是之謂學。

補註：知，指知而言。能，指行而言。朱子曰：「以己未知而效夫知者，以求其知；以己未能而效夫能者，以求其能，皆學之事也。」

已知已能，必熟諸己，是之謂習。

補註：程子曰：「習，重習也。」朱子曰：「習，鳥數飛也，學之不已，如鳥數飛也。」

洒掃應對，詩書六藝，收其放心，養其德性，是曰小學。

補註：洒，播水於地以挹塵也。掃，運帚於地以去塵也。應，呼之而唯諾也。對，問之而答述也。詩書，即詩、書二經。六藝，禮樂射御書數也。收放心，謂收已放之心。德性，謂受於天之正理。養，謂順而不害也。

窮理正心，脩己治人，知必周知，成不獨成，是曰大學。

補註：窮理者，格物致知也。正心脩己者，誠意正心脩身也。治人者，齊家治國平天下也。張子曰：「性者，萬物之一原，非我有之而得私也。惟大人爲能盡其道，故立必俱立，知必周知，成不獨成也。」

事事物物，研窮其理，表裏精粗，欲無不察，是曰格物。

補註：格，至也。物，猶事也。表，謂事迹之粗。裏，謂義理之精。北溪陳氏曰：「理之體具於吾心，而其用散在事物，精粗巨細，都要逐件窮究其理。若一事不理會，則此心缺一事之理，一物不理會，則缺一物之理。」

心所覺悟，推詣其極，全體大用，欲無不明，是曰致知。

補註：大學：「欲誠其意者，先致其知。」朱子曰：「致，推極也。知，猶識也。推極吾之知識，欲其所知無不盡也。」朱氏升曰：「全體者，具衆理之體。大用者，應萬事之用也。」

身所踐履，百倍其功，變移氣習，弗篤弗措，是曰力行。

補註：篤，厚而力也。措，捨置也。中庸曰：「有弗行，行之弗篤弗措也。人一能之己百之，人十能之己千之，果能此道矣，雖愚必明，雖柔必强。」

通乎動静，主一無適，是之謂敬。

補註：朱子曰：「程子云『主一之謂敬，無適之謂一』，故此合而言之，身在是而無一念之雜。」北溪陳氏曰：「敬貫動静，徹表裏，一始終。」

貫乎始終，不息不襍，是之謂一。

補註：蔡氏曰：精粹無雜者，一也。始終無間者，一也。語其理則無二，語其運則無息，語其體則并包而無所遺也。

發己自盡，是之謂之忠。推己及物，是之謂恕。

補註：明道曰：「發己自盡爲忠。」伊川曰：「盡己之謂忠，推己之謂恕。」北溪陳氏曰：「有天地之忠恕，至誠無息，而萬物各得其所是也。有聖人之忠恕，吾道一以貫之是也。有學者之忠恕，『己所不欲，勿施於人』是也。」詳見論語中庸集註。

善事父母，是之謂孝。善事兄長，是之謂弟。

補註：朱氏升曰：一「善」字之中有多少事與理。

仁義中正，常本乎寂，是曰主靜。

補註：太極圖說：「聖人定之以中正仁義而主靜。」或問朱子曰：「何故不言禮智而言中正？」曰：「『中正』二字尤切。」又曰：「中有禮的道理，正有智的道理。」

幽隱細微，必謹其幾，是曰慎獨。

補註：中庸：「莫見乎隱，莫顯乎微，故君子慎其獨也。」朱子曰：「隱，暗處也。微，細事也。獨者，人所不知而己獨知之地也。言幽暗之中，細微之事迹，雖未形而幾則已動，人雖不知而己獨知之，是以君子於此尤加謹焉。」

蒙昧之時，育其純一，是曰養正。

補註：易象傳：「蒙以養正。」程子曰：「純一，未發之蒙而養其正，乃作聖之功也。養正於蒙，學之至善也。」

器識之偏，推致其極，是曰致曲。

補註：中庸：「其次致曲。」朱子曰：「致，推致也。曲，一偏也。」詳見集註。

學問無窮，必究其理，是曰博文。檢束有要，必循其則，是曰約禮。

補註：論語：「博我以文，約我以禮。」朱子曰：「博文約禮，教之序也。」侯氏曰：「博我以文，致知格物也。約我以禮，克己復禮也。」

恭敬奉持，全其天理，曰尊德性。

補註：中庸：「尊德性而道問學。」朱子曰：「尊者，恭敬奉持之意。德性者，所受於天之正理也。」

警覺操存，反其昏妄，曰求放心。

補註：孟子：「學問之道無他，求其放心而已。」朱子曰：「所謂求放心，只是喚醒自己，放縱只爲昏昧，喚醒則自不昏昧。若不昏昧，則自不放縱矣。」

物格知至，聲入心通，洞徹無疑，是曰知言。主敬集義，勿忘勿助，剛大無懼，是曰養氣。

補註：孟子：「我知言，我善養吾浩然之氣。」朱子曰：「孟子論浩然之氣，緊要全在知言上，所以大學許多工夫全在格物。格物則能知言，誠意則能養氣。」朱氏升曰：「勿忘，謂不可忘集義之事。勿助，謂不可助氣之長。孟子以集義爲養氣之本，程子又以主敬居集義之先，蓋連上文持其志。」説詳具集註。

勇之所存，堅實彊勁，不屈於物，是之謂剛。

補註：朱子曰：「剛者，堅彊不屈之意。」程子曰：「人有慾則無剛，剛則不屈於慾。」

剛之所發，奮決果敢，見義必爲，是之謂勇。

補註：論語曰：「見義不爲，無勇也。」真氏曰：「人無勇則於當行之理，或奪於私欲，或蔽於利害，以至蔑天常、敗人紀者多矣。故勇所以居三達德之終。」

操而不舍，是之謂存。順而不害，是之謂養。

補註：孟子：「存其心，養其性，所以事天也。」朱子曰：「存謂操而不舍，養謂順而不害。」又曰：「存心者，氣不逐物而常守其正也。養性者，事必循理而不害其本然也。」

義理之心，因困而作，是曰動心。氣質之性，習險而矯，是曰忍性。

補註：孟子：「天將降大任於是人也，必先苦其心志，勞其筋骨，餓其體膚，空乏其身，行弗亂其所爲，所以動心忍性，增益其所不能。」陳氏曰：「動心是充廣道心，忍性是節制人心，一是擴天理，一是遏人欲。」

獲勝其私，物欲淨盡，是曰克己。善反其初，天理流行，是曰復禮。

補註：論語：「克己復禮爲仁。」朱子曰：「克，勝也。己，謂身之私欲也。復，反也。禮者，天理之節文也。蓋心之全德，莫非天理，而亦不能不壞於人欲，故必有以勝其私而復於禮，則事皆天理，而本心之德復全於我矣。」

善惡第四

天命流行，於穆不已，其賦於人，爲性之善，是曰天理。

補註：熊氏曰：天道運行，自然之理，人所禀受，五性具焉，是曰天理。

喜怒哀樂，聲色臭味，感物而動，易流於私，是曰人欲。

熊氏曰：人性感物而動，耳目鼻口，斯欲之動，是爲人欲。知覺之發，原於性命，是曰道心。知覺之發，生於形氣，是曰人心。

補註：虞書：「人心惟危，道心惟微。」蔡氏曰：「心者，人之知覺，主於中而應於外者也。指其發於形氣而言，則謂之人心；指其發於義理而言，則謂之道心。」

無爲而爲，天理之宜，是之謂義。有爲而爲，人欲之私，是之謂利。

補註：南軒張氏曰：義者，無所爲而然也。凡有所爲而然，皆人欲之私，而非天理之存，此義利之分也。

物我兼照，坦然一致，是之謂公。物我角立，紛然萬殊，是之謂私。

熊氏曰：己之與物，相視如一，所謂公也。惟知有己，不達乎大公之道，所謂私也。

補註：書曰：「以公滅私。」韻會曰：「自營爲私，背私爲公。角立謂如角之對立，紛然謂如絲之亂也。」

反乎天理，日進高明，是曰上達。徇乎人欲，日究汙下，是曰下達。

補註：論語：「君子上達，小人下達。」朱子曰：「君子循天理，故日進乎高明；小人徇人欲，故日究乎汙下。」

純粹無妄，天理之名，是之謂善。

熊氏曰：純美精粹，真實無妄，合於天理，所謂善也。

凶暴無道，有心背理，是之謂惡。

熊氏曰：凶狠暴戾，所爲悖道，所謂惡也。

補註：朱子曰：有心悖理謂之惡。

謬誤非終，無心失理，是之謂過。

補註：謬，謂錯謬。誤，謂差誤。終，再犯也。朱子曰：「無心失理謂之過。」

正固嚴毅，是曰剛善。猛隘彊梁，是曰剛惡。慈順卑遜，是曰柔善。懦弱邪佞，是曰柔惡。

補註：通書：剛善爲義、爲直、爲斷、爲嚴毅、爲幹固，惡爲猛、爲隘、爲强梁，柔善爲慈、爲順、爲巽，惡爲懦弱、爲無斷、爲邪佞。

以道爲非，拒而不信，墮於剛惡，是曰自暴。以道爲高，憚而不爲，墮於柔惡，是曰自棄。

補註：孟子：「自暴者，不可與有言也。自棄者，不可與有爲也。」程子曰：「自暴者拒之以不信，自棄者絶之以不爲。」朱子曰：「暴，猶害也。自暴者，剛惡之所爲；自棄者，柔惡之所爲。」

矜夸氣盈，吝之枝葉，是之謂驕。鄙嗇氣歉，驕之本根，是之謂吝。

補註：論語：「如有周公之才之美，使驕且吝，其餘不足觀也已。」朱子曰：「驕，矜夸。吝，鄙嗇也。」程子曰：「驕氣盈，吝氣歉。驕者，吝之枝葉；吝者，驕之本根。」

罪自外至，是之謂尤。理自内出，是之謂悔。

補註：論語：「言寡尤，行寡悔。」程子曰：「尤，罪自外至者也。悔，理自内出者也。」

智者過之，行有不揜，是之謂狂。賢者過之，見有未明，是之謂狷。

補註：論語：「不得中行而與之，必也狂狷乎！」朱子曰：「狂者，志極高而行不掩。狷者，知未及而守有餘。」

德性之剛，持守不變，志氣之勇，力行不息，是之謂彊。氣禀不剛，陰柔怯懦，志操不立，委靡頹墮，是之謂弱。

補註：朱氏升曰：「子路問强」，洪範六曰「弱」，皆以性行言，可當此訓。若言勢力之强弱，皆不可用此訓也。

百家衆技，不能相通，是曰小道。

補註：子夏曰：「雖小道必有可觀者焉。」楊氏曰：「百家衆技，猶耳目口鼻而不能相通，非無可觀也，致遠則泥矣。」

邪説詖行，戾乎正道，是曰異端。

補註：孟子：「我亦欲正人心、息邪説、距詖行。」論語：「攻乎異端，斯害也已。」朱子曰：「邪，邪僻也。詖，偏蔽也。異端，非聖人之道而别爲一端，如楊墨是也。」

理之和順，氣之嘉祥，是之謂吉。理之悖違，氣之乖沴，是之謂凶。

補註：書曰：「惠迪吉，從逆凶。」所謂「理之和順」，即惠迪之謂；「理之悖違」，即從逆之謂。嘉祥乖沴，乃其氣之應也。

事雖未著，理則已明，是之謂幾。

補註：易曰：「幾者，動之微，吉凶之先見者也。」

陰反而陽，惡反而善，是之謂復。

補註：復卦：一陽生於五陰之下。蓋陽消極而復反，君子之道消極而復長，故有反善之義。

成德第五

心之虛靈，洞明此理，全體大用，舉無或蔽，是曰知至。

補註：大學：「物格而後知至。」朱子曰：「大學始教，必使學者即凡天下之物，莫不因其已知之理而益窮之，以求至乎其極。至於用力之久，而一旦豁然貫通焉，則衆物之表裏精粗無不到，而吾心之全體大用無不明矣。」

理之精微，洞燭於心，一事一物，皆明其則，是曰知止。

補註：大學：「知止而後有定。」朱子曰：「止者，所當止之地，即至善之所在也。知之則志有定向。」

窮理之精，智識超邁，是曰知崇。循理之篤，踐履切至，是曰禮卑。

補註：易大傳：「知崇禮卑。」朱子曰：「窮理則知崇而德崇，循理則禮卑而業廣。」

至誠無息，至明無蔽，表裏精粗，毫髮不遺，是曰盡性。

補註：中庸：「唯天下至誠，爲能盡其性。」朱子曰：「盡其性者，德無不實，故無人欲之私。而天命之在我者，察之由之，巨細精粗，無毫髮之不盡也。」

體無不統，用無不周，充極其量，毫髮無疑，是曰盡心。

補註：孟子曰：「盡其心者，知其性也。」朱子曰：「心者，人之神明所以具衆理而應萬事者也。故能極其全體而無不盡者，必其能窮夫理而無不明者也。」

念慮所發，真實無妄，是曰意誠。

補註：大學：「意誠而後心正。」朱子曰：「誠，實也。意者，心之所發也。實其心之所發，欲其必自慊而無自欺也。」

知覺所形，虛明不偏，是曰心正。

補註：大學：「心正而後身脩。」朱子曰：「心者，身之所主也。」新安陳氏曰：「朱子集註云：『君子必察乎此而敬以直之。』蓋以足大學未言之意，提出正心要法，以示萬世學者。」

當然之則，必至不遷，是之謂止。

補註：當然之則，謂至善。止者，必至於是而不遷之意。

若動若靜，各止其所，是之謂定。

補註：大學：「知止而後有定。」程子答横渠定性書有曰：「所謂定者，動亦定，静亦定。」字訓本此。

寬廣有容，足以任重，是之謂弘。堅忍特立，足以致遠，是之謂毅。

補註：曾子曰：「士不可不弘毅，任重而道遠。」朱子曰：「弘，寬廣也。毅，强忍也。非弘不能勝其重，非毅無以致其遠。」

推廣善端，滿其所受，是之謂充。

補註：孟子：「凡有四端於我者，知皆擴而充之矣。」朱子曰：「充，滿也。四端在我，隨處發見，知皆即此而充滿其本然之量，則其日新又新，將有不能自已者矣。」

理無不通，行無不得，是之謂達。

補註：朱氏升曰：論語「賜也達」、「下學上達」之類，以心言，所謂「理無不通」也。「在邦必達」、「欲速不達」之類，以事言，所謂「行無不得」也。

稟氣清明，不思而得，是曰生知。賦質純粹，不勉而中，是曰安行。

補註：中庸：「或生而知之，或安而行之。」又曰：「不勉而中，不思而得，從容中道，聖人也。」朱子曰：「不思而得，生知也；不勉而中，安行也。」

性焉安焉，出類拔萃，是之謂聖。復焉執焉，可久可大，是之謂賢。

補註：通書：「性焉安焉之謂聖，復焉執焉之謂賢。」朱子曰：「性者獨得於天，安者本全於己。聖者大而化之之稱，復者反而至之，執者保而持之，賢者才德過人之稱。」「出類拔萃」，見孟子。「可久可大」，見易大傳。

至誠盡性，充其形色，是曰踐形。

補註：孟子：「形色，天性也。惟聖人然後可以踐形。」朱子曰：「人之有形色，莫不各有自然之理，所謂天性也。踐，如踐言之踐。衆人不能盡其理，故無以踐其形，惟聖人能盡其理，然後可以踐其形而無歉也。」

與道爲一，無間乎天，是曰至命。

補註：易説卦：「窮理盡性，以至於命。」朱子曰：「窮天下之理，盡人物之性，而合於天道，此聖人作易之功也。」

道明德立，無所疑懼，曰不動心。

補註：孟子：「我四十不動心。」朱子曰：「四十，彊仕君子道明德立之時，孔子『四十而不惑』，亦不動心之謂。」

從心所欲，自然方正，曰不踰矩。

補註：論語：「七十而從心所欲不踰矩。」朱子曰：「矩，法度之器，所以爲方者也。隨其心之所欲，而自不過於法度，安而行之，不勉而中也。」

大中至正，百聖相傳，是曰道統。

補註：朱氏升曰：「易曰『尊位大中』，記曰『王中心無爲以守至正』。」字訓以此贊聖賢斯道傳統之極。

心理渾然，汎應曲當，是曰一貫。

補註：論語：「吾道一以貫之。」朱子曰：「貫，通也。聖人之心渾然一理，而汎應曲當，用各不同。」又曰：「一是一心，貫是萬事看甚事來，聖人只這心應去，只此一心之理，盡貫衆理。」

至誠無息，與天爲一，是曰天德。

補註：易乾卦文言：「飛龍在天，乃位乎天德。」程子曰：「純亦不已，乃天德也。」

天爵尊榮，無假於外，是曰良貴。

補註：孟子：「仁義忠信，樂善不倦，此天爵也。人之所貴者，非良貴也。」朱子曰：「天爵者，德義可尊，自然之貴也。人之所貴，謂以爵位加己而後貴也。」

治道第六

法制禁令，勸勵防閑，以正乎人，是曰善政。仁義禮樂，漸摩涵養，以淑乎人，是曰善教。

補註：孟子：「善政不如善教之得民也。」朱子曰：「政，謂法度禁令，所以制其外也。教，謂道德齊禮，所以格其心也。」

制度品節，正其綱紀，防其慢易，以立其敬，是之謂禮。聲律歌舞，養其性情，宜其湮欝，以全其和，是之謂樂。

補註：周禮大司徒：「以五禮防萬民之僞而教之中，以六樂防萬民之情而教之和。」范氏曰：「敬者，禮之所以立也。和者，樂之所由生也。」

體道之常，彌綸天地，天下後世，所不能易，是之謂經。達道之變，因時制宜，以濟乎經之所不及，是之謂權。

補註：易大傳云：「彌綸天地之道，彌如彌縫之彌。綸有選擇條理之意。經，常也，萬世不易之常道也。權，秤錘也，秤物輕重而往來以取中者也。」黄氏曰：「常者，一定之理。變者，隨時之宜。遇事之常，但當守一定之理。遇事之變，則不得不移。易以適時之宜，所謂權也。」楊氏曰：「經只是大經大法，於精微曲折處未能盡也。權者於精微曲折處，盡其宜以濟經之所不及也。」

經常之理法，載諸方策，萬世無弊，是之謂典。

補註：方，版也。策，簡也。典從册在竹上，尊閣之也。典之所載，後世以其可爲常法，又訓爲常也。

當然之理，寓諸事物，中正有準，是之謂則。

補註：書有典有則，周禮以八則治都鄙，皆謂法度也。[一]

道義之正，制度之嚴，人所當守，是之謂法。

補註：書「罔失法度」，周禮大宰「以八法治官府」，蓋法有國法，有禮法，皆所當守也。

反躬自省，進德脩業，不責乎人，是曰正己。

補註：中庸：「正己而不求諸人。」陳氏曰：「居上位不凌忽乎下，居下位不攀援於上，惟反自責於己而無求取於人。」

推吾造化，革其舊染，以復于善，是曰新民。

補註：「大學之道，在明明德，在新民」，造化，當作明德。朱子曰：「新者，革其舊染之謂也。言既自明其明德，又當推以及人，使之亦有以去其舊染之污也。」

動靜云爲，權之以義，各當其可，無過不及，是曰時中。

補註：云，言也。爲，行也。中庸：「君子而時中。」朱子曰：「君子之所以爲中庸者，以其有君子之德，而又能隨時以處中也。」

上下四旁，度之以己，各得其平，無有廣狹，是曰絜矩。

補註：大學：「此之謂絜矩之道。」朱子曰：「絜，度也。矩，所以爲方也。」詳見集註。

身之所經，翕然丕變，是曰過化。心之所主，不疾而速，是曰存神。

補註：孟子：「所過者化，所存者神。」朱子曰：「所過者化，身所經歷之處，即人無不化，如舜之耕歷山，而田者讓畔，陶河濱，而器不苦窳也。所存者神，心所存主處便神妙不測，如孔子之『立斯立，道斯行，綏斯來，動斯和』，莫知其所以然而然也。」

位爲至尊，德爲至盛，居中作則，是曰皇極。

補註：洪範：「五皇極皇，建其有極。」蔡氏曰：「極者，至極之義，標準之名，中立而四方取則者也。言人君當盡人倫之至，語父子則極其親，夫婦則極其別，兄弟則極其愛，而天下之爲父子、夫婦、兄弟者，於此取則焉。以至於一事一物之接、一言一動之發，無不極其義理之當然，而無一毫過不及之差，則極建矣。」

承天之統，行天之道，繼志述事，是曰天子。

補註：説命：「天子惟君萬邦。」洪範：「天子作民父母，以爲天下王。」朱氏升曰：「言天子承天之緒，行天之道，如子之繼父志、述父事也。」

庶績咸熙，四方風動，長治久安，是曰大順。

補註：禮運曰：「天子以德爲車，以樂爲御，諸侯以禮相與，大夫以法相序，士以信相考，百姓以睦相守。天下之肥也，是謂大順。」

庶而未富，治而未教，苟安僅足，是曰小康。

補註：論語：「既庶矣，又何加焉？曰：富之。既富矣，又何加焉？曰：教之。」朱子曰：「小康，謂稍安也。」

仁義德禮，漸摩斯世，人所歸往，是之謂王。功利智力，把持斯世，人所畏服，是之謂霸。

補註：孟子曰：「以德行仁者王，以力假仁者霸。」朱子曰：「以德行仁者，則自吾之得於心者推之，無適非仁，湯、文王是也。以力假仁，本無是心而借其事以爲功，若齊桓、晉文是也。漸者，如水入物。摩者，治玉石也。」董仲舒云：「漸民以仁，摩民以誼。」〇按：「性理」二字，程、朱以前未見其有並稱者。自伊川有「性即理也」之訓，朱子以爲此實千萬世說性之根基，自是學者於凡性命道德之言，皆總謂之性理，故程正思因是著爲字訓云。

性理群書補註卷之四終

校勘記

［一］按：自「聲律歌舞」至「皆謂法度也」，韓國國立中央圖書館所藏朝鮮本脱損一葉，據日本抄本補。

性理群書補註卷之五

建安熊剛大集解　海虞吴訥補註

詩

題大顛堂壁

濂溪

退之自謂如夫子，原道深排釋老非。不識大顛何似者，數書珍重更留衣。

熊氏曰：此篇責韓愈闢佛，又與大顛交結之深。

補註：大顛堂在潮州，濂溪爲廣南提刑，因題其壁。按：韓子答孟簡尚書有曰：「潮州時有一老僧，號大顛，頗聰明，識道理。遠地無可與語者，故自山召至城郭，留十數日，實能外形骸，以理自勝，不爲事物侵亂。與之語，雖不盡解，要自胸中無滯礙，以爲難得，因與往來。及祭神至海上，遂造其廬，及來袁州留衣服與别，乃人之情，非崇信其法、求福田利益也。」又按：朱子云：「韓公之學，見於原道者，雖有以識夫大用之流行，而於本然之全體，則疑其有所未覩，是以雖其自任者不爲不重，而其平生用力深處，終不離乎言語文字之工。一旦放逐，憔悴無聊之中，見夫瘴海之濱、異端之學，乃有能以義理自勝、不爲事物侵亂之人。與之語，雖不甚解，亦豈不足以蕩滌情累，而暫空其滯礙之懷乎？其於公，所謂不求其福、不畏其禍、不學其道者，亦不相妨也。雖然使公於此能因彼稊稗之有秋，而悟我黍稷之未熟，翻然反求諸身，以盡聖賢之藴，則所謂以理自勝、不爲外物侵亂者，將無復羡於彼，而吾之所以自任者，益恢乎其有餘地矣。」讀者誠能於是深味乎朱子之言，則濂溪當日題詩之意蓋可見矣。

偶成

明道

雲淡風輕近午天，傍花隨柳過前川。時人不識予心樂，將謂偷閑學少年。

熊氏曰：此篇借物形容陽勝陰消、生意春融。

補註：上蔡謝氏曰：先生任鄠縣簿時作，看他胸懷與曾點一般。

秋日偶成

閑來無事不從容，睡覺東窻日已紅。萬物靜觀皆自得，四時清興與人同。道通天地有形外，思入風雲變態中。富貴不淫貧賤樂，男兒到此是豪雄。

熊氏曰：萬物散在天地間，静而觀之，無非自得。道通天地有形外，致廣大也。思入風雲變態中，盡精微也。

補註：萬物静觀者，觀其理也。自得，即萬物皆備於我之意。興，意趣也。與人同，即萬物各得其所之意。天地有形外，謂其大無外也。風雲變態中，謂事物之變無窮也。

和堯夫打乖吟

伊川

打乖非是要安身，道大方能混世塵。陋巷一生顔氏樂，清風千古伯夷貧。客求墨妙多攜卷，天爲詩豪剩借春，儘把笑談親俗子，德言猶足畏鄉人。

熊氏曰：打乖，堯夫自號。

補註：打乖者，打謂打疊，乖謂乖戾，言打疊乖戾以混世也。

謝王佺寄丹

至誠通聖藥通靈，遠寄衰翁濟病身。我亦有丹君信否，用時還解壽斯民。

熊氏曰：此篇言丹藥不如吾道之丹能壽一世。

清夜吟

康節

月到天心處，風來水面時。一般清意味，料得少人知。

熊氏曰：月到天心，則雲翳盡掃；風來水面，則波濤不興。此正人欲浄盡、天理流行之時。

補註：明月到天中，而萬象畢照，微風來水面，而川容鏡平，一般清趣會之于心，非知道者莫能也。

天聽吟

天聽寂無音，蒼蒼何處尋。非高亦非遠，都只在人心。

熊氏曰：言蒼蒼之遠只在此心。

感事吟

芝蘭種不榮，荆棘剪不去。二者無奈何，徘徊歲將暮。

熊氏曰：此篇論善根難培、惡習難克。

補註：此篇因感時事，嘆君子難進而易退，小人易進而難退也。

復卦詩

冬至子之半，天心無改移。一陽初動處，萬物未生時。玄酒味方淡，大音聲正希。此言如不信，更請問庖犧。

熊氏曰：十一月爲建子月，冬至節正得子之中氣，故曰「子之半」。一陽生於此，即復之初爻也。於此見天地生物之心，生生不息，未嘗有所改變移易。一陽方動，萬物未生，正猶明水之酒，其味甚薄。咸、英之樂，其聲甚希。

補註：大音希聲，見老子，註云：「大音，猶雷霆待時而動。」朱子曰：「天心無改移，謂年年月月日日如此。」又曰：「冬至子之半，康節謂：『纔離於亥而爲子，方四五分未全成子，此時一陽欲動，萬物未生，無聲色臭味之可聞可見。所謂玄酒味方淡，大音聲正希也。』蓋康節指陰陽動靜之間而言。」

觀物詩

地以靜而方，天以動而圓。既正方圓體，還明動靜權，靜久必成潤，動極遂成然。潤則水體具，然則火用全。水體以器受，火用以薪傳。體在天地後，用起天地先。

熊氏曰：地主静而體方。天主動而體圓。一方一圓，其體各正。圓者動，而方者静，明其動静之變也。地陰而静，久必成潤。天陽而動，極而成然。潤則爲水，而水之體以見。然則爲火，而火之用以全。水體必須以器而受，火用必須以薪而傳。體質雖見於天地之後，用則起於天地之先。此「用」字，妙用之用，如謂冲漠無眹，萬象森然已具也。

補註：然，燒也。

莫春吟

林下居常睡起遲，那堪車馬近來稀。春深晝永簾垂地，庭院無風花自飛。

熊氏曰：晝永簾垂地，可見静定氣象。無風花自飛，可見從容洒落氣象。

觀易

一物其來有一身，一身還有一乾坤。能知萬物備於我，肯把三才别立根。天向一中分造化，人於心上起經綸。天人焉有兩般義，道不虚行只在人。

熊氏曰：人物之生各有一身，一身之中各具乾坤之理。苟知萬物之理皆會於我，肯將天、地、人三者別立根本。故天於一中以分造化。一即太極。人具太極之理於心，萬事由此經綸。曰天曰人，爲有兩樣義理。然道不能自行，在人充廣之耳。

補註：經綸，天下之大經，見中庸。經，是分其條理不亂；綸，是比其倫類相合。

觀物

耳目聰明男子身，洪鈞賦予不爲貧。須探月窟方知物，未躡天根豈識人。乾遇巽時爲月窟，地逢雷處見天根。天根月窟閑來往，三十六宮都是春。

熊氏曰：「萬物皆備於我，可見大造賦予不爲貧薄。」「天根」「月窟」註見前。三十六宮，謂乾一兑二，離三震四，巽五坎六，艮七坤八，共數三十六也。一説乾三畫，坤六畫，震坎艮各五畫，巽離兑各四畫，合之曰三十六。

補註：洪鈞，言天也。鈞陶瓦輪轉者，漢書註曰：「造化爲人，猶陶之造瓦。」

首尾吟

堯夫非是愛吟詩，詩是堯夫不强時。事到强爲須涉迹，人能知止是先機。面前自有好田地，天下豈無平路岐。省力事多人不做，堯夫非是愛吟詩。

岐也。

熊氏曰：此篇言凡事不可强爲，當知所止。眼面前自有寬平田地，天下亦有平坦路岐也。

補註：好田地，喻良心。平路岐，謂大道。省力事，謂循良心而行大道也。

又[二]

堯夫非是愛吟詩，詩是堯夫喜老時。明著衣冠爲士子，高談仁義作男兒。敢於世上明開眼，肯向人間浪皺眉。六十七年無事客，堯夫非是愛吟詩。

熊氏曰：明開眼，謂所見之高。不浪皺眉，謂所處之泰。

補註：此詩堯夫六十七歲作，其年堯夫卒。

芭蕉　横渠

芭蕉心盡展新枝，新卷新心暗已隨。願學新心養新德，旋隨新葉起新知。

熊氏曰：前兩句是狀物，後兩句是體物。新心養新德，尊德性工夫也。新葉起新知，道問學工夫也。

補註：「卷」，與「捲」同。

和邵堯夫打乖吟

温公

安樂窩中自在身，猶嫌名字落紅塵。醉吟終日不知老，經史滿堂誰道貧。長掩紫荆避寒暑，只將花卉記冬春。料非閑處打乖客，乃是清朝避世人。

補註：柴荆，謂門也。卉，草木通稱。

此日不再得示學者

楊龜山

此日不再得，頹波注扶桑。躣躣黄小群，毛髮忽已蒼。願言媚學子，共惜此日光。術業貴及時，勉之在青陽。行矣慎所之，戒哉畏迷方。舜、跖善利間，所差亦毫芒。富貴如浮雲，苟得非所臧。貧賤豈吾羞，逐物乃自戕。胼胝奏艱食，一瓢甘糟糠。所逢義適然，未殊行與藏。斯人已云没，簡編有遺芳。晞顔亦顔徒，要在用心剛。譬猶千里馬，駕言勿彷徨。驅馬日云遠，誰謂阻且長。末流學多岐，倚門誦韓、莊。出入四寸間，雕鐫事辭章。學成欲何用，奔趨利名場。挾策博簺遊，異趣均亡羊。我懶心意衰，撫事多遺忘。念子方妙齡，壯圖宜且强。至寶在高深，不憚勤梯航。茫茫定何求，所得安能常。萬物備吾身，求得舍即亡。雞犬猶知尋，自棄良可傷。欲爲君子儒，勿謂予言狂。

熊氏曰：人始生爲黄，四歲爲小。青陽者，青春之年。盜跖善利，見孟子。胼胝，謂禹治水。一瓢，謂顔子也。四寸間，謂入耳出口於四寸間也。「挾册博簺」，出莊子，謂臧、穀二人牧羊，一讀書，一博簺，同失其羊也。簺，行其也。

顔樂齋　羅仲素

山染嵐光帶日黄，蕭然茅屋枕池塘。自知寡與真堪笑，賴有顔瓢一味長。

熊氏曰：此篇言隱居清閑，雖無賓客，然顔瓢滋味甚長。

齋居感興詩二十首　並序　晦翁

予讀陳子昂感遇詩，愛其詞旨幽邃，音節豪宕，非當世詞人所及。如丹砂空青，金膏水碧，雖近乏世用，而實物外難得自然之奇寶，欲效其體作十數篇。顧以思致平凡，筆力萎弱，竟不能就，然亦恨其不精於理，而自託於仙佛之間以爲高也。齋居無事，偶書所見，得二十篇。雖不能探索微妙，追迹前言，然皆切於日用之實，故言亦近而易知，既以自警，且以貽諸同志云。

其一

昆侖大無外，旁礴下深廣。陰陽無停機，寒暑互來往。皇羲古神聖，妙契一俯仰。不待窺馬圖，人文已宣朗。渾然一理貫，昭晰非象罔。珎重無極翁，爲我重指掌。

熊氏曰：此篇論天地陰陽運行之氣，有理融貫其間，以爲之主。

補註：楊子太玄經曰：「昆侖旁礴幽。」注：昆，渾也。侖，淪也。天之象也。旁礴，猶言旁魄地之形也。珎重，贊美之詞。上虞劉氏曰：「昆，音渾。昆侖，言天形之圓轉。旁礴，謂地勢之廣被。馬圖，即滎河龍馬負圖，伏羲則之以畫八卦者也。人文，謂兩儀四象交錯以成八卦，以備三才者。象罔，猶言不分曉語，出莊子。無極翁，周子也。此篇論太極一貫之理，言天地設位，以見太極之體所以立；陰陽寒暑迭運，以見太極之用所以行。伏羲仰觀俯察，默契其妙，有不待河之出圖。而所謂人文者，固已灼見於畫卦之前矣。」雲峯胡氏曰：「人文，人道也。以其理之粲然者，謂之人文；以其理之渾然者，謂之太極。非有二理也。詩言無極太極而先言人文，以見太極之理昭然日用常行間，而非恍忽象罔之謂也。」

其二

吾觀陰陽化，升降八紘中。前瞻既無始，後際那有終。至理諒斯存，萬古與今同。誰言混沌死，幻語驚盲聾。

熊氏曰：此篇論陰陽一太極。

補註：劉氏曰：八紘，淮南子謂「九州之外有八寅，八寅之外有八紘」。斯者，指陰陽升降而言。混沌，元氣未判之稱。混沌死，亦見莊子。幻，怪妄也。此言太極之實理與陰陽氣化，亘萬古而無終窮。其曰「前瞻無始，後際無終」者，即周子所謂「一動一静，互爲其根」，程子所謂「動静無端，陰陽無始」之意。夫太極，理也。陰陽，氣也。氣無理則無所本，理無氣則無所寓。二者常相依而不相離。故陰陽之升降無時休息，而太極之妙用亦無往而不在也。彼謂「混沌死」者，其不足信，明矣。梅岩胡氏曰：「此篇即陰陽無停機一語，申言之也。」

其三

人心妙不測，出入乘氣機。凝冰亦焦火，淵淪復天飛。至人秉元化，動静體無違。珠藏澤自媚，玉韞山含暉。神光燭九垓，玄思徹萬微。塵編今寥落，歎息將安歸。

熊氏曰：此篇論人心出入之機。

補註：徐氏曰：「人心之妙，神明不測。所乘之機氣使然爾。」劉氏曰：「機者，發動所由。凝冰焦火，淵淪天飛，語本莊子。元化，即書所言『上帝降衷』，劉康公所謂『受天地之中以生者，吾心之太極是也』。『垓』當作『陔』，九垓，謂九天之上也。此言人心不測，乘氣而動，苟無道以主之，則恐懼所迫，不冰而寒；分懥而來，不火而熱。甚而至於淵沉天飛，有不可繫者矣。唯聖人爲能精一執中，故其動静之際，不踰矩度。簡册雖存，無有能究之者，是以人心之失愈遠而將無所歸也。」雲峯胡氏曰：「『人心妙不測』以下，兼聖人、衆人之心言。『凝冰』以下，專言衆人之心。『至人』以下，專言聖人之心。萬微，萬理之微也。」

其四

静觀靈臺妙，萬化從此出。云胡自蕪穢，反受衆形役。厚味紛朵頤，妍姿坐傾國。崩奔不自悟，馳騖靡終畢。君看穆天子，萬里窮轍跡。不有祈招詩，徐方御宸極。

熊氏曰：此篇論人心陷溺之過。

補註：「靈臺」，出莊子，注云：心也。劉氏曰：「朵，垂也。頤，口旁也。朵頤，欲食之貌，語見周易。徐方，徐偃王國也。周穆王西遊忘歸，四方諸侯咸賓祭于徐。祭公謀父作祈招之詩，以止王心。宸極，謂帝居也。此承上篇而言人心不測，以終歎息安歸之義。」雲峯胡氏曰：「吾心爲神明之舍，故曰靈臺。君位如北極之尊，故曰宸極。夫宸極者，穆天子之宸極也，而使偏方據之可乎？靈臺者，我之靈臺也，而使外物據之可乎？蔡氏以爲猶詩之比是也。」

其五

涇舟膠楚澤，周綱已陵夷。況復王風降，故宮黍離離。玄聖作春秋，哀傷實在兹。祥麟一以踣，反袂空漣而。漂淪又百年，僭侯荷爵圭。王章久已喪，何復嗟歎爲。馬公述孔業，託始有餘悲。拳拳信忠厚，無乃迷先幾。

熊氏曰：此篇言周室衰替之由。昭王南遊濟漢，漢人惡之，即涇水之舟膠合以進，至中流膠液，遂沉没於楚江。司馬公作通鑒，欲繼述夫春秋之業，乃託始於初命，晉大夫韓、趙、魏爲諸侯而致其有餘，不盡之悲，然此豈周室陵夷之始耶！當是時諸侯盛大，夫强視王室，如贅疣耳，乃欲托始於此，可謂不知事幾之所先矣。

補註：劉氏曰：「涇舟，涇水之舟。膠，潘氏言『與莊子膠杯之義同』」。當，音去聲。

史記云『昭王南巡狩不返，卒于江上』，則是涇舟往膠于楚澤也。麟蹐，謂折足而死。章，猶法也。」梅岩胡氏曰：「致堂謂：『陰凝冰堅，垂百載矣。雖無王命，夫誰與抗。』此知幾之論也。温公則徒悲其成而不究其漸矣。」

其六

東京失其御，刑臣弄天綱。西園植姦穢，五族沉忠良。青青千里草，乘時起陸梁。當塗轉凶悖，炎精遂無光。桓桓左將軍，仗鉞西南疆。伏龍一奮躍，鳳雛亦飛翔。祀漢配彼天，出師驚四方。天意竟莫回，王圖不偏昌。晉史自帝魏，後賢盍更張，世無魯連子，千載徒悲傷。

熊氏曰：此篇論漢室君臣之失。秉史筆者，不能黜魏而尊蜀。

補註：五族，五屬也。忠良，陳蕃而下諸賢也。劉氏曰：「東京，指東漢所都而言也。天綱，猶言王綱。西園，靈帝所置，賣官鬻爵入錢於此。五族，單超、徐璜、具瑗、左悺、唐衡也。千里草，靈帝時童謠應董卓之讖。陸梁，强梁也。當塗，謂曹操魏闕當塗高，曹魏讖語。桓桓，威武貌。左將軍，漢昭烈也。伏龍，謂諸葛孔明。鳳雛，謂龐統。祀漢配天，謂接漢正統也。王圖不偏昌，歎其不得統一也。魯連子，戰國時人，魏將新垣衍説趙使，尊秦爲帝，連責之曰：『彼帝天下，連有蹈東海而死耳。』陳壽作史以魏繼漢，固無足責。司馬公作通鑑，乃亦帝曹魏而寇蜀漢。世無魯仲連之耻帝秦，千載而下徒悲傷也。」黄氏曰：「朱子作綱目以正統繫蜀，而書魏人入寇，大義昭明於萬世之下，與此詩互相發明焉。」

其七

晋陽啓唐祚，王明紹巢封。垂統已如此，繼體宜昏風。麀聚瀆天倫，牝晨司禍凶。乾綱一以墜，天樞遂崇崇。淫毒穢宸極，虐燄燔蒼穹。向非狄張徒，孰辨取日功。云何歐陽子，秉筆迷至公。唐經亂周紀，凡例孰此容。侃侃范太史，受説伊川翁。春秋二三策，萬古開群蒙。

熊氏曰：此篇言唐室君臣之失。秉史筆者，不能黜武后而尊唐。淫毒秦詐，宦者以比易之兄弟。

補註：劉氏曰：晋陽，太原也。高祖初爲隋太原留守，其子世民與宫監裴寂，以宫人私侍其父，脅以起兵而有天下。後世民殺太子建成而嗣立，是爲太宗。王明，太宗子曹王明也。太宗殺弟元吉而納其妻生子明，後封元吉巢王，使明繼其後。麀，亦牝也。麀聚，謂武后本太宗才人，高宗立爲后，禮記所謂「父子聚麀也」。牝晨，言高宗令武后預政，是牝雞之晨也。乾綱，謂「君爲臣綱、夫爲妻綱」也。天樞，武后革唐爲周，鑄銅柱高一百五尺，以紀周功德，榜曰「天樞」。毒，猶惡也。淫毒，謂武后幸張易之兄弟。虐燄，謂武后殺唐宗室殆盡。狄、張，狄仁傑、張柬之也。取日，謂中宗得正帝位，社稷復歸於唐，柬之傳贊云「取日虞淵」。唐經，謂唐史。亂，污雜也。周紀，武后紀也。侃侃，剛直也。此篇論秉史筆者宜用春秋之法，黜武后爲女主僭亂之戒，奈何歐陽公之脩唐書，仍列則天，改周之事于帝紀，以亂凡例乎？范太史受學程子之門，其作唐鑑於中宗廢遷之後，每歲必書帝在某所，以合春秋「公在乾侯」之文，足以開萬古之愚蒙矣。

其八

朱光徧炎宇，微陰眇重淵。寒威閉九野，陽德昭窮泉。文明昧謹獨，昏迷有開先。幾微諒難忽，善端本綿綿。掩身事齋戒，及此防未然。閉關息商旅，絶彼柔道牽。

熊氏曰：此篇論姤乃陰之始，復乃陽之始。朱光，日光也。炎宇，夏天也。九野，八方與中央也。

補註：劉氏曰：「開先，謂啓其端。」禮記云「有開必先」。掩，收斂也。掩身齋戒，月令之文，於仲夏仲冬之月見之。及此，指幾微而言。閉關息商旅，見易復卦，言安靜以養微陽也。柔道牽，姤卦初六象辭。牽，進也。以其進故止絶之，所謂繫于金柅是也。此篇言君子當體陰陽消長之機，以加省察存養之功。一陽初復，必齋戒豫養，以固文明之基。一陰初姤，亦必齋戒豫備，以杜昏迷之漸也。

其九

微月墜西嶺，爛然衆星光。明河斜未落，斗柄低復昂。感此南北極，樞軸遥相當。太一有常居，仰瞻獨煌煌。中天照四國，三辰環侍旁。人心要如此，寂感無邊方。

熊氏曰：此篇論天之北極，即人心之太極。

補註：劉氏曰：「昂，高舉貌。南北極，天之樞也。天形微倚，繞地左旋，南極入地三十六度，北極出地三十六度。樞軸，設言天之旋轉，所以持兩端而居中不移者，如户之樞、車之軸也。太一，即北辰，所謂帝座也。」按：朱子語録：「太一如人主，北極如帝都。」三辰，日月星也。此篇因天象以明人心之太極。夫北辰一星，獨居中天，照臨四國，三辰環繞，而歸向之人心處。方寸之間，寂然不動，感而遂通，亦猶是也，特舉「要如此」三字，以示人其意切矣。

其十

放勳始欽明，南面亦恭已。大哉精一傳，萬世立人紀。猗歟歎日躋，穆穆歌敬止。戒契光武烈，待旦起周禮。恭惟千載心，秋月照寒水。魯叟何常師，删述存聖軌。

熊氏曰：此篇論堯舜禹湯文武周公傳心之法在乎敬。

補註：劉氏曰：放勳，虞史贊堯之詞，言其功大，無所不至也。欽恭，皆敬也。精一者，持敬之極功。猗歟，歎詞。躋，升也。商頌長發篇言：「湯之德聖敬日躋也。」穆穆，敬德之容。大雅云「穆穆文王於緝熙敬止」。戒契，謂召公作旅契之書，以戒武王。待旦，孟子言：「周公思兼三王，坐以待旦。」魯叟，謂孔子也。此言自古聖人相傳之心法，唯在敬之一字。至于孔子祖述堯舜，憲章文武，集群聖之大成，其删詩、書，定禮、樂，亦不過著明前聖之軌轍耳。是則敬者，聖學所以成始而成終者也，學者可不深念乎！

其十一

吾聞庖羲氏，爰初闢乾坤。乾行配天德，坤布協地文。仰觀玄渾周，一息萬里奔。俯察方儀静，頹然千古存。悟彼立象意，契此入德門。勤行當不息，敬守思彌敦。

熊氏曰：此篇論易首乾坤，君子當體乾坤以進德。

補註：劉氏曰：「庖羲，即伏羲也。開户曰闢，乾坤爲易之門，故云闢。乾，健也，天行健，故乾配天德。坤，順也，地道順布，故坤協地文。凡地之所載，粲然呈露者，皆謂之文。玄渾謂天，方儀謂地也。頽然，重墜貌，亦安静之意。」雲峯胡氏曰：「前詩自堯舜至夫子，是自源徂流，謂聖聖相傳只是此敬。此詩自流遡源，論包犧之易，末亦提出一『敬』字，坤之敬，以直内敬也，乾之自强不息，亦敬也。先儒云『天地設位而易行乎其中矣』，亦只是此敬。」

其十二

大易圖象隱，詩書簡編訛。禮樂矧交喪，春秋魚魯多。瑶琴空寶匣，絃絶將如何。興言理餘韻，龍門有遺歌。

熊氏曰：此篇論六經散失已久，伊川能繼六經之絶學。

補註：劉氏曰：「圖，河圖及伏羲先天諸圖。象，卦象。皆大易至理所存。隱，謂溺於測候術數虚無誕説而不明也。簡編訛者，如詩小雅不當升魚麗于鹿鳴之什之類。書，武成、洪範、盤庚、梓材諸篇，多有錯簡也。禮樂交喪，謂儀禮多殘缺，而樂經又廢不傳也。魚魯，謂簡牘磨滅，有讀亥爲豕、魯爲魚之類。龍門，本河津山名，周禮稱龍門之琴瑟，以其地之所出也。此因伊川程子晚年築宇龍門之上，以著書傳道，故託言之。此歎聖經殘闕，大道隱微，所賴河南程夫子得不傳之學於千數百年之後，聖人之微言，如絃絶而復續。今我欲得理其餘韻者，以有龍門之遺歌在是故也。」雲峯胡氏曰：「理餘韻於絶絃之後，周、程三夫子也。獨舉龍門而言，可以包濂溪、明道矣。」

其十三

顔生躬四勿，曾子日三省。中庸首謹獨，衣錦思尚絅。偉哉鄒孟氏，雄辨極馳騁。操存一言要，爲爾挈裘領。丹青著明法，今古垂焕炳。何事千載餘，無人踐斯境。

熊氏曰：此篇論顔、曾、思、孟傳孔子之道，亦惟能潛其心，又重嘆後之人不能。

補註：余氏曰：「此言顔子之『克復』、曾子之『日省』、子思之『慎獨』雖不同，而孟子援孔子之説，斷之以『操則存』一語，譬如挈裘領，領挈而裘自順。蓋四勿三省與慎獨尚絅，無非操此心而欲存之也。著爲明法，炳若丹青，非隱奥難見，高遠難行，何爲無人實踐斯境乎？」雲峯胡氏曰：「孟子雄辨，三萬四千六百八十五字，不爲有餘。提挈裘領，只『操存』二字，不爲不足。」

其十四

元亨播群品，利貞固靈根。非誠諒無有，五性實斯存。世人逞私見，鑿智道彌昏。豈若林居子，幽探萬化原。

熊氏曰：此篇論道之本原。

補註：劉氏曰：「元亨利貞，乾之四德。元亨於時爲春夏，萬物生長，周子以爲誠之通。利貞於時爲秋冬，萬物收藏，周子以爲誠之復。誠者，元亨利貞所以流行之實理，即下文萬化之原，所謂『太極』是也。五性，五行之性，曰仁義禮智信，五行各一其性，而人心具一太極，爲得五性之全實。斯存者，亦上文非誠無有之意。」雲峯胡氏曰：「詩第一首言太極，到此復以『誠』之一字言之，猶周子圖說太極而通書言誠。誠，即太極也。善觀太極者，不徒在誠之通而在誠之復。蓋所謂靈根之固者，即萬化之原也。鑿智者失之，幽探者得之。」

其十五

飄飄學仙侶，遺世在雲山。盜啓元命秘，竊當生死關。金鼎蟠龍虎，三年養神丹。刀圭一入口，白日生羽翰。我欲往從之，脱屣諒非難。但恐逆天道，偷生詎能安。

熊氏曰：此篇論仙學之失。

補註：詹氏曰：「元命秘者，造化生生之權。生死關者，陰陽合散之機。」劉氏曰：「金鼎，即指人身之中而言，丹家所謂『乾坤鼎器』是也。蟠者，交媾之謂。龍虎，藥物之假名，其實精氣二物而已。三年，言其久，蓋丹既成，又必温養之久，然後能脱然而輕舉也。刀圭，本草以爲十分方寸匕之一。刀圭入口，蓋用參同契『刀圭最爲神，還丹可入口』之文。」雲峯胡氏曰：「所謂天道者，陰陽屈伸是已，使可有生而無死，是有晝而無夜，有陽之伸而無陰之屈，豈天道哉？是故仁者之静而壽，吾可爲也。神仙之偷生而不死，吾不爲也。」

其十六

西方論緣業，卑卑喻群愚。傳流世代久，梯接陵空虚。顧盻指心性，名言超有無。捷徑一以開，靡然世争趨。號空不踐實，躓彼榛棘塗。誰哉繼三聖，爲我焚其書。

熊氏曰：此篇論佛學之非。

補註：劉氏曰：「西方指佛，周昭王時生西域。緣業，謂人死不滅，復入輪迴，生時善惡皆有報應。梯接，猶言架空也，指心性。佛書有『即心是佛』、『見性成佛』之説。超有無，謂其言有則云『色即是空』，言無則云『空即是色』之類。靡然，草從風偃之貌。三聖，禹、周公、孔子也。此言佛初在西方，以緣業化誘愚俗，其言卑近不過，使之怖畏，不敢爲惡耳。及傳中國既久，爲其徒者，轉相梯接，講演空妄勝大之言。未幾又變爲禪，直以一顧眄一話言之，頃便可識心見性，超悟道妙。捷徑一開，雖高人達士亦莫不靡然從之，如行榛棘之塗，鮮有不困於顛躓者焉。繼三聖、焚其書，即孟子距楊墨之意。」

其十七

聖人司教化，横序育群材。因心有明訓，善端得深培。天叙既昭陳，人文亦褰開。云胡百代下，學絶教養乖。群居競葩藻，争先冠倫魁。淳風久淪喪，擾擾胡爲哉。

熊氏曰：此篇論大學之教。

補註：劉氏曰：「横，通作『黌』，學舍也。善端，即四端也。天叙，即書所言五典。人文，亦五典中人理之倫序。褰，掀舉之意。褰開，言易見也。倫魁，猶言甲科狀元也。」雲峯胡氏曰：「前六句，言古者學校之教如此。後六句，言後世科舉之弊又如此。古之學校不過欲人培養善端，以不失其本心而已。後世科舉競葩藻争魁，虚名可得而本心已失矣。古今風俗之淳駁、世道之興衰，皆由於此。」

其十八

童蒙貴養正，遜弟乃其方。雞鳴咸盥櫛，問訊謹暄涼。奉水勤播洒，擁篲周室堂。進趨極虔恭，退息常端莊。劬書劇嗜炙，見惡逾探湯。庸言戒麁誕，時行必安詳。聖塗雖云遠，發軔且勿忙。十五志于學，及時起高翔。

熊氏曰：此篇論小學之教。

補註：劉氏曰：「童蒙養正，見易蒙卦彖傳。遜，順也，謂順親也。謹暄涼，即温清之事。篲，箒也。劇，甚也。嗜者，知其味而好之也。炙，燔肉。逾探湯，言惡之甚也。庸，常也。時行，即庸行。軔，凝車止輪，木發木動輪則車行也。」上篇既言士風凋弊，由教養之失道，故此專言童蒙貴於養正，以爲進德脩業之基。然或恐其妄意躐等，故又戒之曰，聖塗雖遠，且當於此從容漸進。俟年十五而入大學，從事於窮理脩身治人之道，然後奮然高起，造乎聖賢之域不難矣。

其十九

哀哉牛山木，斤斧日相尋。豈無萌蘖生，牛羊復來侵。恭惟皇上帝，降此仁義心。物欲互攻奪，孤根孰能任。反躬艮其背，肅容正冠襟。保養方自此，何年秀穹林。

熊氏曰：此篇借牛山之木形容仁義之心所當保養。

補註：劉氏曰：「牛山木，見孟子集註。任，堪也，勝也。反躬，自省也。樂記云：『好惡無節於内，知誘於外，不能反躬，天理滅矣。』艮其背，艮卦彖辭，止静之義。蓋人身百體，皆爲物所動，惟背不動故爾。」雲峯胡氏曰：「『哀哉』二字，孟子本謂放其心而不知求者言也。牛山一章，亦言人之放其良心也。故詩亦以『哀哉』二字先之。嗚呼！心者，吾之所得於天而異於禽獸者也。吾自放而失之，則去禽獸不遠矣。豈不大可哀也哉？學者讀之，宜惕然深省也。」

其二十

玄天幽且默，仲尼欲無言。動植各生遂，德容自清温。彼哉夸毗子，呫囁徒啾喧。但騁言詞好，豈知神鑒昏。曰予昧前訓，坐此枝葉繁。發憤永刊落，奇功收一原。

熊氏曰：此篇論天道不言，聖人無言，後世多言。

補註：劉氏曰：「清，清明。温，和厚也。彼哉者，外之之詞。夸，大。毗，附也。詩云『無爲夸毗』，蓋小人不爲大言以夸世，則爲諛言以毗人也。呫囁，多言也。神鑒，謂明德。一原，即前所謂萬化原也。此言天本無言，四時行，百物生。聖人欲無言，日用動静莫非至教。彼夸大阿諛之人，徒騁口才，務美于外而卒迷其內，竟何以哉？」蔡氏曰：「末句，見其歸根趍實，神功超絶，有不可形容之妙。以爲自責，則又若自謙；以爲自謙，則又若自任。百世之下，必將有神會而心得之者矣。」徐氏曰：「奇功收一原，渾然此道之全體融會於方寸，即夫子所謂『一以貫之』，子思所謂『無聲無臭』，周子所謂『無極而太極，太極本無極』也。吁，妙矣！」

送元晦

南軒

君侯起南服，豪氣蓋九州。頃登文石陛，忠言動宸旒。坐令聲利場，縮頸仍包羞。卻來臥衡門，無愧自日休。盡收湖海氣，仰希洙泗游。不遠關山阻，爲我再月留。

熊氏曰：君侯，指文公，公以南康守，被召南康，乃南方藩服。文石陛，即御墀之石，飾以采色。

補註：按：行狀：「高宗紹興丁酉，文公自同安簿滿，以親老請祠差監南嶽廟，奉祠居家。孝宗即位，應詔上封事。明年爲隆興元年，癸未被召入對垂拱殿，除武學博士，請祠復歸。」乾道丁亥，如長沙，南軒賦詩送別，所言「起南服」，蓋言起自南方也。登文石陛，蓋言癸未歲入對，作此詩時未守南康也。乾道己亥三月始赴南康任，明年二月在南康，遂聞南軒之訃而爲位以哭之也。陛者，升殿之階，以文石砌之，故曰文石階。衡門，横木爲門。洙、泗，水名，出魯地，謂孔子闕里。

遺經得紬繹，心事兩綢繆。超然會太極，眼底無全牛。惟兹斷金友，出處寧殊謀。南山對床語，匪爲林壑幽。白雲政在望，歸袂風颼颼。朝來出别語，已抱離索憂。

熊氏曰：聖賢遺經既得相與紬繹，眼底義理剖判，如全牛無不解剥。同心之堅，如金可斷。或出或處，寧有異謀。

補註：紬，謂引也。繹，尋其緒也。會太極，公酬南軒詩有曰：「昔我抱冰炭，從君識乾坤。始知太極蘊，要妙難名論。」蓋太極之義，至是講明始定也。斷金，出易繫辭，有曰：「二人同心，其利斷金。」眼底無全牛，出莊子，以庖丁解牛爲喻也。南山對床語，南軒送公至衡山宿，留數日，講論每至夜分，詳見南嶽倡酬序。白雲在望時，文公母夫人在家也。

妙質貴强矯，精微更窮搜。毫釐有弗察，體用豈周流。驅車萬里道，中途可停輈。勉哉共無斁，邈矣追前脩。

熊氏曰：氣質雖美，須勉强矯揉。理之精妙，更貴心力搜求。毫釐不能致察，求體或遺用，言用不及體，豈周遍流行乎！譬之萬里之程，既適中道，豈可停車不往？相勉無厭，則可追前古之聖賢也。

補註：輈，車轅也。自「妙質貴强矯」以下，皆規切之語。黄氏曰：「乾、淳諸儒議論，與晦翁相表裏者，南軒一人而已。元氣胥會，二儒並出。其更相切磨，友誼卓然，又足使千載興起。」嗚呼！此其所以爲乾、淳之盛歟。

賦

拙賦 有序

濂溪

或謂予曰：「人謂予拙？」予曰：「巧，竊所耻也，且患世多巧也。」喜而賦之：

「巧者言，拙者默；巧者勞，拙者逸；巧者賊，拙者德；巧者凶，拙者吉。嗚呼！天下拙，刑政徹。上安下順，風清弊絶。」

熊氏曰：此篇言人之巧於用智、不如拙於守己者之有德也。

補註：徹，除去也。草廬吳氏曰：「莊生云巧者勞，周子賦拙，偶其語而曰拙者逸。」夫君子由乎道義，大公而不私，至正而不偏，無拙亦無巧也。自世俗視之，則以君子之循理謹守安分無求者爲拙，而以小人之肆欲妄爲僥倖有得者爲巧，周子因人謂己拙而賦之以自實，猶陳司敗譏夫子之黨，而夫子受以爲過也。若周子所行大中至正之理，又惡可以巧拙名哉！

白鹿洞賦 有序

晦翁

白鹿洞賦者，洞主晦翁之所作也。翁既復作書院洞中，又賦其事以示學者。

「承后皇之嘉惠，宅廬阜之南畺。閔原田之告病，惕農扈之非良。

熊氏曰：蒙皇帝之恩澤。廬阜，南康軍也。天旱高田告病，傷無良農墾治。扈，亦農也。

補註：廬阜，山也。南康州治在廬山南，孝宗時朱子爲南康守。按：左傳帝少昊以鳥名官，故有九雇音，「户」與「扈」同。九扈，九農正也。蔡邕獨斷曰：「春扈氏趣民耕種，夏扈氏趣民芸除，秋扈氏趣民收斂，冬扈氏趣民蓋藏，棘扈氏掌民百果，行扈氏晝爲民驅鳥，宵扈氏夜爲民驅獸，桑扈氏趣民養蠶，老扈氏趣民收麥。」朱子所言農扈，謂當時保正長也。

粵冬孟之既望，夙余駕乎山之塘。徑北原以東騖，陟李氏之崇崗。揆厥號之所繇，得頹址於榛荒。曰昔山人之隱處，至今永久而流芳。

熊氏曰：行視陂塘，由北原東往陟李渤隱居岡阜，得頹敗基地於草莽中。清江記云：「晦庵尋訪之初，得樵者指言其處。」

自昇元之有土，始變塾而爲庠。儼衣冠而弦誦，紛濟濟而洋洋。

熊氏曰：自南唐李主昇元間立洞於此土。改家塾而爲黨庠。儼然衣冠，琅然絃誦。濟濟其儀，洋洋其聲。

補註：昇元，南唐烈祖李昇，年號有土，謂初有南唐之地。

在叔季之且然，矧休明之景運。皇穆穆以當天，一軌文而來混。念敦篤於化原，乃搜剔乎遺遯。盼黄卷以置郵，廣青衿之疑問。樂菁莪之長育，拔雋髦而登進。

熊氏曰：南康叔末之世且如此，況國家光明之運。天下車軌文書混合于一，敦厚教化之原，搜羅剔刮前代遺逸之跡。因江州守臣周述之請，賜九經於白鹿洞，遞郵發下，使學士誦讀，質疑問難。英才教育，如在沚之莪，菁菁其盛，拔擢俊秀，登而用之。

補註：按：朱子申請狀云：「白鹿洞係唐李渤隱居講學之所，南唐之世，因建書院買田以給生徒，立師以掌教導，號爲國學。國初學徒猶數十百人，太宗聞之，賜以監書，又以洞主明起爲蔡州褒信縣主薄，以旌勸之。」肦，與「頒」同。「置郵」，見孟子。青衿、菁莪，見詩。雋，與「俊」同。髦，髮也。郭璞爾雅注云：「士中之俊，猶毛中之髦也。」

逮繼照於咸平，又增脩而罔倦。旋錫冕以華其歸，琛以肯堂而詒孫。悵茂卓於熙寧，尚茲今其奚論？

熊氏曰：及真宗繼離之明，咸平年間又增葺之。

補註：按：書院記云：「祥符中，直史館孫冕以疾乞白鹿洞以歸老，詔從之，冕未及歸而卒。皇祐五年，其子比部郎中琛即學之址爲屋榜曰『書堂』，俾子弟居而學焉，四方來者，亦給其食。神宗熙寧荒廢不治。」

夫熊本作「天」。既啓予以堂壇，友又訂予以册書。謂此前脩之逸迹，復關我聖之宏模。

亦既震于余衷，乃謀度而咨諏。尹悉心以綱紀，吏竭蹷而奔趨。士釋經而敦事，工殫巧而獻圖。曾日月之幾何，屹厦屋之渠渠。

熊氏曰：樵者，指教若天開，示我以舊日書堂之壇。朋友又訂證我以故迹。亦既震動吾心，於是星子縣令王仲傑董其事，公吏竭力奔走效役。士子暫輟經籍，來相工役，匠人盡智以獻屋圖，日月未久，屹然大屋落。

補註：「夫」，熊本作「天」，今依大全集正之，蓋言指示基址之樵夫也。諏，聚謀也。蹷，亦竭也。渠渠，深廣貌。

山蔥瓏而遶舍，水汩㶁而循除。諒昔人之樂此，羌異世而同符。

熊氏曰：山青環而遶屋，水流緩慢循庭除間。想李渤之所喜者，吾與異世，同心若合符節也。

補註：蔥瓏，山色。汩㶁，水聲。羌，發語辭。

偉章甫之峩峩，抱遺經而來集。豈顓眺聽之爲娱，實覬宫牆之可入。

熊氏曰：章甫，儒冠。抱書雲集，豈在眺望觀聽爲樂？實望道學之門徑，自此入耳。

補註：偉，奇也。「顓」，與「專」同。論語：「子貢曰：譬之宮墻。夫子之墻數仞，不得其門而入。」此蓋引之以明學者望入夫子之宮墻也。

愧予脩之不敏，何子望之能給？矧道體之無窮，又豈一言之可緝。請姑誦其昔聞，庶有開於時習。

熊氏曰：自愧脩學不敏，何以使爾之望於我者能足？况道體無有窮極，豈一言之間可緝續？請誦舊聞，庶幾有以開悟初學之時習者。

曰明誠其兩進，抑敬義其偕立。允莘摯之所懷，謹巷顔之攸執。彼青紫之勢榮，亦何心於俛拾！」

熊氏曰：明無不知，誠無不實，二者並進。敬是收斂一心，義是裁制萬事，二者偕立。莘郊伊摯之所懷，堯舜君民也，當志伊尹之志。陋巷顔回之所執，克己復禮也。當學顔子之所學。彼被青紫之人，其勢固榮。但志於道義，則何意俛首取之哉！

補註：明誠，見中庸。誠無不實，明無不照者，聖人之德先明乎善而後能實其善者，賢人之學由教而入者也。敬義，見易坤卦文言。朱子曰：「敬以直內，義以方外，爲學之要無以易此。」

亂曰：澗水觸石，鏘鳴璆兮。山木苯蓴，枝相樛兮。彼藏以脩，息且游兮。德崇業茂，聖澤流兮。往者弗及，余心憂兮。來者有繼，我將焉求兮？

熊氏曰：舉其辭以終之。璆，玉磬也。言澗水激石，鏘鏘其聲，如玉磬然。山木叢生，枝垂而曲。彼李氏脩學、休息、游泳，聖朝崇獎之，澤流衍無盡。往時廢置，我心憂之。今方來者能繼其志，吾又將何所求也？

補註：亂者，篇章之成，撮大要以爲亂辭。書院落成，朱子請東萊呂氏記其事，復作此賦，既以明誠兩進、敬義偕立示學者，使知爲學大要。復輯亂辭，首言山水樹木之秀異，凡藏脩游息於中者，當須德崇業廣，俾聖人之澤，流衍無窮，往者雖有弗及，來者可不思所以繼承乎？其望於後人也深矣。

遂初堂賦

南軒

皇降衷于下民兮，粵惟其常。猗歟穆而難名兮，維生之良。翕衆美而具存兮，不顯其光。彼孩提而知愛親兮，豈外鑠緊中藏。

熊氏曰：惟皇上帝降其善于下土之民，五常之理，深遠難名，是爲有生仁義之良心。合萬善而存於中，光明莫此爲顯。提孩之童皆知愛其父，此理非是由外耀我，本具良心之中。

補註：湯誥曰：「惟皇上帝，降衷于下民，若有恒性。」孟子曰：「孩提之童，無不知愛其親。」又曰：「仁義禮智，非由外鑠我也，我固有之也。」南軒蓋本諸此，其所謂「常」即常性，所謂「良」即性善，所謂「衆美」即性中所有仁義禮智也。蔡氏曰：「衷，中也。天之降命而具仁義禮智信之理，無所偏倚，所謂衷也。人之禀命而得仁義禮智信之理，與心俱生，所謂性也。」朱子曰：「不顯，猶言豈不顯也。孩提，二三歲之間，知孩笑可提抱者。鑠，以火銷金之名，自外以至内者。」愚謂此一節言性之本善。

年燁燁而寖長兮，紛事物之交相。非元聖之生知兮，懼日遠而日忘。緣氣禀之所偏兮，横流始夫濫觴。感以動兮不止，乃厥初之或戕。既志帥之莫御，氣決驟以翱翔。六情放而曷禦，百骸弛而莫强。自青陽而逆旅，暨黄髮以茫茫。

熊氏曰：年華盛而漸長，紛紛事物交接。苟非大聖生知之資，恐習日遠而性日亡。蓋氣禀偏而不全，如横流之不可過始於杯水之泛溢。外感物欲，摇動不息。本然初心，戕賊無餘。志猶主帥，把握不力，氣乃卒徒，故决裂馳驟，喜怒哀樂好惡六情，放而不收，百骸放弛，不能自立。自少年以一身客於天地間，年老髮黄，茫茫莫知歸宿之鄉。

補註：此一節言氣禀之偏，物欲戕賊本性之善。

倘矍然於中道，盍反求於厥初。厥初伊何，夫豈遠歟？彼匍匐以向井，我惻隱之拳如。驗端倪之始發，識大體之權輿。如寐而聰，如迷而塗。知睨視之匪遐，乃本心之不渝。

熊氏曰：或能半途求諧其極，反求初心。近而非遠，如見赤子匍匐入井，我心惻然爲之隱憂。究其端緒所發，便知人道之大體根萌于是。猶夢而得人唤醒，迷路而得人指示。其道不遠，不越乎本心而已。

補註：矍然，驚起貌。盍，何不也。厥初謂性，即小學題辭所謂「凡此厥初，無有不善」者也。性本固有，夫豈遠人？孟子曰：「今人乍見孺子將入於井，皆有怵惕惻隱之心。」匍匐，伏地貌。拳，壯勇貌。端倪，即四端。權輿，韻書謂：「造衡自權始，造車自輿始，故謂權輿爲始也。」此一節言人能省悟，則四端藹然隨感而見也。

嗚呼！予既知其然兮，予惟以遂之。若火始然而泉始達兮，惟不息以終之。予視兮毋流，予聽兮毋從。予言兮毋易，予動兮以躬當作「窮」。惟日反乎于理，茲日新兮不窮。逮充實而輝光，信天資而本同。極神存而過化，亘萬世以旁通。

熊氏曰：吾既審其如此，當有以遂其初心。是理發見之初，猶火之初然、泉之始達。惟在運行不息，以勉於終。又必予之所視，毋流其目；予之所聽，毋順其耳；予之所言，毋失之輕；予之所動，必反之身。惟日日以天理自反。此德與之俱新，其進不已，至於充實於中，光輝發見於外，則知天性本一。所存者神，無非至妙之理；所過者化，而無私慾之累。此理雖至萬世，常可通行也。

補註：遂之，謂遂其初也。「火之使然，泉之始達」，見孟子，言四端在我，隨處發見者如此。不息，謂充之不已也。視毋流，聽毋從，謂視聽毋流蕩而從欲也。言毋易者，謂當謹其言。動以躬者，「躬」當作「窮」。恭謹之貌，謂動當以恭謹爲主也。「充實光輝，存神過化」，亦見孟子，言能日新不窮，則有充實光輝之美，論其極至，則所存者神，所過者化，亘萬世而常通也。此一節論復性之極功。

嗚呼！此羲、文之所謂復，而顔氏之所以爲萬世道學之宗歟！

熊氏曰：伏羲畫易，文王彖易，以復名卦，蓋取其不善之動，去仁不遠，即復其初。顔氏三月不違仁，三月之後，雖少離去，即復其初，所以爲萬世道學之師。

補註：伏羲畫卦，一陽生於五陰之下曰復。蓋陽消極而復反，君子之道消極而復長，故有反善之義。文王彖辭所謂復亨「利有攸往」也。孔子大傳曰：「顔氏之子，其殆庶幾乎有不善未嘗不知，知之未嘗復行也。」易曰「不遠復，無祇悔」是也。南軒以是終篇，其意深切而著明矣。

性理群書補註卷之五終

校勘記

［一］按：標目「又」字，句解本題作「首尾吟」。

性理群書補註卷之六

建安熊剛大集解　海虞吴訥補註

箴

四箴 有序

伊川

顔淵問「克己復禮」之目。孔子曰：「非禮勿視，非禮勿聽，非禮勿言，非禮勿動。」四者身之用也，由乎中而應乎外，制乎外所以養其中也。顔淵事斯語，所以進於聖人。後之學聖人者，宜服膺而勿失也。因箴以自警。

補註：朱子曰：「克，勝也。己，謂身之私欲也。復，反也。禮者，天理之節文也。目，條件也。非禮者，己之私也。勿者，禁止之辭，是人心之所爲主而勝私復禮之機也。由中應外，是推本。四者，皆由中而出也。制外養中，謂當就視聽言動上克治也。進於聖人，進步幾及之意。服膺者，奉持而著於心胸之間也。」蔡氏曰：「四者，身之用心，則其體也。」

視箴

心兮本虛，應物無迹；操之有要，視爲之則。

熊氏曰：人心虛靈，出入無迹。操存有要，莫先謹視則猶節也。

補註：則，準則也。輔氏曰：「人心出入無時，莫知其鄉，何有形迹可見？然操則存，舍則亡，操之之要，以視爲則而已。蓋人之視最在先，遇不當視者，纔起一念要視，便是非禮，故以是爲操心之則也。」

蔽交於前，其中則遷；制之於外，以安其内。克己復禮，久而誠矣。

熊氏曰：物欲之蔽，交接於前，中必移矣。禁制於外，目不妄視，則内斯以安。克去己私，復還天理，久則實理流行，周旋中禮矣。

補註：陳氏曰：「蔽，指物欲之私。中，指心之本體，即天理之謂也。物欲之蔽接於前，則心體逐之而遷矣。物欲克去於外，則無以侵撓吾内而理寧矣。」蔡氏曰：「始而克復，有以用吾力，久之而誠，則私欲淨盡，而無所用其力矣。」

聽箴

人有秉彝，本乎天性；知誘物化，遂亡其正。卓彼先覺，知止有定；閑邪存誠，非禮勿聽。

熊氏曰：人秉彝常之性，於天無不善也。知誘於外而忘返，物欲化其內而莫覺，所稟之正日以喪亡。知止者，知其所當止也；有定者，得其所當止也。閑邪妄於外，存實理於中，非禮不聽矣。

補註：陳氏曰：「知指形氣之感而言，物欲至而知覺萌，遂爲之引去，化則與之如一，而無彼我之間也。正以理言，至是則天理俱滅，而無復存矣。」朱子曰：「防閑其邪妄於外，而存其實理於內，自然非禮勿聽也。」

言箴

人心之動，因言以宣；發禁躁妄，內斯靜專。

熊氏曰：心活物也，故動，因言語而宣達。禁其輕肆則內斯靜定，禁其虛謬則內斯專一。

補註：陳氏曰：疾而動曰躁，虚而亂曰妄，此皆人欲之所爲也。靜者，安也；專者，一也，此皆天理之所存也。外不躁則内靜，外不妄則内專，此二句一篇之關要。

矧是樞機，興戎出好；吉凶榮辱，惟其所召。

熊氏曰：樞，户樞也。機，弩牙也。户之闔闢、射之中否，皆由之，言乃吾身樞機。一言之惡或至於興師，一言之善或至於合好。

補註：矧，况也。書曰：「惟口出好興戎。」蔡氏曰：「好，善也。戎，兵也。言發於口則有二者之分，出好則吉則榮，興戎則凶則辱，發於口者甚微，而召於彼者甚捷，可不畏哉！」

傷易則誕，傷煩則支；已肆物忤，出悖來違。非法不道，欽哉訓辭！

熊氏曰：躁而傷於易，則誕肆而不審；妄而傷於煩，則支離而遠實。肆已者必忤物躁之致也，悖而出者必悖而反妄之致也。

補註：輔氏曰：「易則心不管攝，故必至於妄誕；煩則心不精一，故必至於支離。」陳氏曰：「法謂先聖之格言。欽，敬謹也。訓辭者，先聖垂訓之辭也。」

動箴

哲人知幾，誠之於思；志士勵行，守之於爲。順理則裕，從欲惟危。

熊氏曰：哲人知其幾微，於所思而誠之，一念之動不敢妄也。志士勉勵其行，於所爲而守之，一事之動不敢忽也。思是動之微，爲是微之著；思是動於内，爲是動於外。

補註：陳氏曰：哲人於一念微動，便已知覺而實之無妄，則天理之本然者，流行無壅矣。志士於事爲已著，方知覺而守之不失，則事亦合理而無過舉矣。二者雖有微顯不同，然循天理之公，則皆無餒於中故裕；逐人欲之私，則易陷下故危也。

造次克念，戰兢自持；習與性成，聖賢同歸。

熊氏曰：頃刻之間，常思順理，惟恐陷於欲。習謂脩於己，性謂得於天，習與性合，則全其本然之善。

補註：造次，急遽苟且之時。戰兢，恐懼貌。蔡氏曰：「造次克念，以誠於思而言，凡動於心不可不存，克念之誠也。戰兢自持，以守於爲而言，凡動於身不可不加自持之念也。聖謂哲人，賢謂志士，及其成功則一，故曰同歸也。」

心箴

范茂明

茫茫堪輿，俯仰無垠；人於其間，眇然有身。

熊氏曰：堪，天道。輿，地道。茫茫，廣大貌。仰觀俯察無窮盡，人處於天地間，眇然而微。

補註：垠，界限也。

是身之微，太倉稊米；參爲三才，曰惟心耳。

熊氏曰：此身細微，如大倉中之稊稗。與天地參，惟此心耳。

補註：莊子云：「稊米之在太倉。」註云：稊有米而細，蓋人身雖微而心之體甚大，故能參天地而爲三才也。

往古來今，孰無此心；心爲形役，乃獸乃禽。

熊氏曰：已往方來，誰無此心。苟從耳目之欲，則悖理傷道，與禽獸無異。

補註：胡氏曰：此言人心之大。若純乎義理，則從其大體。若役於形氣，則是從其小體。彼禽獸之心，終日役役，不過飲食牝牡而已。人心之大，本可以參天地，而役於小者，不能異乎禽獸，亦獨何哉？

惟口耳目，手足動靜；投間抵隙，爲厥心病。

補註：胡氏曰：此言口欲味、目欲色、耳欲聲、四肢欲安佚。本心微有間隙，彼則乘之而入矣。

一心之微，衆欲攻之；其與存者，嗚呼幾希。

熊氏曰：一心之小，聲色臭味之欲，群而攻之。其能操存者少矣。

補註：胡氏曰：此言心之發於義理者甚微，而役於形氣者甚衆。以彼之衆攻我之微，其不亡者罕矣。

君子存誠，克念克敬；天君泰然，百體從令。

熊氏曰：君子存此誠意，能念能敬。心主泰然，四肢百骸無不聽命。

補註：胡氏曰：前八句是説小人之從其小體，此四句是説大人之從其大體。曰誠、曰念、曰敬，念即思之謂，而敬即存誠之方也。一誠足以消萬僞，一敬足以敵千邪，所謂先立乎其大者，莫切於此。天君泰然，是先立乎其大者，百體從令是小者，弗能奪。

敬齋箴

晦翁

正其衣冠，尊其瞻視，潛心以居，對越上帝。

熊氏曰：衣冠整，目容端，潛心以處，可對於上天。此四句主靜而敬言。

補註：書「惟皇上帝」，蓋以主宰而言。此言正衣冠、尊瞻視，潛心以處常，若對於上帝也。草廬吴氏曰：「此四句言靜無違越於也。」

足容必重，手容必恭，擇地而蹈，折旋蟻封。

熊氏曰：規行矩步，無躩遽之態。束臂拱手，無弛下之狀。擇地而行，猶回旋於蟻垤中，所謂蹜蹜如有循也。此四句主動而敬言。已上兩條皆言處己之敬。

補註：草廬吴氏曰：此四句言動無違。

出門如賓，承事如祭，戰戰兢兢，罔敢或易。

熊氏曰：行出門如見賓，而不敢易。承一事，便如主祭，而不敢忽。此四句亦動而敬言。

補註：論語：「出門如見大賓，使民如承大祭。」戰戰，恐懼貌。兢兢，戒謹貌。草廬吴氏曰：「此四句言表之正。」

守口如瓶，防意如城，洞洞屬屬，毋敢或輕。

熊氏曰：謹言語，如瓶貯水而不泄。杜私意，如城防寇而甚周。質慤專一，毋敢輕忽。此四句亦静而敬也。已上兩條皆言接物之敬。

補註：草廬吴氏曰：此四句言裏之正。

不東以西，不南以北。當事而存，靡他其適。

熊氏曰：不於東而轉西，不於南而轉北。當此一事，則心存於此，更不走作。「主一無適之謂敬。」主一，是主此一件；無適，是無所往而非敬。此釋無適也，主動而言。

補註：草廬吴氏曰：此四句言心之無適而達於事。

勿貳以貳，勿參以三，惟心惟一，萬變是監。

熊氏曰：此心主此一事，更不參插第二事，亦不參插第三事。事有萬變，此以監之釋主一也，主靜而言。

補註：心謂本心，一謂不二。草廬吴氏曰：「此四句言事之主一而本於心。」

從事於斯，是曰持敬，動靜弗違，表裏交正。

熊氏曰：從事乎此，是謂持敬。一動一靜，皆不違此。外貌内心，俱得其正。

補註：草廬吴氏曰：此四句總結前六章之義。

須臾有間，私欲萬端，不火而熱，不冰而寒。

熊氏曰：頃刻間斷，物欲之私，千條萬緒，如無火而自熱，無冰而自寒。

補註：不火而熱者，爲忿怒所秉；不冰而寒者，爲憂懼所動。草廬吴氏曰：「此四句言心不能無適之病。」

毫釐有差，天壤易處，三綱既淪，九法亦斁。

熊氏曰：敬忽之差毫釐耳，天地爲之易位。君臣、父子、夫婦之三綱既喪，洪範九疇之法亦斁壞。

補註：三綱，謂君爲臣綱，父爲子綱，夫爲妻綱。九時，謂一五行，二五事，三八政，四五紀，五皇極，六三德，七稽疑，八庶徵，九五福六極。草廬吴氏曰：「此四句言事不能主一之病。」

於乎小子，念哉敬哉，墨卿司戒，敢告靈臺。

熊氏曰：嗟爾後生，當持此敬。墨卿，墨之號也。敢告靈臺，敬忽在心也。

補註：墨卿者，相如賦稱墨爲子墨客卿。靈臺謂心，莊子云「靈臺者有持」。

勿齋箴

真西山

天命之性，得之者人，人之有心，其孰不仁？

熊氏曰：天所賦爲性，禀得者人耳，人有此心，誰不有仁？

補註：命，猶令也。性，即理也。心者，性之郛郭。仁者，本心之全德也。

人而不仁，曰爲物役，耳蕩於聲，目眩於色。

熊氏曰：人而不仁，遂爲外物所役，耳爲聲淫蕩，目爲色眩惑。

以言則肆，以動則輕，人欲放紛，天理晦冥。

熊氏曰：言則放肆，動則輕易，欲心放恣紛擾，天理於是不明。

於焉有道，禮以爲準，惟禮是由，匪禮勿徇。

熊氏曰：於此有道，禮爲準則。惟禮而行，非禮勿從。

補註：準，儀則也。禮者，人事之儀則。徇，以身從物之謂。

曰禮伊何，理之當然，不雜以人，一循乎天。

熊氏曰：禮者，理當如此。不間人欲，率由天理。

勿之爲言，如防止水，孰其尸之，曰心而已。

熊氏曰：勿之一語，猶防止水。誰其主此，曰心而已。

補註：防，隄防也。此以隄防止水爲喻。

聖言十六，一字其機，機牙既斡，鈞石必隨。

熊氏曰：夫子非禮勿視聽言動十六字，「勿」之一字是其機括。機括既動弩，雖鈞石之重，必隨而發。鈞，三十斤。石，百二十斤。

補註：此以弩之機栝爲喻。斡，轉也。

我乘我車，駟馬交驟，孰範其驅，維轡在手。

熊氏曰：車馬交馳，範其馳驅，惟韁轡在手耳。

補註：此以乘車執轡爲喻。

是以君子，必正其心，翼翼兢兢，不顯亦臨。

熊氏曰：所以君子必先正心。敬，謹。雖處不顯中，亦如上帝監臨。

補註：翼翼，恭敬貌。兢兢，戒謹貌。不顯亦臨，見詩大雅思齊篇。朱子曰：「雖居幽隱，亦若有臨之者也。」

萬夫之屯，一將之令，霆鍧飈馳，孰敢干命。

熊氏曰：萬人屯聚，皆聽一將之命，猶雷之震，猶風之馳，誰敢犯其威命。

補註：此以將帥治軍爲喻。

衆形役之，統于心官，外止弗流，内守愈安。

熊氏曰：耳目口鼻，衆形之役，心官統治。外能禁止，使不流蕩；内之所守，愈得其安。

其道伊何，所主者敬。表裏相維，動静俱正。

補註：「表裏相維，動静交正」，即敬齋箴所謂「動静弗違、表裏交正」之意。維者，有所維繫而弗失也。

莠盡苗長，醅化醴醇。方寸盎然，無物不春。

熊氏曰：欲去如莠之盡，理明如苗之長，如糟醨渾化，酒醴醇醲。此心冲融，物物生意。

補註：此言私欲既克，本心之德備全於我，天下之人，皆與其仁。是以方寸盎然，萬物皆春也。盎者，豐厚盈溢之意。

惟勿一言，萬善自出。念茲在茲，其永無斁。

熊氏曰：勿之一言，萬善皆從此出。念此常存，雖久不厭。

補註：此言視聽言動所當爲者皆禮也，所不當爲者皆非禮也。其機特在勿與不勿之間而已，故朱子有曰：「勿者，人心所以爲主而勝私復理之機也。」西山述爲是箴，其示學者深矣。

思誠齋箴

誠者天道，本乎自然。誠之者人，以人合天。

熊氏曰：真實無妄之謂誠，乃天道也。自然而然，無事作爲。求盡此誠者，由誠之以至乎誠，由人之道以合乎天道。

補註：中庸：「誠者天之道也，誠之者人之道也。」孟子恐人難曉，故易之曰「思誠」。輔氏曰：「維天之命，於穆不已，至誠之理，天道之本然也。審思明辨，自强不息，思誠之事，人道之當然也。」

曰天與人，其本則一。云胡差殊，蓋累於物。

熊氏曰：凡天與人，其初則一。何有差異，蓋爲物欲所累耳。

補註：人得天地之理爲性，同是實理，惟其累於物欲，是以有異耳。

心爲物誘，性逐情移。天理之真，其存幾希。

熊氏曰：此心爲外物誘去，此性爲私情所移。天理之真實無妄，所存甚少。

補註：此即程子所謂「知誘物化，遂亡其正」者也。

豈惟與天，邈不相似。形雖人斯，實則物只。皇皇上帝，命我以人。我顧物之，抑何弗仁。

熊氏曰：豈止與天，遠不相似。雖具人形，實則何異於物。「斯」、「只」，皆助語辭。

夫天與我以人，乃自儕於物，何其不仁之甚哉！

補註：皇皇，大也。上帝即天也，以主宰而言。

維子思子，深憫斯世。指其本源，祛俗之蔽。

熊氏曰：子思重閔一世，指出實理之本源，以開世俗之惑。

補註：子思作中庸，指「誠」之一字，以爲天道人道之根本，蓋以發明實理之本然，欲人之實此理而無妄。朱子所謂「一篇之樞紐」也。祛，卻也，逐也。

學問辨行，統之以思。擇善固執，惟日孜孜。

熊氏曰：即博學、審問、明辨、篤行。以上四者總而歸謹思。

補註：愚案：中庸言誠者天道，誠之者人之道，即繼以學問思辨篤行。朱子以爲此誠之之目也。真氏以思爲主，蓋本孟子思誠而言。

狂聖本同，其忍自棄。人十己千，弗至弗已。

熊氏曰：狂者聖者，其初一同，何忍自棄。人十能之，己千之，不至此不止。

補註：書：「惟聖罔念作狂，惟狂克念作聖。」此所謂「狂聖本同」也。中庸：「人十能之，己千之。」所謂「弗至弗已」也。此誠之之事。朱子曰：「均善而無惡者，性也，人所同也。昏明强弱之禀不齊者，才也，人所異也。誠之者，所以反其同而變其異也。」

雲披霧卷，太虛湛然。塵掃鏡空，清光自全。

熊氏曰：一旦思之而通，猶雲開霧收。蒼蒼之天，湛然在上。垢去鏡空，清光無蔽。

補註：此形容人欲淨盡，天理復全之氣象。

曰人與天，既判復合。渾然一真，諸妄弗作。

熊氏曰：人之與天，其始既判，今復合矣。渾全一理，諸妄不作。

補註：人之有生，其性命之正，固亦莫非天理之實，惟其蔽於私欲而天理判然相離。今既加夫學問之功，則凡日用之間皆有以踐其實，於是天理渾全而諸妄不作矣。

孟氏繼之，命曰「思誠」。更兩鉅賢，其指益明。大哉思乎！作聖之本。歸而求之，實近非遠。

熊氏曰：孟子繼乎子思，名曰「思誠」。「思」之一字，乃爲聖之本。苟能反而求之於心，至近而未嘗遠也。

補註：朱子曰：中庸述孔子之言，見思誠爲脩身之本，乃子思所聞於曾子，而孟子所受於子思者，亦與大學相表裏，學者宜潛心焉。

銘

東銘　橫渠

補註：朱子曰：「橫渠嘗於學堂雙牖左書砭愚，右書訂頑。」伊川曰：「是啓爭端，改曰東銘、西銘。」雖皆同出一時，然程門專以西銘開示學者，而於東銘則未嘗言。蓋東銘則雖分別長傲，遂非之失於毫釐之間，所以開警後學，亦不爲不切，然意味有窮而於下學工夫，蓋猶有未盡者焉。按：西銘朱子有註「已見成書」。

戲言出於思也，戲動作於謀也。發於聲，見乎四支，謂非己心不明也。欲人無己疑，不能也。

熊氏曰：戲謔之言，由思而出。戲謔之動，自謀而作。發於聲音，見乎支體。却云不是本於吾心，是惑也。欲人不疑，弗能得也。

補註：朱子曰：此即如今法書所謂故也。

過言非心也，過動非誠也。失於聲，繆迷其四體，謂己當然，自誣也。欲他人己從，誣人也。

熊氏曰：誤於言，非其心之本然也。誤於動，非其心之實然也。失於聲音而爲言之過，繆迷其四體而爲動之過。吝於改遂以爲己之當然，自誣罔其心也。欲他人之順從乎己，是誣罔他人也。

補註：朱子曰：此即如今法書所謂失也。

或者謂出於心者，歸咎於己戲。失於思者，自誣爲己誠。不知戒其出汝者，反歸咎其不出汝者。長敖且遂非，不知孰甚焉！

熊氏曰：或説出於心思而戲謔者，可歸咎以爲己之戲。失於心思而過誤者，可自誣罔以爲己之實然。不知警戒其出汝心而故爲者，乃歸咎責其不出汝心而偶失者。咎己戲則增長傲誕而惡愈滋矣。誣己誠則遂從非失而過不改矣，不知而愚，莫此爲甚。

補註：張子此銘蓋言戲言戲動皆本於心，所謂「有心爲惡」者也。過言過動，非出於心，所謂「無心失理」者也。戲言戲動，固當速改。過言過動，亦不可貳。今既不能速改而又不明，自誣長傲遂非，愚莫甚矣。朱子云：「橫渠此銘開警後學，不爲不切，讀者宜致思焉。」

顏樂亭銘 爲孔周翰作[一]　明道

天之生民，是爲物則；非學非師，孰覺孰識？

熊氏曰：天生斯民，有是物必有是則。非篤於學，非親於師，誰識其理？

補註：物則，解見字訓。

聖賢之分，古難其明；有孔之遇，有顏之生。

熊氏曰：生知爲聖，學知爲賢，分量之分，自古難曉。聖遇孔子，而顏子生於此時。

聖以道化，賢以學行，萬世心目，破昏爲醒。

熊氏曰：聖則覺之以道而使化，賢則勉於爲學而篤於行。使萬世之人心開目明，破其昏蒙。

補註：此言聖人以道教化學者，賢人循教以力於學，學成即以其學行之也。

周爰闕里，惟顔舊止；巷汙以榛，井堙而圮。

熊氏曰：夫子所居之地爲闕里。周爰，即周迴也。顔子舊巷既汙穢而荆棘，其井復湮没而圮壞。

補註：爰，行也。

鄉閭蚩蚩，弗視弗履；有卓其誰，師門之嗣。

熊氏曰：鄉閭愚暗之民，廢其地而不視履。今卓然任其責者，夫子之後嗣孔周翰也。

補註：蚩蚩，無知貌。

追古念今，有惻其心；良價善諭，發帑出金。

熊氏曰：追古人之遺迹，念今日之荒蕪，惻然於心。以良價而得復善開諭，發帑藏出金。

補註：「良價」，未詳，恐有差字。

巷治以闢，井渫而深；清泉澤物，佳木成陰。

熊氏曰：巷廢治而闢之，井圮疏而深之，於是有泉之清可以潤物，木之佳自然成陰。

載基載落，亭曰「顏樂」；昔人有心，予忖予度。

熊氏曰：載治其基，載成其宇，扁曰「顏樂」。思昔顏子融此樂心，維今之人於此求度。

補註：顏樂，謂顏子居陋巷，簞食瓢飲，屢絶而不改其樂也。予者，程子自稱。落者，宫室始成之謂。

千載之上，顏惟孔學；百世之下，顏居孔作。

熊氏曰：千載而上，顏子惟孔是學。百世而下，「顏樂」有亭，孔氏所建。

盛德彌光，風流日長；道之無疆，古今所常。

熊氏曰：顏子盛德，後世愈光。遺風流傳，斯道常行。

水不忍廢，地不忍荒。嗚呼正學，其何可忘！

忘哉！

熊氏曰：此井不廢，水不忍也；此地不廢，地不忍也。嗟彼顏氏之正學，何時可

補註：此言顏井之水不忍使廢，顏巷之地不忍使荒，嗟彼顏氏之正學，其何可忘乎！

書字銘

晦庵

握管濡毫，伸紙行墨。一在其中，點點畫畫。

放意則荒，取妍則惑。必有事焉，神明厥德。

熊氏曰：把筆漬毫，伸開其紙，于以行墨。一者敬也，敬存於心，一點一畫，各得其正。

熊氏曰：縱意則荒疏，求妍麗則迷惑。必有所事，惟神明其德而已，蓋指敬也。

補註：明道先生嘗以書札爲能喪志，然其作字時甚敬，曰：「非欲字好，即此是學。」

朱子曰：「這亦可以收放心。」按：「必有事焉」，出孟子，謂有所事也。「神明厥德」，出大易，謂存此心之德也。

藏書閣書厨銘

於穆元聖，繼天測靈。出此謨訓，惠我光明。

熊氏曰：夫子之道深遠，上繼天道，窺測其妙。示此典籍，惠我光明覺悟。

補註：元聖，謂孔子。言六經謨訓，皆聖人删述以垂惠萬世，使得覩聖道之光明也。

永言寶之，匪金厥籯。含英咀華，百世其承。

熊氏曰：願言久長珍藏，非比黄金滿籯。採摘書中之英，咀嚼書中之華，相傳百代。

補註：漢韋賢曰：「遺子黄金滿籯，不如教子一經。」蓋言明經以取青紫爾。文公言此非其比，惟欲含英咀華以味道腴，使百世相承耳。籯，箱屬。含，口御也[二]。

至樂齋銘

補註：按大全集爲葉學古作。

呻吟北窻，氣鬱不舒。我讀我書，如病得甦。

熊氏曰：疾中呻吟窻下，欝抑不伸。吾誦吾書，猶病得醒。

客問此書，中作何味？君乃嗜之，如此其至。

熊氏曰：客問所讀之書，其中滋味若何？汝乃嗜之，如是極至。

趣爲子語，無味乃然。是有味者，乃痼乃羶。

熊氏曰：促爲子言，書中有無味之味，所以可樂。凡世滋味，乃痼羶而已。

補註：禮記內則：「牛夜鳴則痼，羊冷毛而毳則羶痼。」羶，牛羊肉之臭氣也。

天下之樂，我不敢知。至歐陽子，乃嗽斯詩。

熊氏曰：天下至樂之事，非我敢知。歐陽脩詩中有「至樂」字。

補註：按：歐陽永叔讀書五言詩有曰：「至哉天下樂，終日在几案。」蓋言天下之樂，無過讀書。

我思古人，實感我心。惟曰愔愔，式鈎且深。

熊氏曰：古人，歐陽脩也。能使我心懷感安和，以鈎取書中之義。

補註：愔愔，深靜貌。鈎、深，見易，言當深靜以鈎致書中深遠之義也。

敬恕齋銘

補註：按：大全集爲莆陽陳師中作。

出門如賓，承事如祭，以是存之，敢有失墜？「己所不欲，勿施於人。」以是行之，與物皆春。

熊氏曰：出門如見大賓，奉事如臨大祭，存之於心，無敢墮失。此四句言主敬。吾身所以不欲者，亦不以施之於人，即此行之萬物同一春意。此四句言行恕。

補註：仲弓問仁。子曰：「出門如見大賓，使民如承大祭，己所不欲，勿施於人。在邦無怨，在家無怨。」愚按：與物皆春，謂推己以及人也。

胡世之人，恣己窮物，惟我所便，謂彼奚卹？

熊氏曰：如何世人，恣己窮物，惟求己便，於人無卹。

孰能反是，斂焉厥躬？于墻于羹，仲尼子弓。

熊氏曰：誰能反此，收斂其身。坐則見之于墻，食則見之于羹。惟仲尼、子弓爾。子弓，仲弓字。

補註：愚按：朱子有曰：「克己復禮，乾道也。主敬行恕，坤道也。顔冉之學，高下淺深於此可見。」此云仲尼、子弓者，言學者從事敬恕，常持此心，于羹于墻，常如見仲尼、子弓也。非謂夫子與仲弓同事此敬恕也。

内順于家，外同于邦。無小無大，罔時怨恫。

熊氏曰：在内以此道順其家，在外推此道同於人。無小無大，無是怨痛。

補註：此即「在邦無怨、在家無怨」之驗。

爲仁之功，曰此其極。敬哉恕哉，永永無斁。

熊氏曰：敬恕兩盡，爲仁之功至矣。

學古齋銘

補註：按：大全集爲浦城周嗣恭作。

相古先民，學以爲己，今也不然，爲人而已。

熊氏曰：觀古聖人，所學求盡其己。今人所學，但求知於人。

補註：論語：「古之學者爲己，今之學者爲人。」程子曰：「爲己欲得之於己，爲人欲見知於人。」

爲己之學，先誠其身。君臣之義，父子之仁。

熊氏曰：爲己者於踐履之間，務其誠實。處君臣則盡君臣之義，處父子則盡父子之仁。

聚辨居行，無怠無忽。至足之餘，澤及萬物。

熊氏曰：學以聚之，問以辨之，寬以居之，仁以行之。無惰無慢，理充於身，推其餘澤以及萬物。

爲人之學，燁然春華。誦數是力，纂組是誇。

熊氏曰：爲人者，燁然如陽春，百物華麗。於書逐句而數，以求其義，文章猶織衽鮮美誇耀於人。

補註：春華，謂春月百花也。誦數，謂記誦之遍數也。荀子曰：「誦數以貫之。」朱子曰：「誦數者，蓋古人亦記遍數也。」

結駟懷金，煌煌煒煒，世俗之榮，君子之鄙。

熊氏曰：子貢結駟過原憲之家，顔子不以紆朱懷金爲樂。俗人爲榮，君子則鄙薄之。

維是二者，其端則微，眇綿不察，胡越其歸。

熊氏曰：爲己爲人，肇端甚微，幾微不察，末流如北胡南越相遠。

補註：眇綿，出楊子先知篇，註：眇，微細也。綿，遠也。

卓哉周侯，克承先志，日新此齋，以迪來裔。

熊氏曰：周侯繼承先人之志，重新是齋，以啓迪其子孫。

此齋何有？有圖有書，厥裔伊何？衣冠進趨。

熊氏曰：此齋有圖有書，子孫衣冠，儼然進趨。

夜思晝行，咨詢謀度，絶今不爲，惟古是學。

熊氏曰：夜以思之，日以行之。咨問揆度，惟以古人爲己之學。

先難後獲，匪亟匪徐，我則銘之，以警厥初。

熊氏曰：先用功於難以有得於後，不敢欲速，亦不敢緩，銘以戒其爲學之初。

補註：先難後獲，見論語。

求放心齋銘

補註：按：大全集爲番陽程正思作。

天地變化，其心孔仁。成之在我，則主于身。

熊氏曰：天地變化，以生物爲心，故天地之心甚仁。人得天地生物之心爲心，以爲一身主宰。

其主伊何？神明不測。發揮萬變，立此人極。

熊氏曰：其神妙明通不可測度，發施萬事以立人道。

補註：神明不測，謂虚靈不昧，不可得而窺測量度發揮。萬變，謂應萬事。人極，見太極圖，謂人之太極也。

晷刻放之，千里其奔。非誠曷有？非敬曷存？

熊氏曰：頃刻放蕩，則奔逸千里之外。不有實理以總攝之，何以有此心？不有此敬以檢束之，何以存此心？

補註：晷刻，謂日影之刻也。誠者，真實無妄，此心所以不亡。敬者，主一無適，此心所以不放。

孰放孰求？孰亡孰有？屈伸在臂，反覆惟手。

熊氏曰：或放或求，或亡或有，在我而已，更由誰哉！譬之屈伸，惟臂之爲，手之反覆，惟手之使。

補註：放，謂心放於外。求，謂求己放之心。亡，謂失其本心。有，謂心存而有諸己。

防微謹獨，以守之常。切問近思，曰惟以相之。大全集有「之」字。

熊氏曰：敬以防其微，誠以謹其獨。切問近思，交相用工。

補註：防微，謂防微細之事。謹獨，謂謹所獨知之地。切問，謂問其切己者。近思，謂思其在己者。蘇氏曰：「泛問遠思則勞而無功。」相，助也，叶平聲。

尊德性齋銘

補註：按：大全集爲内弟程允夫作。

維皇上帝，降此下民。何以予之？曰義曰仁。

熊氏曰：於皇上天，降此生於下民。何物予之，仁與義而已。

補註：書曰：「惟皇上帝，降衷于下民。」皇者，大也。上帝以主宰言，仁義即所降之衷也。

雖義與仁，維帝之則。欽斯承斯，猶懼弗克。

熊氏曰：雖是仁義二者，皆天與我之理。敬此順此，尚恐不能。

補註：則，法也，即「有物有則」之「則」。

孰昏且狂，苟賤污卑，淫視傾聽，惰其四肢。

熊氏曰：誰人昏塞狂妄，苟賤而不貴重，污卑而不高明。淫視傾聽，惰其四體。

褻天之明，慢人之紀。甘此下流，衆惡之委。

熊氏曰：褻狎上帝之明命，慢侮在人之倫紀，甘心居於下流，衆惡皆歸於此。

補註：學記：「或源或委。」源者泉所出，委者泉所聚也。

我其監此，祗栗厥心。有幽其室，有赫其臨。

熊氏曰：吾當察此，祗敬莊栗，以持此心。雖處幽暗之室，亦如上帝赫然在前。

執玉奉盈，須臾顛沛。任重道悠，其敢或怠！

熊氏曰：譬之執玉惟恐其墜，奉盈惟恐其溢，須臾不可離，顛沛必於是。負重而道遠，安敢生怠惰之念！

補註：「執玉奉盈」，見禮記。「任重道遠」，見論語。須臾，頃刻也。顛沛，傾覆也。言執玉奉盈，頃刻之間不謹則有傾覆之患，況任重道遠，其敢怠忽乎？

性理群書補註卷之六終

校勘記

［一］爲孔周翰作　此五字原爲大字，依據本書體例當作小字。

［二］含口御也　「御」當作「銜」，恐因字形相近而誤。

性理群書補註卷之七

建安熊剛大集解　海虞吳訥補註

贊

啓蒙五贊

補註：雙湖胡氏曰：五贊大要，皆教人以象占之學。首篇原奇偶之象，次篇述作者之旨，三篇明筮以發其占，四篇稽類以考其象，五篇以警學名，欲人讀易之際，常如卜筮之臨。假象辭以爲儀則而終趨於吉，是又會象占而一者也。朱子嘗云「某解易只作卜筮之書」，今五贊皆以象占示教，其旨深矣。○愚按：熊氏於五贊止録三篇，一警學，二原象，三稽類，而無述旨、明筮二篇，且次序失倫，今依啓蒙正之。

原象

太一肇判，陰降陽升。陽一以施，陰兩而承。

熊氏曰：太極分判，陰降而下，陽升而上。陽奇而主發散，陰偶以順承乎乾。

補註：雲峯胡氏曰：「太一，即太極，以其未分則曰太一，以其極至則曰太極，陽實則能施，陰虛則能承也。」草廬吴氏曰：「太一，言混元之氣，混而爲一，未有輕清重濁之分，及其久，則陽之輕清者，升而爲天；陰之重濁者，降而爲地。」朱子不曰：「『太極』而言『太一』，蓋太極者理也，太一者氣也。」

惟皇昊羲，仰觀俯察，奇偶既陳，兩儀斯設。

熊氏曰：三皇中太昊氏伏羲，仰觀天文，俯察地理，奇畫偶畫，燎然昭陳。陰陽兩儀，由此而立。

補註：皇，大也。即商書「惟皇上帝」之「皇」，一奇一偶，是謂兩儀，其數則陽一而陰二，周子謂「分陰分陽，兩儀立焉」，邵子謂「一分爲二者」是也。

既榦乃枝，一各生兩，陰陽交錯，以立四象。

熊氏曰：既有其榦，復生其枝，一奇之上又生一奇一偶，一偶之上又生一奇一隅。陰陽交互錯雜，是爲太少陰陽四象。

補註：兩儀之上各生一奇一偶，而爲二畫者四，是謂四象。其位則太陽一少陰二少陽三太陰四，周子謂「水火木金」，邵子謂「二分爲四者」是也。

奇加以奇，曰陽之陽。奇而加偶，陽陰以章。

熊氏曰：奇而又奇，陽而又陽。奇上又加一偶，陽與陰燦然而章。

補註：章，著也。

偶而加奇，陰内陽外。偶復加偶，陰與陰會。

熊氏曰：偶上又畫一奇，陰在下曰内，陽在上爲外。偶上復加以偶，二陰交會。

兩一既分，一復生兩，三才在目，八卦指掌。

熊氏曰：陽一陰二，既分而爲四象。一象之上又各生一奇一偶，合四象而觀之，凡四奇四偶。天地人之分皆在目前，八卦之畫如指斯掌。

補註：指諸掌，言易見也。四象之上各生一奇一偶，而爲三畫者八，於是三才略具，而有八卦之名矣。大傳謂「八卦成列」，邵子謂「四分爲八者」是也。

奇奇而奇，初一曰乾。奇奇而偶，兑次二焉。奇偶而奇，次三曰離。奇偶而偶，四震以隨。偶奇而奇，巽居次五。偶奇而偶，坎六斯覩。偶偶而奇，艮居第七。偶偶而偶，八坤以畢。

熊氏曰：三畫皆陽，是爲乾卦，位居第一。二陽上畫一陰，是爲兑卦，位居第二。下畫一陽，上畫一陰一陽，是爲離卦，位居第三。下畫一陽，上畫二陰，是爲震卦，位居第四。下畫一陰，上畫二陽，是爲巽卦，位居第五。下畫一陰，上畫一陽一陰，是爲坎卦，位居第六。下連畫二陰，上畫一陽，是爲艮卦，位居第七。三畫皆陰，是爲坤卦，位居第八。蓋先天之卦，乾一兑二，離三震四，巽五坎六，艮七坤八，位序之布如此。

補註：乾南坤北，離東坎西，震東北兑東南，巽西南艮西北，自震至乾爲順，自巽至坤爲逆也。

初畫爲儀，中畫爲象，上畫卦成，人文斯朗。

熊氏曰：初畫是兩儀，中畫是四象，上畫則八卦成矣。奇偶分剛柔，位尊卑，序貴賤，別人文，著見昭焉。

因而重之，一貞八悔，六十四卦，由内達外。

熊氏曰：因以八卦又演而重之，一本卦爲貞，八變卦爲悔，如乾變爲八，以乾宮内八卦觀之，乾卦爲貞，其七卦爲悔。貞是貞固之體，悔有變易之義，變爲六十四卦。貞者正卦爲内，悔者變卦爲外。

補註：「貞」「悔」，出洪範。蔡氏曰：「此占法也。内卦爲貞，外卦爲悔，又有以遇卦爲貞之卦爲悔。」朱子曰：「貞是正底便是體，悔是過底動則有悔也。」

交易爲體，往此來彼；變易爲用，時靜時（熊本作「而」）動。

熊氏曰：一陰一陽，迭相交易而爲體。陽自此往，陰自彼來。一陰一陽，迭相變易而爲用，動極復靜，靜極復動也。此以上言伏羲先天易。

補註：「時動」，熊本作「而」，今依啓蒙正之。朱子曰：「先天圖一邊本都是陽，一邊本都是陰。陽中有陰，陰中有陽，便是陽往交易陰，陰來交易陽，兩邊各各相對，其實非此往彼來，只其象如此。」又曰：「變易是陽變陰、陰變陽，老陽變爲少陰、老陰變爲少陽，此是占筮之法。」

降帝而王，傳夏歷商，有占無文，民用弗章。

熊氏曰：自皇降而帝，帝降而王，傳之有夏，又歷有商。雖有占卜，未有文字，前民之用不顯。

文王繫彖，周公繫爻。視此八卦，二純六交。

熊氏曰：於是文王繫之以彖辭，周公又繫之以爻辭。乾坤二卦，純陽純陰，它六卦則陰陽相交。

乃乾斯父，乃坤斯母，震、坎、艮男，巽、離、兑女。

熊氏曰：乾純陽爲父，坤純陰爲母。震初畫得乾陽爲長男，坎中畫得乾陽爲中男，艮上畫得乾陽爲少男。巽初畫得坤陰爲長女，離中畫得坤陰爲中女，兑上畫得坤陰爲少女。

離南坎北，震東兑西。乾、坤、艮、巽，位以四維。

熊氏曰：此以後天易言：離在南方屬火，主夏；坎居北方屬水，主冬。震在東方屬木，主春；兑在西方屬金，主秋。乾西北，坤西南，艮東北，巽東南，位於四方之隅。

補註：邵子曰：「至哉，文王之作易也，其得天地之用乎！故乾坤交而爲泰，坎離交而爲既濟，乾生於子，坤生於午，坎終於寅，離終於申，以應天之時也。置乾於西北，退坤於西南，長子用事而長女代母，坎離得位而兑艮爲偶，以應地之方也。」又曰：「易者，一陰一陽之謂也。震兑始交者也，故當朝夕之位。坎離交之極者也，故當子午之位。巽艮不交而陰陽猶雜也，故當用中之偏。乾坤，純陽純陰也，故當不用之位。」又曰：「離兑巽，得陽之多者也；坎艮震，得陰之多者也，是以爲天地用也。乾極陽，坤極陰，是以不用也。」

建官立師，命曰周易。孔聖傳之，是爲十翼。

熊氏曰：三易，夏曰連山，商曰歸藏，至周乃名之曰易。此以上皆文王後天易。夫子作傳以發明之。十翼者，彖辭、大象、小象、乾文言、坤文言、繫辭上篇、繫辭下篇、説卦、序卦、雜卦。

補註：翼，輔也。愚按：東萊吕氏定古易十二篇，分伏羲卦畫、文王卦辭、周公爻辭爲上經第一下經第二。孔子十翼傳分爲十篇，彖上傳第一，彖下傳第二，象上傳第三，象下傳第四，繫辭上傳第五，繫辭下傳第六，文言傳第七，説卦傳第八，序卦傳第九，雜卦傳第十，各自爲卷，以合於古。朱子本義從之，今熊氏所載乃知制誥胡旦所定，熊氏不遵朱、吕而取胡旦，蓋莫可曉。

遭秦弗燼，及宋而明。邵傳羲畫，程演周經。象陳數列，言盡理得。彌億萬年，永著常式。

熊氏曰：遭秦焚書，獨免灰燼，及宋邵堯夫傳伏羲先天之畫，程伊川演文王後天之書。卦象昭陳，卦數並列。言之詳盡，道理由此而得。過百萬載，永作常法。

補註：始皇焚書，易以卜筮之書弗焚。羲畫，謂先天六十四卦之圖。周經，謂文王、周公、孔子所繫之辭也。象陳數列，謂邵圖。言盡理得，謂程傳也。

述旨

昔在上古，世質民淳，是非莫别，利害不分。

補註：上古，謂洪荒之世。質，樸也。淳，厚也。

風氣既開，乃生聖人，聰明睿智，出類超群。

補註：風氣，謂風俗氣化也。聖人，伏羲也。聰者，無所不聞。明者，無所不見。睿者，無所不通。智者，無所不知。言伏羲具生知之質，而超出群類也。

仰觀俯察，始畫奇偶，教之卜筮，以斷可否。

補註：古者伏羲氏之王天下也，仰則觀象於天，俯則觀法於地，始畫陰陽奇偶卦爻之象，教人卜筮以决事之可否，而避凶趨吉也。或問朱子曰：「文王、周公前未有卦爻辭，何以定吉凶？」曰：「此無可考。但周禮三易，經卦皆八，別皆六十有四，則疑已有辭矣。」

作爲君師，開鑿户牖，民用不迷，以有常守。

補註：君師，謂爲之君以長之，爲之師以教之也。詩曰「天之牖民」，謂開明之也。言聖人教民卜筮，如鑿墻爲户牖，使之開明，於是下民不迷於吉凶悔吝之塗，而有常守也。

降及中古，世變風移，淳澆質喪，民僞日滋。

補註：中古，謂三代之時。澆，薄也。喪，亡也。滋，益也。

穆穆文王，身蒙大難，安土樂天，惟世之患。乃本卦義，繫此彖辭。爰及周公，六爻是資。

補註：穆穆，深遠之意。身蒙大難，謂文王拘於羑里。安土樂天，惟世之憂，乃繫六十四卦彖辭。周公，文王子，名旦，又繫爻下之辭也。

因事設教，丁寧詳密，必中必正，乃亨乃吉。

補註：文王、周公因卜筮之事施教，丁寧懇至，詳審周密，必居中得正，乃亨又吉也。

語子惟孝，語臣則忠，鈎深闡微，如日之中。

補註：語，告也。告子以孝，告臣以忠，即所謂「因事設教」者也。鈎，致也。闡，明也。日之中，謂大明也。

爰暨末流，淫于術數，僂句成欺，黄裳亦誤。

補註：暨，及也。淫，過也。按：左傳：「臧昭伯如晉，臧會竊其寶龜僂句，卜信與僭吉。後平子立會，會曰：『僂句不余欺也。』」又按：南蒯將判，得黄裳之占，以爲大吉，後蒯大敗。胡氏曰：「臧會本有僭上之心，曰『僂句成欺』者，會欲欺人，借龜以成其欺也。南蒯舉事，正反乎黄之中裳之下，其敗也故宜。曰『黄裳亦誤』者，非易之誤南蒯，乃南蒯用易之誤也。」僂句，龜所出地名。

大哉孔子，晚好是書，韋編既絶，八索以祛。乃作彖象，十翼之篇，專用義理，發揮經言。

補註：按：史記世家：「孔子讀易，韋編三絶。」韋，皮也。絶，斷也。古者竹簡以皮穿之，言孔子玩易之久，竹簡所穿之皮三次斷也。又按：孔安國書序云：「八卦之説，謂之八索，求其義也。先君孔子生於周末，贊易道以黜八索，足以垂世立教。」

居省象辭，動察變占，存亡進退，陟降飛潛。曰毫曰釐，匪差匪繆，假我數年，庶無大咎。

補註：大傳曰：「君子居則觀其象而玩其辭，動則觀其變而玩其占。」存亡進退，升降飛潛，見乾坤文言。咎，過也。論語曰：「假我數年，卒以學易，可以無大過矣。」

恭惟三古，四聖一心，垂象炳明，千載是臨。

補註：漢藝文志云：「世歷三古，人更四聖。」註謂：上古伏羲，中古文王，下古孔子也。

惟是學者，不本其初，文辭象數，或肆或拘。

補註：不本其初，謂不本四聖人之心。如王輔嗣、韓康伯以莊老之言解易，此放肆於文辭者也。如焦貢、京房以災異分卦，直日以推易，此拘泥於象數者也。

嗟予小子，既微且陋。鑽仰没身，奚測奚究。匪警滋荒，匪識滋陋，維用存疑，敢曰垂後。

補註：此皆朱子自謙之辭。「鑽彌堅，仰彌高」，見論語。奚，何也。存疑，待後人也，朱子之望後人至矣。

明筮

倚數之元，參天兩地，衍而極之，五十乃備。是曰大衍，虚一無爲，其爲用者，四十九蓍。

補註：朱子曰：「天圓地方，圓者一而圍三，三各一奇。故參天而爲三；方者一而圍四，四各二偶，故兩地而爲二，數皆倚此而始。」又曰：「揲蓍之法，取五十莖爲一握，置其一不用，以象太極。」

信手平分，置右於几，取右一蓍，掛左小指。乃以右手，揲左之策。四四之餘，歸之于扐[一]。初扐左手，無名指間，右策左揲，將指是安。再扐之奇，通掛之算，不五則九，是謂一變。

補註：按揲法蓍，凡四十有九，信手中分，以象兩儀。而掛右手一策於左手小指之間，以象三才，遂以四揲，左手之策，以象四時而歸其餘數於左手第四指間，以象閏。又以四揲右手之策，而再歸其餘數於左手第三指間。以象再閏，是謂一變其掛扐之數，不五即九。

置此掛扐，再用存策。分掛揲歸，復準前式。三亦如之，奇皆四八，三變既備，數斯可察。

補註：一變之後，除前餘數，復合其見存之策。或四十，或四十四，分掛揲歸如前法，是謂再變。其掛扐者，不四則八，再變之後，除前兩次餘數，復合其見存之策，或四十，或三十六，或三十二，分掛揲歸如前法，是謂三變。其掛扐者，如再變例，三變既畢，乃合三變，視其掛扐之奇偶，以分所遇陰陽之老少是爲一爻。

其察伊何[二]？四五爲少，八九爲多。三少爲九，是曰老陽；三多爲六，老陰是當。一少兩多，少陽之七；孰八少陰，少兩多一。

補註：五四爲奇，九八爲偶，掛扐三奇，合十三策而爲老陽。其畫爲口，所謂重也。掛扐三偶，合二十五策而爲老陰，其畫爲㐅，所謂交也。掛扐兩偶一奇，合二十五策而爲少陽，其畫爲一，所謂單也。掛扐兩奇一偶，合十七策而爲少陰，其畫爲一，所謂拆也。

既得初爻，復合前蓍，四十有九，如前之爲。三變一爻，通十八變，六爻發揮，卦體可見。

補註：一爻已成，再合四十九策，復分掛揲，歸以成一變，如是每三變而成一爻，凡十有八變而成六爻，卦體於是可見。

老極而變，少守其常，六爻皆守，彖辭是當。

補註：老陽老陰，亢極而變，陽爻變爲陰爻，陰爻變爲陽爻也。少陽少陰，則守其常而不變，故凡卦六爻皆不變，則占本卦彖辭，而以內卦爲貞，外卦爲悔。

變視其爻，兩兼首尾，變及三爻，占兩卦體。或四或五，視彼所存，四二五一，二分一專。

補註：凡卦一爻變則以本卦變爻辭，占所謂變視其爻也。二爻變則以本卦二變爻辭，占仍以上爻爲主，所謂兩兼首尾也。三爻變則占本卦及之卦之彖辭，而以本卦爲貞，之卦爲悔，所謂占兩卦體也。四爻變則以之卦二不變爻，占仍以下爻爲主。五爻變則以之卦不變爻，占所謂視彼所存也。「四二五一，二分一專」者，覆解所謂四爻變者，分看二爻，五爻變者，專看一爻也。

皆變而他，新成舊毀，消息盈虛，舍此視彼。乾占用九，坤占用六，泰愕「匪人」，姤喜來復。

補註：凡卦六爻皆變，則占之卦彖辭，謂之新成舊毀。新謂新變之卦，舊謂本卦也。

「舍此取彼」者，此謂本卦，彼謂之卦也。若乾坤二卦皆變，則占用九用六之辭，而與餘卦不同也。愕，驚貌，言泰卦乃天地交泰之象，如六爻皆變，則爲天地不交之否，爲可驚也。若一陰始生之姤，而變爲陽，生剛長之復，則可喜也，聖賢扶陽抑陰之意，於此可見矣。

稽類

八卦之象，説卦詳焉，考之於經，其用弗專。彖以情言，象以像告，惟是之求，斯得其要。

熊氏曰：八卦之象，夫子説卦已備，究之於經，發用不專。彖即易之情言，象即易之像言，以此探索得其要。

補註：大傳曰：八卦以象告，爻彖以情言。朱子曰：「象謂卦畫，爻彖謂卦爻辭。」

乾健天行，坤順地從，震動爲雷，巽入木風。坎險水泉，亦雲亦雨；離麗文明，電日爲火。艮止爲山，兑説爲澤。以是舉之，其要斯得。

熊氏曰：乾主乎健，故天行不息。坤主乎順，屬地而順從乎天。震主乎動，有雷之象。巽主柔入，爲木爲風。坎主險陷，爲水爲泉，又爲雲雨之象。離主著麗，文章光明，爲日、爲月、爲電、爲火之象。艮主乎止，有山之象。兑主乎説，有澤之象。即此求之，其大要可得。

凡卦六虚，奇偶殊位，奇陽偶陰，各以其類。

熊氏曰：凡一卦六畫之虚，奇偶異處。奇爲陽，偶爲陰。各從其類。

補註：六虚，出易大傳，有曰：「周流六虚。」朱子曰：「六虚者，即初二三四五上，六爻之位也。」

得位爲正，二五爲中。二臣五君，初始上終。

熊氏曰：得其位則正，二爲下爻三畫之中，五爲上爻三畫之中。二乃臣位，五乃君位。初爻爲始，上爻爲終。

補註：位，謂初二三四五上之位，初三五爲陽，二四六爲陰，以爻言之，則九爲陽，六爲陰，得位爲正，主一爻而論，必陽居陽位，陰居陰位，乃位之正也。

貞悔體分，爻以位應，陰陽相求，乃得其正。

熊氏曰：内卦爲貞，外卦爲悔，其體既分。所占之爻，又觀變卦所應之位。陰與陽相交，斯位之正。

補註：乃得其正，謂分上下兩爻而論，必陰與陽應陽與陰應，是謂之正。應者，如初以四爲應、二以五爲應也。

凡陽斯淑，君子居之；凡陰斯慝，小人是爲。

熊氏曰：陽則皆善。君子當此。陰則皆惡，小人當此。

補註：淑，善也。慝，惡也，凶也。

常可類求，變非例測，非常曷變？謹此爲則。

熊氏曰：卦之有常者，可以類求。卦之有變者，非定例可測。不有其常，何有其變？當謹此爲法則。

補註：此因上陽淑陰慝而言。夫陽善陰惡，此理之常，若語其變則有不同。朱子嘗曰：「易大槩陽吉而陰凶，間亦有陽凶而陰吉者，蓋有當爲，有不當爲。若當爲而不爲，不當爲而爲之，雖陽亦凶矣，此常之變也。」

警學

讀易之法，先正其心，肅容端席，有翼其臨。

熊氏曰：敬爾容，正爾席，拱手而前，有如兩翼，即語所謂「趨進翼如」。

補註：席，坐席。朱子曰：「翼，敬也。」愚謂：此言讀易者當正心肅容，主一無適，以臨書册，如親對聖賢而聞其言論也。

于卦于爻，如筮斯得，假彼象辭，爲我儀則。

熊氏曰：于一卦，于一爻，如有所卜必得其應。借此易象之言，作我應事之準則。

補註：卦，謂六十四卦。爻者，每卦皆有六爻也。筮，揲蓍也。象，謂伏羲卦畫奇偶之象。辭，謂文王、周公、孔子所繫之辭也。儀，法度也。則，品式也。言讀一卦一爻，便如占筮所得，考其象之所以然，以求辭義，而爲我之法則也。

字從其訓，句逆其情，事因其理，意適其平。

熊氏曰：一字之間必循易之訓，一句之間必探易之情。所占之事必因其當然之理，所卜之意當使其平，不可先有所主。

補註：訓，謂音、義也。逆者，迎也。情，大傳曰：爻象以情言，謂卦之辭也。事，謂占者之事。

曰否曰臧，如目斯見；曰止曰行，如足斯踐。

熊氏曰：言凶言吉，猶目親見。言止言行，猶足親履。

補註：臧，善也。否，不善也。

毋寛以略，毋密以窮，毋固而可，毋必而通。

熊氏曰：毋求之寛，毋失之略，毋察之密，而失之窮。毋堅固以爲可，毋期必以爲通。

補註：略，簡也。窮，塞也。

平易從容，自表而裏，及其貫之，萬事一理。

熊氏曰：平易以求，從容不迫。由外而内，至於融貫。萬事雖多，無越一理。

補註：貫，通也。

理定既實，事來尚虚，用應始有，體該本無。

熊氏曰：理一定而有實，事之未來者尚虚。及應諸用，方有其事。體之所該，本無一事。

補註：勉齋黄氏曰：此指學易者而言，理則體也，事則用也。理之所該雖甚實，而所該者無形，事之爲用雖本虚，而因應乃有。

稽實待虚，存體應用，執古御今，由静制動。

熊氏曰：考其理之實，以待其事之虚。存是理之體，以應其事之用。執古之理，御今之事，以理静，制事之動。

補註：朱子曰：「稽考實理，以待事物之來，存此理之體，以應無窮之用。」古便是易書内文字言語，今便是今日之事。静謂理，動謂事也。

潔静精微，是之謂易，體之在我，動有常吉。

熊氏曰：其體潔静，其理精微，此之謂易。惟法之於己，動則常吉。[三]

補註：易只懸空説一箇道理，不比他書各着事上説，故謂之潔静，而其理則精微矣。

體者，如「體仁」、「體道」之「體」也。

在昔程氏，繼周紹孔。奥旨宏綱，星陳極拱。

熊氏曰：往昔伊川，繼紹周、孔之易。奥妙之旨，宏大之綱，猶北極居中而衆星拱。

惟斯未啓，以俟後人，小子狂簡，敢述而申。

熊氏曰：惟此未有開發，以俟後來君子。文公自稱，述此而申之。

補註：斯謂象占也，易本卜筮之書。伊川作傳，以理爲主。朱子作啓蒙、本義，以發明象占之學，故於此贊述之，以示學者也。「小子狂簡」，朱子自謙之辭。

復卦贊

萬物職職，其生不窮，孰其尸之？造化爲功。

熊氏曰：職職，動貌。言萬物之衆，生生本無窮盡。誰其主此？天地爲之主宰也。

補註：職職，見莊子至樂篇，註云「繁殖貌」。造化，蓋指陰陽氣運成物消物而言。

陰闔陽開，一靜一動。於穆無疆，全體妙用。

熊氏曰：陰氣閉，陽氣開。陰闔則靜，陽開則動。嘆其深遠無窮，由此全體達於妙用。

補註：疆，界限也。

奚獨於斯，潛陽壯陰，而曰昭哉，此天地心。

熊氏曰：獨於此時，藏此陽氣於老陰之下，而謂昭然，是爲天地生物之心。

補註：壯，盛也。五陰在上故曰盛，一陽在下故曰潛。復卦彖辭曰：「復其見天地之心乎！」

蓋翕無餘，斯闢之始。生意闖然，具此全美。

熊氏曰：蓋閉藏翕斂已盡，此乃陽氣方動之初。馬之出門曰闖，喻生物之意方始萌蘖，有此渾全之美。

補註：朱子曰：十月陽氣收斂，一時關閉得盡，天地生物之心故未嘗息，但無端倪可見，惟一陽動，則生意始發露出闖然，可見其端緒耳。

其在于人，曰性之仁。斂藏方寸，包括無垠。

熊氏曰：在人得天地生物之心以爲心，則爲性中之仁。渾涵於心之中，包括衆善無盡。

補註：朱子曰：「仁者，天地所以生物之心，而人之所得以爲心者也。」垠，界限也。

有茁其萌，有惻其隱。于以充之，四海其準。

熊氏曰：萌動之初，如草木始生，惻怛隱痛。自此充達，散之天下，初無二理，如準則然。

補註：茁，生長貌。惻隱之心，仁之端緒。充者，推廣而充滿也。「四海其準」者，祭義云：「放諸東海、西海、南海、北海而準。」儀禮經傳通解：朱子曰：「準，猶齊也，言無不同也。」

曰惟茲今，眇綿之間。是用齋戒，掩身閉關。

熊氏曰：謂當此方復之時，一脉之陽至微不絶。必也齋肅戒謹，掩身止色，閉關息旅。此蓋安静休養，以助方長之陽也。

補註：雷在地中，陽始復之時，先王順天道，當至日閉關，使商旅不行，安静以養微陽。月令云：「齋戒掩身，以待陰陽之定。」

仰止羲圖，稽經協傳。敢贊一辭，以詔無倦。

熊氏曰：仰彼伏羲先天之圖，考易經，合易傳。敢助一言，以告後之君子，無怠於此。

補註：經，謂文王、周公之辭。傳，謂夫子之傳。

心經贊　　真西山

補註：理宗端平初，西山再守泉州，著心、政二經。心經始自舜、禹授受，繼以詩、易、四書、禮記，周、程、朱之言，凡論心之説，靡不畢備，復作此以贊其義云。

舜、禹授受，十有六言。萬世心學，此其淵源。

熊氏曰：舜授是道於禹，禹受此道於舜。只有十六字：「人心惟危，道心惟微，惟精惟一，允執厥中。」萬世之下，傳心之學，此其源本也。

人心伊何，生於形氣。有好有樂，有忿有懥。

熊氏曰：人心者，生於形體氣質之私。好、樂，喜也，心一於喜而不察。忿、懥，怒也，心一於怒而不察。

惟欲易流，是之謂危。須臾或放，衆慝從之。

熊氏曰：偏於喜怒而不得其正，從欲易流，是曰人心危殆而難安。

補註：人欲如口之欲味，目之欲色，四肢之欲安佚，皆是匿惡也。

道心伊何，根於性命。曰義曰仁，曰中曰正。

熊氏曰：道心本於天命，謂性之正。宜之理爲義，愛之理爲仁，中之理爲禮，正之理爲智。

惟理無形，是之謂微。毫芒或失，其存幾希。

熊氏曰：理則無形可指，是曰道心微妙而難見。毫髮之間或有所失，其能存者甚少。

三者之間，曾弗容隙。察之必精，如辨白黑。

熊氏曰：人心、道心，幾微之間，弗容間隙。察之則精一而不雜，使人心道心判然，猶白黑之易辨。

補註：人心、道心，是指心之已發者，蔡氏曰：「指其發於形氣而言，則謂之人心；指其發於義理而言，則謂之道心。人心易私而難公故危，道心雖明而易昧故微。惟能精以察之而不雜乎形氣之私，一以守之而純乎義理之正，道心常爲之主而人心聽命焉，則危者安、微者著，動靜云爲，自無過不及之差矣。」中正仁義，出周子太極圖說，解見字訓。

知及仁守，相爲始終。惟精故一，惟一故中。

熊氏曰：以知察之，以仁守之。察之於始，守之於終，更相爲用。惟能精以察於危微而不雜，故能一以純於渾融而無間。惟能一以純於渾融而無間，故能操執此中而不失。

補註：精，謂精察分明，言要分别人心道心，二者界限分明，不相混雜。一，謂守得不離，言要專守道心之正而無以人心二之。夫如是則動靜云爲，自無過不及之差，而信能執其中矣。若以一爲渾融無間，將見天理之公，卒無以勝夫人欲之私矣。讀者詳之。

聖賢迭興，體姚法姒，提綱挈維，昭示來世。

熊氏曰：聖賢更迭興起。姚，舜姓。姒，禹姓。上體姚虞，下法姒氏。振綱舉維，顯示後世。

補註：聖賢，即中庸序所謂「成湯、文、武、皋陶、伊、傅、周、召，與夫孔子、顔、曾、思、孟也」。綱維皆屬綱，大繩之名。

戒懼謹獨，閑邪存誠，曰忿曰慾，必窒必懲。

熊氏曰：戒謹恐懼於人所不知、己所獨知之地，防閑百邪，操存一誠。凡有忿怒嗜欲之私，必窒塞、懲治。

補註：戒懼謹獨，見大學、中庸。閑邪存誠，見易乾卦文言。閑，防禦也，言防禦邪惡使不得入。程子曰：「邪既閑，則誠存矣。」懲忿窒欲，見易損卦大象。懲，戒也。

上帝實臨，其敢或貳。屋漏雖隱，寧使有愧。

熊氏曰：有如上天之鑒臨，凜乎不敢貳其心。暗室屋漏，雖然隱幽，寧可使有愧耻者。

補註：上帝臨汝、不愧屋漏，見詩大雅大明與抑之篇。屋漏，室西北隅也。

四非當克，如敵斯攻。四端既發，皆擴而充。

熊氏曰：非禮勿視、聽、言、動，此四者皆當克治。猶遇仇敵，必期攻退。惻隱，仁之端；羞惡，義之端；辭讓，禮之端；是非，知之端。四者既皆發見，皆當達而充之，以全此德。

補註：四非，見論語。四端，見孟子。

意必之萌，雲卷席撤。子諒之生，春噓物茁。

熊氏曰：意度期必一萌於心，當先去之，如雲之卷却、席之撤去。「子」讀爲「慈」，「諒」讀爲「良」，慈良之心油然而生，猶春氣一噓，萬物皆萌芽。

補註：意，私意也。必，見論語。子、諒，見禮記。

雞犬之放，欲知其求。牛羊之牧，濯濯是憂。

熊氏曰：人於雞犬尚知求之，收拾放心可不然乎？人牧牛羊，猶以山之萌櫱爲憂，保養善心獨不然乎？

補註：雞犬放則知求，牛羊濯濯，俱見孟子。濯濯，光潔貌，言牛山之木雖伐，猶有萌蘖，牛羊害之，乃光潔而無草木也。

一指肩背，孰貴孰賤。簞食萬鍾，辭受必辨。

熊氏曰：一指之養與肩背之養，何者爲貴，何者爲賤。竹器之飯，萬鍾之禄，辭受之間，亦當辨明。

補註：一指肩背，簞食、萬鍾，俱見孟子。

克治存養，交致其功。舜何人哉，期與之同。

熊氏曰：克治人欲，存養天理，兩用其功。彼虞舜果何人哉，豈不可思與之同耶？

補註：舜何人也，予何人也，見孟子。

維此道心，萬善之主。天之與我，此其大者。

熊氏曰：維茲道心，乃萬善之宗主。上天賦與於我，莫此爲大。

歛之方寸，太極在躬。散之萬事，其用不窮。

熊氏曰：方寸，心也。收歛於此心之中，太極渾全之理皆在吾身。散之事事物物之間，其妙用有不窮者。

若寶靈龜，若奉拱璧。念兹在兹，其可不克。

熊氏曰：如寶愛靈龜，如持奉貴璧。心念於此，理在於此，其可不篤所念。

補註：拱璧，見老子，「與」、「珙」同。念兹在兹，見虞書，謂思念弗忘。克，能也。

相古先民，以敬相傳。操約施博，熟此爲先。

熊氏曰：相惟古之先聖，以「敬」之一字相與傳授。所執者甚約，所施者甚博，當熟行此敬爲先。

補註：相，視也。

我來作州，茅塞是懼。爰輯格言，以滌肺腑。

熊氏曰：吾領此州，胸懷茅塞是憂，於是采輯至言，以滌蕩肺腑。

補註：西山時守泉州。

明窻棐几，清晝爐熏。開卷肅然，事我天君。

熊氏曰：明窻之前，几案之上，於清晝熏一爐之香。展開書卷，肅然起敬，以嚴事我天君。天，心也。君，主宰之謂也。

補註：棐，文木也。晉王羲之見門生棐几滑淨，即書之。熏，香氣也。

性理群書補註卷之七終

校勘記

［一］歸之干扐　「干」，朱子全書本作「于」。

［二］其察伊何　「察」，朱子全書本作「辨」。

［三］按：自「平易從容」至「動則常吉」，韓國國立中央圖書館所藏朝鮮本脱損一葉，據日本抄本補。

性理群書補註卷之八

建安熊剛大集解　海虞吳訥補註

説

養心亭説

濂溪

孟子曰：「養心莫善於寡欲。其爲人寡欲，雖有不存焉者，寡矣；其爲人多欲，雖有存焉者，寡矣。」予謂養心不止於寡而存耳，蓋寡焉以至於無，則誠立、明通。誠立，賢也；明通，聖也。是賢聖非性生，必養心而至之。養心之善有大焉，如此，存乎其人而已。張子宗範有行有文，其居背山面水。山之麓構亭，甚清凈，予偶至而愛之，因題曰「養心」。既謝，且求説，故書以勉。

熊氏曰：此篇言養心在於寡欲，寡而又寡，以至於無，則至聖人地位矣。

補註：朱子曰：誠立謂實理安固，明通則實用流行。立，如「三十而立」之「立」，通則不惑，知命而鄉乎耳順矣。

愛蓮説

水陸草木之花，可愛者甚蕃。晋陶淵明獨愛菊。自李唐來，世人甚愛牡丹。予獨愛蓮之出於淤泥而不染，濯清漣而不妖，中通外直，不蔓不枝，香遠益清，亭亭淨植，可遠觀而不可褻翫焉。予謂菊，花之隱逸者也；牡丹，花之富貴者也；蓮，花之君子者也。噫！菊之愛，陶之後鮮有聞；蓮之愛，同予者何人？牡丹之愛，宜乎衆矣！

熊氏曰：此篇形容蓮花出於淤泥而不染其污，真可爲花中之君子矣。

補註：濂翁形容蓮花之君子備矣。漣者，風動水成文之貌。淤者，滓泥也。

元亨利貞説

晦翁

元亨利貞，性也；生長收藏，情也；以元生，以亨長，以利收，以貞藏者，心也。

熊氏曰：元者生物之始，亨者生物之通，利者生物之遂，貞者生物之成，天之性也。元主春生，亨主夏長，利主秋收，貞主冬藏，天之情也。元以生物，亨以長物，利以遂物，貞以成物，天之心也。

仁義禮智，性也；惻隱、羞惡、辭遜、是非，情也；以仁愛，以義惡，以禮讓，以智知者，心也。性者，心之理也；情者，心之用也；心者，性情之主也。

熊氏曰：得天德之元亨利貞，爲仁義禮智，人之性也。發見爲惻隱、羞惡、辭讓、是非，人之情也。仁而愛，義而惡，禮而讓，知而知[二]，人之心也。性乃心之理，情乃心之用，心統性情而爲之主也。

程子曰：「其體則謂之易，其理則謂之道，其用則謂之神。」正謂此也。又曰：「言天之自然者謂之天道，言天之賦與萬物者謂之天命。」又曰：「天地以生物爲心。」亦謂此也。

補註：朱子曰：「上天之載，無聲無臭，其闔闢變化之體，則謂之易；所以能闔闢變化之理，則謂之道；其功用著見處，則謂之神也。」餘解見字訓。

盡心說

「盡其心者知其性也，知其性則知天矣。」言能盡其心，是知此性，知此性則知天也。蓋天者，理之自然，人之所由以生者也；性者，理之全體，而人之所得以生者也；心則人之所以主於身而具是理者也。天大無外，而性稟其全，故人之本心，其體廓然，亦無限量，惟其梏於形氣之私，滯於聞見之小，是以有所蔽而不盡。人能即事即物，窮究其理，至於一日會通貫徹而無所遺焉，則有以全其本心廓然之體，而五行之所以爲性與天所以爲天者，皆不外乎此，而一以貫之矣。

補註：朱子曰：伊川云盡心然後知性。此不然，盡字大知字零星，性者吾心之實理，若不知得卻盡箇甚，惟就知上積累將去，自然盡心。人能盡其心者，只爲知其性。此句文義與得其民者得其心也相似，故「者」之一字不可不仔細看。

孝悌説

或曰：「程子以孝悌爲行仁之本。」又曰：「論性則以仁爲孝悌之本，何也？」曰：「仁之爲性，愛之理也。」其見於用，則事親從兄，仁民愛物，皆其爲之之事也，此論性以仁爲孝悌之本者然也。但親者我之所自出，兄者同出而先我，故事親而孝，從兄而弟，乃愛之先見而尤切者。若君子以此爲務，而力行之，至於行成而德立，則自親親而仁民，仁民而愛物，其愛有等差，其施有漸次。而爲仁之道，生生而不窮矣，此學孝弟所以爲仁之本也。

補註：程子曰：「孝弟本其所以生，乃爲仁之本。」愚謂：孝弟者，人之良知良能，故篇内有曰「事親而孝，從兄而弟，乃愛之先發而尤切者」。至篇終乃曰「此學孝弟所以爲仁之本」，「學」字，疑衍文。「誤」字不敢强解，以俟知者。

仁説[一]

補註：按：福州本晦庵大全集以此篇爲晦庵仁説，熊本無此篇，而以後篇爲晦庵仁説，今依福本。蓋福本乃晦庵季子在所編。

天地以生物爲心者也，而人物之生，又各得夫天地之心以爲心者也。故語心之德，雖其揔攝貫通無所不備，然一言以蔽之，則曰仁而已矣。

補註：或問仁者天地生物之心。朱子曰：「天地之心，只是箇生，凡物皆是生，方有此物。人物生生不窮者，以其生也。才不生，便枯死矣。這是統論仁體。」

請試詳之。蓋天地之心，其德有四，曰元、亨、利、貞，而元無不統。句其運行焉，則爲春、夏、秋、冬之序，而春生之氣無所不通。故人之爲心，其德亦有四，曰仁、義、禮、智，而仁無不包。句其發用焉，則爲愛恭宜别之情，而惻隱之心無所不貫。故論天地之心者，則曰乾元、坤元，則四德之體用不待悉數而足。論人心之妙者，則曰「仁，人心也」，則四德之體用亦不待遍舉而該。蓋仁之爲道，乃天地生物之心，即物而在。情之未發而此體已具，情之既發而其用不窮，誠能體而存之，則衆善之源、百行之本，莫不在是。此孔門之教所以必使學者汲汲於求仁也。

補註：程子曰：「四德之元，猶五常之仁。偏言則一事，專言則包四者。」「汲汲」者，急也。

其言有曰：「克己復禮爲仁。」言能克去己私，復乎天理，則此心之體無不在，而此心之用無不行也。又曰「居處恭，執事敬，與人忠」，則亦所以存此心也。又曰「事親孝，事兄悌，乃物恕」，則亦所以行此心也。又曰「求仁得仁」，則以讓國而逃、諫伐而餓爲能不失乎此心也。又曰「殺身成仁」，則以欲甚於生、惡甚於死爲能不害乎此心也。

補註：顔淵問仁。子曰：「克己復禮爲仁。」樊遲問仁。子曰：「居處恭，執事敬，與人忠。」有子曰：「孝弟也者，其爲仁之本歟？」仲弓問仁。子曰：「己所不欲，勿施於人。」子曰：「伯夷、叔齊求仁得仁。」又曰：「志士仁人無求生以害仁，有殺身以成仁。」

此心何心也？在天地則坱然生物之心，在人則温然愛人利物之心，包四德而貫四端者也。或曰：「若子之言，則程子所謂『愛，情；仁，性；不可以愛爲仁』者，非歟？」曰：

「不然。程子之所論，以愛之發而名仁者也。吾之所論，以愛之理而名仁者也。蓋所謂性情者，雖其分域之不同，然其脉絡之通，各有攸屬者，則曷嘗判然離絶而不相管哉！吾方病夫學者誦程子之言而不求其意，遂至於判然離愛而言仁，故特論此以發明其遺意。而子顧以爲異乎程子之説，不亦誤哉！」

補註：程子曰：孟子云惻隱之心仁也，後人遂以愛爲仁。惻隱固是愛，然愛自是情，仁自是性，豈可專以愛爲仁？孟子言惻隱爲仁，蓋爲前已言惻隱之心仁之端也。既曰仁之端，則不可便謂之仁。

或曰：「程氏之徒，言仁多矣，蓋有謂愛非仁，而以萬物與我爲仁之體者矣。亦有謂愛非仁，而以心有知覺釋仁之名者矣。今子之言若是，然則彼皆非歟？」

補註：或問：楊龜山曰：「萬物與我爲一，其仁之體乎？」曰：「然。」上蔡謝氏曰：「心有所覺謂之仁，四肢之偏痺謂之不仁，取名於不知覺也。」

曰：「彼謂物我爲一者，可以見仁之無不愛矣，而非仁之所以爲體之真也；彼謂心有知覺者，可以見仁之包乎智矣，而非仁之所以得名之實也。觀孔子答子貢博施濟衆之問，與程子所謂覺不可以訓仁者，則可見矣。子尚安得復以此而論仁哉？抑泛言同體者，使人含糊昏緩而無警切之功，其弊或至於認物爲己者有之矣。專言知覺者，使人張惶迫躁而無沉潛之味，其弊或至於認欲爲理者有之矣。一忘一助，二者蓋胥失之，而知覺之云者，於聖門所云樂山能守之氣象，尤不相似。子尚安得復以此而論仁哉？因並記其語，作仁說。

補註：子貢問曰：「如有博施於民而能濟衆，何如？可謂仁乎？」曰：「何事於仁！必也聖乎！堯、舜其猶病諸！」程子曰「不仁者無所知覺」，指知覺爲仁則不可。孟子云「心勿忘勿助長也」，一忘指楊氏泛言同體，一助指謝氏專言知覺。論語曰「仁者樂山」，知及之仁能守之。

仁說

南軒

補註：按：福本晦庵大全集仁説題下註云：「浙本誤以南軒仁説爲先生仁説，而以先生仁説爲序仁説。」今按：熊本以此爲晦庵仁説，即福本所謂「誤以南軒仁説爲先生仁説」者也。考之西山讀書記、黄氏日抄，皆以此篇爲南軒仁説。

人之性，仁、義、禮、智，四德具焉。其愛之理則仁也，宜之理則義也，讓之理則禮也，知之理則知也。是四者雖未形，而其理固根於此，則體實具於此矣。性之中只有四者[三]，萬善皆管乎是焉，而所謂愛之理者，是乃天地生物之心，而其所由生者也。

補註：朱子曰：「愛雖是情，愛之理是仁也。仁者愛之理，愛者仁之事；仁者愛之體，愛者仁之用。」程子有云：「心如穀種，其生之性乃仁也。」生之性便是愛之理。

故仁爲四德之長，而又所以兼包焉，惟性之中，有是四者，故其發見於外，於情則爲惻隱、羞惡、辭遜、是非之端。而所謂惻隱者，亦未嘗不貫通焉。此性情之所以爲體用，而心之道，則主乎性情者也。人惟己私蔽之，以失其性之理而爲不仁，甚至於爲忮、爲忍，是豈人之情也哉！

補註：勉齋黃氏曰：仁包四者未發，則有仁義禮智之性；而仁包四德已發，則有惻隱、羞惡、恭敬、是非之情，而惻隱則貫四端。貫如一箇物串在四箇物裏面過，包如四箇物都合在一箇物裏面。自其氣稟所昏、物欲所汩，則惻隱者變爲殘忍，羞惡者變爲鄙賤，恭敬者變爲傲慢，是非者變爲昏愚矣。

是以爲仁，莫要乎克己，己私既克，則廓然大公。而其愛之理，素具於性者，無所蔽矣。則與天地萬物，血脉貫通，而其用亦無不周矣。故指愛以名仁，則迷其體，而愛之理則仁也。指公以爲仁，則失其真，而公者人之所以能仁也。

補註：程子曰：「愛是情，仁是性。」又曰：「仁之道要之只消道『公』字，公只是仁之理，不可將公便唤做仁。」

夫靜而仁、義、禮、智之體具，動而惻隱、羞惡、辭遜、是非之端達，其名義位置，固不容相奪倫。然而，唯仁者爲能推之而得其宜，是義之所存者也。唯仁者爲能恭儉而有節，是禮之所存者也。唯仁者爲能知覺而不昧，是智之所存者也。此可見其兼包而貫通者，是以孟子於仁，統言之曰：「仁，人心也。」亦猶在易，乾坤四德，而統言乾元坤元也。然則，在學者其可不以求仁爲要，而爲仁其可不以克己爲道乎。

補註：延平李氏曰：「『仁』字難説。論語一部只是説與門弟子求仁之方，知所以用心，庶幾私欲消、天理見，則知仁矣。如顔子、仲弓之問，聖人所以答之之語，皆其切要用力處也。

觀心説

晦翁

或問：佛者有觀心之説，然乎？曰：心者，人之所以主乎身者也，一而不二者也，爲主而不爲客者也，命物而不命於物者也。故以心觀物，則物之理得。今復有物以反觀乎心，則是此心之外復有一心而能管乎此心也。然則所謂心者，爲一耶？爲二耶？爲主耶？爲客耶？爲命物者耶？爲命於物者耶？此亦不待校而審其言之謬矣。

補註：心者，一身之主宰也。一而不二，謂人止有一心也。命物而不命於物者，蓋人心虛靈以觀物，則近自吾身，遠而至於天地，萬物無不有以得其理。若復有物以觀乎心，則是復有一心而管束乎此心也。荀子曰：「心者，形之君也，而神明之主者也，出令而無所受令也。」楊氏曰：「心出令以使百體，不爲百體所使也。」

或者曰：若子之言，則聖賢所謂「精一」、所謂「操存」、所謂「盡心知性，存心養性」、所謂「見其參於前而倚於衡」者，皆何爲哉？應之曰：此言之相似而不同，正苗莠朱紫之間，而學者之所當辨者也。

補註：精一，見書。操存，盡心知性、存心養性，見孟子。參前倚衡，見論語。苗莠朱紫，亦見孟子。

夫謂人心之危者，人欲之萌也；道心之微者，天理之奥也。心則一也，以正不正而異其名耳。「惟精惟一」，則居其正而審其差者也，絀其異而反其同者也。能如是，則信執其中，而無過不及之偏矣，非以道爲一心、人爲一心，而又有一心以精一之也。

補註：危者，危殆而不安。萌，動也。微者，微妙而難見。奥，隱也。「絀」與「屈」同。

夫謂「操而存」者，非以彼操此而存之也；「舍而亡」者，非以彼舍此而亡之也。心而自操，則亡者存；舍而不操，則存者亡耳。然其操之也，亦曰不使旦晝之所爲得以梏亡其仁義之良心云爾，非塊然兀坐以守其炯然不用之知覺而謂之操也[四]。

補註：旦晝之所爲梏亡仁義之良心，見孟子。塊然兀坐以守其不用之知覺，即佛家坐禪之謂。

若盡心之云者，則格物窮理，廓然貫通，而有以極夫心之所具之理也。存心云者，則敬以直内，義以方外，若前所謂精一、操存之道也。故盡其心而可知性、知天，以其體之不蔽而有以究夫理之自然也。存心而可以養性、事天，以其體之不失而有以順夫理之自然也。是豈以心盡心、以心存心，如兩物之相持而不相舍也。

補註：盡心知性，存心養性，義見孟子集註。兩物相持，即佛氏以心觀心之謂。

若參前倚衡之云者，則爲忠信篤敬而發也。蓋曰忠信篤敬不忘乎心，則無所適而不見其在是云爾，亦非有以見乎心之謂也。且身在此而心參於前，身在輿而心倚於衡，是果何理也耶！

補註：參前倚衡，義見論語集註。

大抵聖人之學，本心以窮理，而順理以應物，如身使臂，如臂使指，其道夷而通，其居廣而安，其理實而行自然。釋氏之學，以心求心，以心使心，如以口齕口，以目視目，其機危而迫，其途險而塞，其理虛而其勢逆。蓋其言雖有若相似者，而其實之不同蓋如此也。然非夫審思明辨之君子，其亦孰能無惑於斯耶！

補註：按：大全集朱子答南軒書曰：「以敬爲主，則內外肅然，不忘不助而心自存，不知以敬爲主而欲存心，則不免將一箇心把捉一箇心，外面未有一事，裏面已是三頭兩緒，不勝其擾擾矣。就使實能把捉得住，只此已是大病，況未必真能把捉住乎！儒釋之異，只於此便分了。如云常見此心，光爍爍地便是有兩箇主宰，不知光者是真心乎？見者是真心乎？來諭剖析雖極精微，卻似未及此意也。」愚按：此書載二先生講論釋氏論心之病，實與此篇意同。黄氏東發曰：「佛氏入中國後，論佛教害政治者惟昌黎爲詳，論佛學害人心者惟晦庵爲至。害政之跡顯而易見，害心之實隱而難言，讀者其思之。」

論

伊川[五]

顔子所好何學論　依論語集註節本[六]。

補註：宋皇祐中，胡安定爲國子直講，出題試諸生，得伊川此論，稱賞處以學職，時伊川年十八歲。

或曰：詩、書六藝，七十子非不習而通也，而夫子獨稱顔子爲好學。顔子之所好，果何學歟？曰：學以至乎聖人之道也。

補註：饒氏曰：道者，方法之謂，言學以至聖人之方法也。下文言學之道，學之得其道，皆此意。

學之道奈何？曰：天地儲精，得五行之秀者爲人。

補註：朱子曰：精氣流過，儲蓄得二氣之精聚，故能生出人物。

其本也真而靜，其未發也五性具焉，曰仁義禮智信。

補註：朱子曰：本是本體，真是不雜人僞，靜言其初未感物時，五性便是真，未發便是靜。

形既生矣，外物觸其形而動於中矣。其中動而七情出焉，曰喜怒哀懼愛惡欲。

補註：輔氏曰：心是活物，故外物觸之而動。上言其本體，故此言動。

情既熾而益蕩，其性鑿矣。

補註：朱子曰：性固不可鑿，但人不循此理去傷了他。

故覺者約其情使合於中，正其心，養其性而已，然必先明諸心，知所往，然後力行以求至焉。

補註：朱子曰：「這一段緊要處，只在先明諸心上。」明諸心，知所往，窮理之事；力行求至，踐履之事。知所往，如識路；力行求至，如行路。

若顔子之非禮勿視聽言動，「不遷怒，不貳過」者，則其好之篤，而學之得其道也。然其未至於聖人者，守之也，非化之也。假之以年，則不日而化矣。今人乃謂聖本生知，非學可至，而所以爲學者，不過記誦文辭之間，其亦異乎顔子之學矣。

補註：饒氏曰：不遷不貳，皆守而未化之事。若怒自然不遷，心無過可貳，則至於化而無事於守矣。

辨

皇極辨 晦翁

補註：按：熊本此辨於其篇首删去「人君以眇然一身履至尊之位，及語其仁，則極天下之至仁，而天下之爲仁者莫能加」等語幾三百字，而篇末增多「或者疑之」等語凡四百餘字，今考福、浙二本大全集及董氏書纂註、真氏讀書記所載，俱無增減，因正之。

洛書九數而五居中，洪範九疇而皇極居五，故自孔氏傳訓「皇極」爲「大中」，而諸儒皆祖其説。余獨嘗以經之文義語脉求之，而有以知其必不然也。蓋皇者，君之稱也；極者，至極之義、標準之名，常在物之中央，而四外望之所取正焉者也。故以極爲在中之準的則可，而便訓極爲中則不可。若北辰之爲天極，脊棟之爲屋極，其義皆然。而周禮所謂「民極」、詩所謂「四方之極」者，於「皇極」之義爲尤近。

補註：漢志曰：「禹治洪水，錫洛書，法而陳之，洪範是也。」史記：「武王克殷，訪問箕子以天道，箕子以洪範陳之。」九數謂：戴九履一，左三右七，二四爲肩，六八爲足。而五居中也。九疇謂：一五行，二五事，三八政，四五紀，五皇極，六三德，七稽疑，八庶徵，九五福，六極也。

顧今之説者既誤於此，而并失於彼，是以其説展轉迷繆，而終不能以自明也。即如舊説，姑亦無問其他，但即經文而讀「皇」爲「大」、「極」爲「中」，則夫所謂惟「大」作「中」、「大則受之」，爲何等語乎？今以余説推之，則人君以眇然之身履至尊之位，四方輻湊，面內而環觀之，自東而望者，不過此而西也；自南而望者，不過此而北也。此天下之至中也。既居天下之至中，則必有天下之絶德，而後可以立至極之標準。故必順五行，敬五事，以脩其身；厚八政，協五紀，以齊其政。然後至極之標準卓然有以立乎天下之至中，使夫面内環觀者莫不於是而取則焉。語其仁，則極天下之至仁，而天下之爲仁者莫能加也。語其孝，則極天下之至孝，而天下之爲孝者莫能尚也。是則所謂「皇極」者也。

補註：輻，車輪中木。老子云「三十輻共一轂」，漢書云「輻輳並進」是也。五行：一曰水，二曰火，三曰木，四曰金，五曰土。五事：一曰貌，二曰言，三曰視，四曰聽，五曰思。八政：一曰食，二曰貨，三曰祀，四曰司空，五曰司徒，六曰司寇，七曰賓，八曰師。五紀：一曰歲，二曰月，三曰日，四曰星辰，五曰曆數。蔡氏曰：「本之以五行，敬之以五事，厚之以八政，協之以五紀，皇極之所以建也。」

由是而權之，以三德審之，以卜筮驗其休咎於天，考其禍福於人，如挈裘領，豈有一毛之不順哉？此洛書之數，所以雖始於一終於九，而必以五居其中。洪範之疇，所以雖本於五行，究於福極，而必以皇極爲之主也。

補註：三德：一曰正直，二曰剛克，三曰柔克。卜筮，即稽疑，曰雨曰霽，曰蒙曰驛，曰克曰貞，曰悔休咎。即庶徵，曰雨曰暘，曰燠曰寒，曰風曰時。禍福，即五福：一曰壽，二曰富，三曰康寧，四曰攸好德，五曰考終命。六極：一曰凶短折，二曰疾，三曰憂，四曰貧，五曰惡，六曰弱。蔡氏曰：「乂之以三德明之，以稽疑驗之，以庶徵勸懲之，以福極皇極之所以行也。」

若箕子之言有曰「皇建其有極」云者，則以言夫人君，以其一身而立至極之標準於天下也。其曰「歛時五福用敷，錫厥庶民」云者，則以言夫人君能建其極，則爲五福之所聚，而又有以使民觀感而化焉，則是又能布此福極而與其民也。其曰「于時厥庶民于汝極錫汝保極」云者，則以言夫民視君，以爲至極之標準而從其化，則是復以此福還錫其君，而使之長，爲至極之標準也。其曰「凡厥庶民無有淫朋人，無有比德，惟皇作極」云者，則以言夫民之所以能有是德者，皆君之德，有以爲至極之標準也。

補註：蔡氏曰：「極者，福之本；福者，極之效。極之所建，福之所集也。」此言皇極君民所相與者如此。

其曰「凡厥庶民有猷、有爲、有守，汝則念之，不協于極，不罹于咎，皇則受之」云者，則以言夫人君既立極於上，而下之從化，或有淺深遲速之不同，其有謀者、有才者、有德者，人君固當念之，而不忘其或未能盡合，而未抵乎大戾者，亦當受之而不拒也。

補註：蔡氏曰：有猷，有謀慮者。有爲，有施設者。有守，有操守者。念之者，不忘之也。不協于極，不合於善也。不罹于咎，不陷於惡也。受之者，不拒之也。念之、受之者，隨其才而輕重以成就之也。

其曰：「而康而色，曰予攸好德，汝則錫之福，時人斯其，惟皇之極」云者，則以言夫人之有能革面從君，而以好德自名，則雖未必出於中心之實，人君亦當因其自名，而與之以善，則是人者亦得以君爲極而勉其實也。其言「無虐煢獨，而畏高明。人之有能有爲，使羞其行，而邦其昌」云者，則以言夫君之於民，一視同仁，凡有才能，皆使進善，則人材衆多，而國賴以興也。

補註：孔氏曰：「煢，無兄弟之人。獨，無子之人。」蔡氏曰：「煢獨，庶民之至微者也。高明，有位之尊顯者也。庶民之至微者，有善則當勸勉之；有位之尊顯者，有不善則懲戒之也。有能，謂有才智者。羞，進也。」

其曰「凡厥正人既富方穀，汝弗能使有好于而家，時人斯其辜于其無好德，汝雖錫之福，其作汝用咎」云者，則以言夫凡欲正人者，必先有以富之，然後可以納之於善。若不能使之有所賴於其家，則此人必將陷於不義，至其無復更有好德之心，而後始欲教之以脩身，勸之以求福，則已無及於事而其起以報汝，唯有惡而無善矣。蓋人之氣禀，或清或濁，或純或駁，有不可以一律齊者，是以聖人所以立極乎上者，至嚴至密，而所以接引乎下者，至寛至廣。雖彼之所以化於此者，淺深遲速，其效或有不同，而吾之所以應於彼者，長養涵育其心，未嘗不一也。

補註：蔡氏曰：「富，禄之也。穀，善也。人有禄可仰，然後可責其爲善。廪禄不能繼衣食，不給不能使其和好于而家，則是人將陷於罪戾矣。」此言禄以與賢，必富之而後責其善者，聖人設教，欲中人以上皆可能也。

其曰「無偏無陂，遵王之義。無有作好，遵王之道。無有作惡，遵王之路。無偏無黨，王道蕩蕩。無黨無偏，王道平平。無反無側，王道正直。會其有極，歸其有極」云者，則以言夫天下之人，皆不敢徇其己之私，以從乎上之化，而會歸乎至極之標準也。蓋偏陂好惡者，己私之生於心者也。偏黨反側者，己私之見於事者也。王之義、王之道、王之路，上之化也。所謂皇極者也。遵義遵道遵路，方會其極也。蕩蕩、平平、正直，則已歸于極矣。

補註：蔡氏曰：「偏，不中也。陂，不平也。作好作惡，好惡加之意也。黨，不公也。反，倍常也。側，不正也。蕩蕩，廣遠也。平平，平易也。正直，不偏邪也。會者，合而來也。歸者，來而至也。」此章蓋詩之體，所以使人吟詠而得其情性者也。

其曰「皇極之敷言，是彝是訓，于帝其訓」云者，則以言夫人君以身立極，而布命於下，則其所以爲常爲教者，皆天之理而不異乎上帝之降衷也。其曰「凡厥庶民，極之敷言，是訓是行，以近天子之光」云者，則以言夫天下之人於君所命，皆能受其教而謹行之，則是能不自絶遠而有以親，被其道德之光華也。其曰「天子作民父母，以爲天下王」云者，則以言夫人君能立至極之標準，所以能作億兆之父母，而爲天下之王也。不然，則有其位無其德，不足以首出庶物，統御人群，而履天下之極尊矣。

補註：蔡氏曰：「庶民於極之敷，言是訓是行，則可以近天子道德之光華也。」曰者，民之辭也。謂之父母者，指其恩育而言親之之意也。謂之王者，指其君長而言尊之之意也。言民而不言人者，舉小人以見大也。

是書也，原於天之所以錫禹，雖其茫昧幽眇，有不可得而知者。然箕子之所以言之而告武王者，則已備矣。顧其詞之宏深奧雅，若有未易言者，然嘗試虚心平氣，而再三反復焉，則亦坦然明白，而無一字之可疑。但先儒未嘗深求其意，而不察乎人君所以脩身立道之本，是以誤訓「皇極」爲大中。又見其詞多爲含洪寬大之言，因復誤認中爲含糊。苟且不分善惡之意，殊不知極雖居中，而非有取乎中之義。且中之爲義，又以其無過不及，至精至當，而無有毫釐之差，亦非如其所指之云也。乃以誤認之中爲誤訓之極，不謹乎至嚴至密之體，而務爲至寬至廣之量，其弊將使人君不知脩身以立政，而墮於漢元帝之優游、唐代宗之姑息，卒至於是非顛倒，賢否貿亂，而禍敗隨之，尚何歛福錫民之可望哉！

補註：元帝優游，史稱優游不斷政，由恭顯孝宣之業衰焉。代宗始姑息，史稱姑息藩鎮，用賊將田承嗣等爲節度，馴致唐亡。

嗚呼！孔氏則誠誤矣。然迹其本心，亦曰姑以隨文解義，爲口耳佔畢之計而已。不知其禍之至此也。而自漢以來迄今千有餘年，學士大夫不爲不衆，更歷世變不爲不多，幸而遺經尚存，本文可考，其出於人心者，又不可得而昧也。乃無一人覺其非是，而一言以正之者，使其患害流于萬世，是則豈獨孔氏之罪哉？予於是竊有感焉，作皇極辨。

補註：口耳，謂耳聞而口説也。佔，視也。畢，簡也。學記「伸其佔畢」，謂目視簡册也。

規

白鹿洞書院學規　晦翁

熊本作「白鹿洞規」，今依大全集正之。

父子有親，君臣有義，夫婦有別，長幼有序，朋友有信。

右五教之目。堯舜使契爲司徒，敬敷五教，即此是也。學者學此而已，其所以學之之序，亦有五焉，其別如左：

博學之，審問之，謹思之，明辯之，篤行之。

右爲學之序。學、問、思、辯，四者所以窮理也。若夫篤行之事，則自脩身以至於處事接物，亦各有要。其別如左：

言忠信，行篤敬，懲忿窒慾，遷善敗過[七]。

右脩身之要。

正其義，不謀其利；明其道，不計其功。

右處事之要。

己所不欲，勿施於人。行有不得，反求諸己。

右接物之要。

熹切觀古昔聖賢，所以教人爲學之意，莫非講明義理，以脩其身，然後推以及人，非徒欲其務記覽、爲詞章，以釣聲名、取利禄而已。今之爲學者，既反是矣。然聖賢所以教人之法，具存於經，有志之士，固當熟讀深思而問辯之。苟知理之當然，而責其身以必然，則夫規矩禁防之具，豈待它人設之而後有所持循哉！近世於學有規，其待學者爲已淺矣，而其爲法又未必古人之意也。故今不復施於此堂，而特取凡聖賢所以教人爲學之大端，條列如右而揭之楣間，諸君相與講明遵守而責之於身焉，則夫思慮云爲之際，其所以戒謹恐懼者，必有嚴於彼者矣。其有不然，而或出於禁防之外，則彼所謂規者必將取之，固不得而略也。諸君其念之哉！

補註：「云爲」者，云謂言，爲謂行也。

戒

言戒

温公

迂叟曰：言不可不重也，子不見鍾鼓乎！夫鍾鼓扣之鳴鏗訇闉，熊本無「闉」字。鞈句。人不以爲異也。

熊氏曰：言之不可不謹也，汝不見鍾鼓擊之，則其聲洪大。鞈人不以爲怪，鞈人，司鍾鼓之人也。

補註：按：上林賦曰：「金鼓迭起，鏗訇闉鞈。」鏗訇鐘聲，闉鞈鼓聲也。周禮天官有鼓人，春官有鍾師，皆掌鍾鼓者，而無所謂「鞈人」也。

若不扣而自鳴，人孰不以爲之妖耶！可以言而不言，猶扣之而不鳴也，亦爲廢鍾鼓也。

補註：扣，擊也。不扣而自鳴，猶人不曾問而乃與之言也。扣之而不鳴，猶人可與言而不與之言也。

事神戒

或曰：「迂叟事神乎？」曰：「事神。」或曰：「何神之事？」曰：「事其心神。」或曰：「其事之何？」如曰：「至簡矣。不黍稷，不犧牲，惟不欺之爲用。君子上戴天，下履地，中函心，雖欲欺之，其可得乎！」

補註：迂叟，温公自號。

雜著

雍行録

伊川

元豐庚申歲，予行雍、華間，關西學者相從者六七人。予以千錢掛馬鞍，比就舍則亡矣。

熊氏曰：比，近。歸家則此錢已無。

補註：元豐，神宗年號。雍，即今西安府。華，即華州。比，音秘，及也。

僕夫曰：「非晨裝而亡之，則涉水而墜之。」予不覺嘆曰：「千錢可惜。」坐中二人應聲曰：「千錢亡去，甚可惜也。」次一人曰：「千錢微物，何足爲意？」後一人曰：「水中囊中，可以一視。人亡人得，又何嘆乎？」予曰：「使人得之，則非亡也。而嘆夫有用之物，若沉水中，則不復爲用矣。」

熊氏曰：席中有二客應聲而言，後至一客亦言曰：「水中囊中，可以一視。人亡人得，又何嘆乎！」[八]

補註：二人，應聲，及次一人、後一人，即相從關西學者也。

至雍，以語呂與叔曰：「人之器識固不同。自上聖至於下愚，不知有幾等。同行者數人耳，其不同者如此也。」與叔曰：「夫數子之言何如？」予曰：「最後者善。」與叔曰：「誠善矣。然觀先生之言，則見其有體而無用也。」予因書而誌之。後十五年，因閱故編，偶見之，思與叔之不幸早死，爲之泣下。

熊氏曰：器識，謂器足以用世，識足以察事。

補註：器，材器。識，見識。有體無用，謂最後學者雖勝三人，然謂「人亡人得，又何足嘆」，故程子又云「使人得之，則非亡也」，蓋千錢實爲有用之物，使人得之，則獲用於世矣。與叔聞先生之言而以其人爲不知用也。

讀唐志

晦翁

歐陽子曰：「三代而上，治出於一而禮樂達於天下；三代而下，治出於二而禮樂爲虚名。」此古今不易之至論也。然彼知政事禮樂之不可不出於二，而未知道德文章之尤不可使出於二也。夫古之聖賢，其文可謂盛矣，然初豈有意學爲如是之文哉？有是實於中，則必有是文於外，如天有是氣，則必有日月星辰之光耀；地有是形，則必有山川草木之行列。聖賢之心，既有是精明純粹之實，以旁薄充塞乎其内，則其著見於外者，亦必自然條理分明，光輝發越，而不可揜。蓋不必託於言語，著於簡册，而後謂之文也。但自一身接於萬事，凡其語默動静，人所可得而見者，無所而非文也。

補註：歐陽子治出於一、治出二之言，見唐書禮樂志。程子曰：「人見六經便以爲聖人亦作文，不知聖人亦攄發胸中所藴自成文耳。且如觀乎天文以察時變，觀乎人文以化成天下，此豈詞章之文也！」

姑舉其最而言，則易之卦畫、詩之歌詠、書之記言、春秋之述事，與夫禮之威儀、樂之節奏，皆已列爲六經而垂萬世。其文之盛，後世固莫能及。然其所以盛而不可及者，豈無所自來而世亦莫之識也？故夫子之言曰：「文王既没，文不在兹乎？」蓋雖已决知不得辭其責矣，然猶若逡廵顧望而不能無所疑也。至於推其所以興衰，則又以爲是皆出於天命之所爲，而非人力之所及。此其體之甚重，夫豈世俗所謂文者所能當哉？

補註：龜山楊氏曰：「六經，先聖所以明天道、正人倫、致治垂世之成法也。」論語曰：「文王既没，文不在兹乎？」朱子曰：「道之顯者謂之文，不曰道而曰文，謙辭也。」

孟軻氏没，聖學失傳，天下之士背本趨末，不求知道養德以充其内，而汲汲乎徒以文章爲事業。然在戰國之時，若申、商、孫、吴之術，蘇、張、范、蔡之辨，列禦寇、莊周、荀况之言，屈平之賦，以至秦、漢之間，韓非、李斯、陸生、賈傅、董相、史遷、劉向、班固，下至嚴安、徐樂之流，猶皆先有其實而後託之於言，唯其無本而不能一出於道，是以君子猶或羞之。及至宋玉、相如、王褒、揚雄之徒，則一以浮華爲上而無實之可言矣。雄之太玄、法言，蓋亦長楊、羽獵之流，而粗變其音節，初非實爲明道講學而作也。東京以降，訖于隋、唐，數百年間愈下愈衰，則其去道益遠，而無實之文亦無足論矣。

補註：申，謂申不害。商，謂商鞅。孫，謂孫武。吴，謂吴起。術，謂刑名兵法也。蘇，謂蘇秦。張，謂張儀。范，謂范雎。蔡，謂蔡澤。辨，謂縱横辨説也。列、莊、荀三子皆有書，屈賦離騷是也。陸生，謂陸賈。嚴安、徐樂，武帝時曾上書。戰國、秦、漢諸人，自申、商而下，其著述言議備見史記、漢書。宋玉，屈原弟子。長楊、羽獵，楊雄所作。二賦亦載漢、史。

韓愈氏出，始覺其陋，慨然號於一世，欲去陳言，以追詩書六藝之作，而其弊精神縻歲月，又有甚於前世諸人之所爲者，然猶幸其略知不根無實之不足恃，因是頗泝其原，而適有會焉。於是原道諸篇始作，而其言曰：「根之茂者其實遂，膏之沃者其光曄，仁義之人其言藹如也。」其徒和之亦曰：「未有不深於道而能文者，則亦庶幾其賢矣。然今讀其書，則其出於諂諛戲豫放浪而無實者，自不爲少。若夫所原之道，則亦徒能言其大體，而未見其有探討服行之效。使其言之爲文者，皆必由是以出也。故其論古人，則又直以屈原、孟軻、馬遷、相如、揚雄爲一等，而猶不及於董、賈其論當世之弊，則但以詞不己出而遂有神徂聖伏之歎。至於其徒之論，亦但以剽掠潛竊爲文之病，大振頽風，教人自爲。」爲韓之功，則其師生之間傳受之際，蓋未免裂道與文以爲兩物，而於其輕重緩急、本末賓主之分，又未免於倒懸而逆置之也。

補註：號者，呼也。陳言，謂陳舊之説。六藝，謂六經。其徒，謂李漢，嘗序韓文行世，所謂「未有不深於道而能文，與剽掠潛竊爲病，大振頹風，教人自爲」，皆其序中語詞。不已出神徂聖伏，見韓公所作樊紹述墓銘。

自是以來，又復衰歇，數十百年而後，歐陽子出，其文之妙，蓋已不愧於韓氏。而其言曰：治出於一云者，則自荀、揚以下，皆不能及，而韓亦未有聞焉，是則疑若幾於道矣。然考其終身之言與其行事之實，則恐其亦未免於韓氏之病也。抑又嘗以其徒之說考之，則誦其言者既曰「吾老將休付子斯文矣」，而又必曰「我所謂文必與道俱」，其推尊之也。既曰今之韓愈矣，而又必引夫「文不在茲」者以張其說。

補註：其徒，謂東坡。「吾老將休付子斯文」與「吾所謂文必與道俱」，皆東坡述歐公語。「今之韓愈」與「文不在茲」，皆東坡推尊歐公語，俱見文集。張，侈大也。

由前之說，則道之與文，吾不知其果爲一耶？爲二耶？由後之說，則文王、孔子之文，吾又不知其與韓、歐之文果若是其班乎？否也。嗚呼！學之不講，久矣。習俗之謬，其可勝言也哉！吾讀唐書而有感，因書其說以訂之。

補註：朱子曰：道者，文之根本；文者，道之枝葉。惟其根本乎道，所以發之於文，皆道也。三代聖賢文章，皆從此心寫出，文便是道，後人都因作文卻漸漸説上道理來，不是先理會得道理方作文，所以二本而非一本矣。

跋張魏公爲了賢書佛號

世之學士大夫措身利害之塗，馳騖而不反，是以生死窮達之際，每有愧於山林之士。觀丞相魏公所以慨然於賢老者，則可見矣。嗚呼！服儒衣服，學聖人之道，誠能一以義理存心，而無惑於利害之際，則其所立當如何哉！

補註：魏公，南軒父丞相魏國公也。朱子嘗云：「魏公好佛，敬夫無如之何。」

跋鄭景元簡

六經紀載聖賢之行事備矣，而於死生之際無述焉，蓋以是爲常事也。讀論語檀弓記曾子寢疾時事爲詳，而其言不過保身謹禮與語學者，以持守之方而已。於是足以見聖賢之學，其所貴重乃在於此，非若浮屠氏之不察於理，而徒以坐亡立脱爲奇也。然自學者言之，則死生亦大矣。非其平日見善明信、道篤深潛、厚養力行而無間夫，亦孰能至此而不亂哉？今觀鄭君景元所報其兄龍圖公事，亦足以驗其所學之正而守之固矣。所謂「朝聞道，夕死可矣」者，於公見之，因竊書其後以自警，又將傳之同志，相與勉焉。

補註：曾子寢疾時事，謂召門弟子啓手足，告以戰兢。及孟敬子問疾，告以君子所貴乎道者三等語。浮屠，指釋氏。坐亡，謂坐死。立脱，謂立死也。

性理群書補註卷之八終

校勘記

［一］知而知　前「知」，句解本作「智」。

［二］按：此文爲吴訥新增，熊氏句解本也有仁説，但與此文不同。

［三］性之中只有四者　「有」下，句解本有「是」字。

［四］非塊然兀坐以守其炯然不用之知覺而謂之操也　「操」下，朱熹觀心説朱子全書本有「存」字。

［五］伊川　此二字，依據該書體例，宜置於「顔子所好何學論」題名下。

［六］依論語集註節本　按：此七箇小字是吴訥增補，從下文可見，這篇文字與句解本所録有異。

［七］遷善敗過　「敗」，當據句解本作「改」。

［八］按：「席中有二客應聲而言」，熊氏無此註文，乃吴訥增補。「水中囊中，可以一視。人亡人得，又何嘆乎！」在句解本也不見熊氏有此註文，是吴訥從正文中輯録增入。

性理群書補註卷之九

建安熊剛大集解　海虞吴訥補註

書

答楊立中

伊川

前所寄史論十篇，其論甚正，西銘之論，則未然。横渠之言，誠有過者，乃在正蒙。西銘之爲書，推理以存義，擴前聖所未發，與孟子性善養氣之論同功，二者亦前聖所未發，豈墨氏之比哉？

補註：按：龜山上伊川書有曰：「西銘發明聖人之微意至深，然而言體而不及用，恐其流遂至於兼愛，則後世有聖賢者出，推本而論之，未免歸罪於横渠也。時竊妄意此書，蓋西人執守而謹行之者，欲得先生一言，推明其用，與西銘並行，庶乎體用兼明，使學者免於流蕩也。」故伊川答之以此。

西銘明理一而分殊，墨氏則二本而無分，老幼及人理一也，愛無差等本二也。分殊之蔽，私勝而失仁；無分之罪，兼愛而無義。分立而推理一，以正私勝之流，仁之方也。無別而迷兼愛，至於無父之極，義之賊也。子比而同之，過矣。且謂言體而不及用。彼欲使人推而行之，本爲用也，反謂不及，不亦異乎？

補註：朱子曰：「楊中立答伊川論西銘第二書，有『釋然無惑』之語。伊川讀之，曰『楊時也未釋然』，蓋亦未之許也。然龜山語録有曰：『西銘理一而分殊，知其理一所以爲仁，知其分殊所以爲義。』所謂『分殊』，猶孟子言親親而仁民、仁民而愛物，其分不同，故所施不能無差等耳。」或曰：「如是則體用果離而爲二矣。」曰：「用未嘗離體也。以人觀之，四支百體具於一身者，體也。至其用處，則首不可以加屨，足不可以納冠。蓋即體而言，而分已在其中矣。此論分别體用各有歸趣，大非答書之比，豈其年高德盛而所見始益精與？」

答程伯淳　温公

補註：晦翁云：横渠没，門人欲謚爲「明誠」。中子質於明道先生，先生疑之，訪於温公，温公以爲不可。此帖不見於文集，今藏龜山楊公家。

昨日承問張子厚謚，倉卒奉對，以漢魏以來，此例甚多，無不可者。退而思之，有所未盡，竊惟子厚平生用心，欲率今世之人復三代之禮者也，漢魏以下蓋不足法。

補註：漢魏以來，此例甚多者，即篇末所云「陳寔等謚文範」之類。

郊特牲曰：「古者生無爵，死無謚。」爵謂大夫已上也。檀弓記禮所由失，以爲士之有誄自縣賁父始。子厚官比諸侯之大夫，則已貴宜有謚矣。然曾子問曰「賤不誄貴，幼不誄長」，禮也。惟天子稱天以誄之諸侯，相誄非禮也。諸侯相誄，猶爲非禮，况弟子而誄其師乎？孔子之没，哀公誄之，不聞弟子復爲之謚也。子路欲使門人爲臣，孔子以爲欺天，門人厚葬顔淵，孔子歎不得視猶子也。

補註：按：檀弓：曾莊公及宋人戰，縣賁父御，馬驚敗績，縣賁父死之。圉人浴馬，有流矢在肉，公曰：「非其罪也。」遂誄之。

君子愛人以禮，今關中諸君欲謚子厚，而不合於古禮，非子厚之志與其以陳文範、陶靖節、王文中、孟貞曜爲比，其尊之也，曷若以孔子爲比乎？承關中諸君决疑於伯淳，而伯淳謙遜博謀，及於淺陋，不敢不盡所聞而獻之，以備萬一，惟伯淳裁擇而折衷之。

補註：漢陳寔謚文範，晉陶潛謚靖節，隋王通謚文中，唐孟郊謚貞曜，皆故舊門生所私謚也。[一]

答陸子靜[二]　晦翁

補註：熊本以是書爲無極辨，今正之。

前書誨諭之悉，敢不承教。所謂古之聖賢惟理是視，言當於理，雖婦人孺子有所不棄；或乖理致，雖出古書，不敢盡信，此論甚當，非世儒淺見所及也。但熹竊謂，言不難擇而理未易明，若於理實有所見，則於人言之是非，不翅白黑之易辨，固不待訊其人之賢否而爲去取。不幸而吾之所謂理者，或但出於一己之私見，則恐其所取舍未足以爲群言之折衷也。況理既未明，則於人之言恐亦未免有未盡其意者，又安可以遽絀古書爲不足信，而直任胸臆之所裁乎？

補註：「翅」與「啻」同，言不止如是也。「絀」與「屈」同。折衷，出史記孔子世家，有云：「折衷於夫子」，「折」音「浙」，與「折獄」之「折」同義。「衷」有「中」、「衆」二音，言折斷以取中也。

來書反復，其於無極、太極之辨詳矣。然以熹觀之，伏羲作易，自一畫以下，文王演易，自「乾元」以下，皆未嘗言太極也，而孔子言之。孔子贊易，自太極以下，未嘗言無極也，而周子言之。夫先聖後聖，豈不同條而共貫哉[三]？若於此有以灼然實見太極之真體，則知不言者不爲少，而言之者不爲多矣，何至若此之紛紛哉？

今既不然，則吾之所謂理者，恐其未足以爲群言之折衷，又況於人之言有所不盡者，又非一二而已乎？既蒙不鄙而教之，熹亦不敢不盡其愚也。

熊氏曰：文王演易，自「乾元」以下者，從乾卦「大哉乾元」而下至六十四卦。

補註：文王演易，作卦下彖辭，此蓋言自「乾元亨利貞」以至六十四卦下之辭也。若「大哉乾元」而下，乃孔子所作彖傳，非文王之辭也。

且夫大傳之太極者，何也？即兩儀、四象、八卦之理具於三者之先，而縕於三者之内者也。聖人之意，正以其究竟至極，無名可名，故特謂之「太極」。猶曰「舉天下之至極無以加此」云爾，初不以其中而命之也。至如「北極」之「極」、「屋極」之「極」、「皇極」之「極」、「民極」之「極」，諸儒雖有解爲中者，蓋以此物之極常在此物之中，非指「極」字而訓之以中也。極者，至極而已。以有形者言之，則其四方八面合輳將來，到此築底，更無去處。從此推出，四方八面都無向背，一切停勻，故謂之極耳。後人以其居中而能應四外，故指其處而以中言之，非以其義爲可訓中也。至於太極，則又初無形象方所之可言，但以此理至極而謂之極耳。今乃以中名之，則是所謂理有未明而不能盡乎人言之意者，一也。

補註：北溪陳氏曰：太極所以爲極至者，言此理至中至正、至精至粹、至神至妙、至矣盡矣，不可以復加矣。

通書理性命章，其首二句言理，次三句言性，次八句言命，故其章內無此三字，而特以三字名其章以表之，則章內之言固已各有所屬矣。蓋其所謂「靈」、所謂「一」者，乃爲太極；而所謂「中」者，乃氣稟之得中，與「剛善」、「剛惡」、「柔善」、「柔惡」者爲五性之屬乎五行，初未嘗以是爲太極也。且曰「中焉止矣」，而又下屬於二氣五行、化生萬物之云，是亦復成何等文字義理乎？今來喻乃指其中者爲太極而屬之下文，則又理有未明而不能盡乎人言之意者，二也。

補註：理性命章首曰「厥彰厥微，匪靈弗瑩」，即所謂首二句言理者也。又曰「剛善剛惡，柔亦如之，中焉止矣」，即所謂次三句言性者也。又曰「二氣五行，化生萬物，五殊二實，二本則一，是萬爲一，一實萬分，萬一各正，大小有定」，即所謂次八句言命者也。

若論「無極」二字，乃是周子灼見道體，迥出常情，不顧旁人是非，不計自己得失，勇往直前，説出人不敢説底道理。令後之學者曉然見得太極之妙，不屬有無，不落方體。若於此看得破，方見得此老真得千聖以來不傳之秘，非但架屋下之屋、疊牀上之牀而已也。今必以爲未然，是又理有未明而不能盡人言之意者，三也。

補註：北溪陳氏曰：「『無極而太極』，『而』字只輕接過，不可就此句中間截作兩截看，無極只是説理之無形狀，方體正猶言無聲無臭之類爾。」愚按：老子曰：「復歸于無極。」柳子曰：「無極之極。」康節先天圖説亦曰：「無極之前陰含陽也。」是周子以前已有「無極」之説矣，但其主意各不同，老子、柳子、康節以氣言，周子則專以理言也。

至於大傳既曰「形而上者謂之道」矣，而又曰「一陰一陽之謂道」，此豈真以陰陽爲形而上者哉？正所以見一陰一陽雖屬形器，然其所以一陰而一陽者，是乃道體之所爲也。故語道體之至極，則謂之太極；語太極之流行，則謂之道。雖有二名，初無兩體。周子所以謂之「無極」，正以其無方所、無形狀，以爲在無物之前，而未嘗不立於有物之後；以爲在陰陽之外，而未嘗不行乎陰陽之中；以爲通貫全體，無乎不在，則又初無聲臭影響之可言也。今乃深詆無極之不然，則是直以太極爲有形狀、有方所矣。直以陰陽爲形而上者，則又昧於道器之分矣。又於「形而上者」之上復有「況太極乎」之語，則是又以道上别有一物爲太極矣。此又理有未明而不能盡乎人言之意者，四也。

補註：程子曰：「形而上者謂之道，形而下者謂之器。」又曰：「一陰一陽之謂道，陰陽亦形而下者也。」張子曰：「形而上者是無形體，故謂之道。」邵子曰：「道爲太極。」北溪陳氏曰：「道以理之通行者而言，太極以理之極至者而言，惟理之極至，所以古今人物所通行；惟古今人物所通行，所以爲理之極至，更無二理也。」

至熹前書所謂「不言無極，則太極同於一物而不足爲萬化根本；不言太極，則無極淪於空寂而不能爲萬化根本」，乃是推本周子之意，以爲當時若不如此兩下説破，則讀者錯認語意，必有偏見之病，聞人説有即謂之實有，見人説無即以爲真無耳。自謂如此説得周子之意已是太煞分明，只恐知道者厭其漏泄之過甚，不謂如老兄者，乃猶以爲未穩而難曉也。請以熹書上下文意詳之，豈謂太極可以人言而爲加損者哉？是又理有未明而不能盡乎人言之意者，五也。

補註：南軒張氏曰：無極而太極者，所以明動静之本、著天地之根，兼有無、貫顯微、該體用者也。必有見乎此，而後知太極之妙不可以方所求矣。其義深矣。

來書又謂大傳明言「易有太極」，今乃言無，何耶？此尤非所望於高明者。今夏因與人言易，其人之論正如此。當時對之，不覺失笑，遂至被劾。彼俗儒膠固，隨語生解，不足深怪。老兄平日自視爲如何，而亦爲此言耶！老兄且謂大傳之所謂「有」，果如兩儀、四象、八卦之有定位、天地五行萬物之有常形耶？周子之所謂「無」，是果虛空斷滅、都無生物之理耶？此又理有未明而不能盡乎人言之意者，六也。

補註：今夏與人言易，即林栗也。時先生被命拜兵部郎，足疾未供職，栗任本部侍郎，劾先生欺慢。事見行狀。

老子「復歸於無極」，「無極」乃無窮之義。如「莊生入無窮之門，以遊無極之野」云爾，非若周子所言之意也。今乃引之而謂周子之言實出乎彼，此又理有未明而不能盡乎人言之意者，七也。

高明之學，超出方外固未易，以世間言語論量、意見測度。今且以愚見執方論之，則其未合有如前所陳者。久欲奉報，又恐徒爲紛紛，重使世俗觀笑。既而思之，若遂不言，則恐學者終無所取正。較是二者，寧可見笑於今人，不可得罪於後世。是以終不獲已而竟陳之。不識老兄以爲如何？

補註：「超出方外未易，以世間言語論量」者，蓋子静之學以禪爲宗，故朱子以是規之也。

與汪尚書

去春賜教，語及蘇學，以爲世人讀之，止取文章之妙，初不於此求道，則其失自可置之。夫學者之求道，固不於蘇氏之文矣，然既取其文，則文之所述有邪有正、有是有非，是亦皆有道焉，固求道者之所不可不講也。講去其非以存其是，則道固於此乎在，而何不可之有？若曰惟其文之取，而不復議其理之非，則是道自道、文自文也。道外有物，固不足以爲道，且文而無理，又安足以爲文乎？蓋道無適而不存者也，故即文以講道，則文與道兩得而一以貫之，否則亦將兩失之矣。中無主，外無擇，其不爲浮誇險詖所入而亂其知思也者，幾希。况彼之所以自任者，不但曰文章而已。既亡以考其得失，則其肆然而談道德於天下，夫亦孰能禦之！愚見如此，累蒙教告，終不能移也。

補註：蘇學，謂老泉、東坡、潁濱三蘇之學也。又蒙喻及二程之於濂溪，亦若横渠之於范文正耳。先覺相傳之祕，非後學所能窺測，誦其詩，讀其書，則周、范之造詣固殊，而程、張之契悟亦異，如曰仲尼、顔子所樂，吟風弄月以歸，皆是當時口傳心受的當親切處。後來二先生舉以後學，亦不將作第二義看。然則行狀所謂反求之六經然後得之者，特語夫功用之大全耳。至其入處，則自濂溪，不可誣也。若横渠之於文正，則異於是，蓋當時粗發其端而已。受學乃先生自言，此豈自誣者耶？

補註：程子曰：「昔受學於周茂叔，每令尋仲尼、顔子樂處，所樂何事。」又曰：「自再見周茂叔後，吟風弄月以歸，有吾與點也氣象。」吕氏曰：「横渠當康定用兵時，上書謁范文正，公知其遠器，乃責之曰：『儒者自有名教，何事於兵？』勸讀中庸。」

大抵近世諸公知濂溪甚淺，如吕氏童蒙訓記其嘗著通書，而曰用意高遠。夫通書、太極之説，所以明天理之根源、究萬物之終始，豈用意而爲之？又何高下遠近之可道哉？近林黄中自九江寄其所撰祠堂記文，極論「濂」字偏旁，以爲害道，尤可駭歎。而通書之後，次序不倫，載蒲宗孟碣銘全文，爲害又甚。以書曉之，度未易入，見謀於此，别爲叙次而刊之，恐却不難辧也。舂陵記文亦不可解，此道之衰，未有甚於今日，奈何奈何！

補註：林黄中，即林栗。蒲宗孟，任左丞，嘗作濂溪墓碣，自言初見先生于合州，相語三日夜，退而嘆曰：「世乃有斯人耶！」

答呂伯恭

竊承進學之意甚篤，深所望於左右。至於見屬過勤，則非區區淺陋所堪。然不敢不竭所聞，以塞厚意。熹舊讀程子之書有年矣，而不得其要。比因講究中庸首章之指，乃知所謂「涵養須用敬，進學則在致知」者，兩言雖約，其實入德之門無踰於此。方竊洗心以事斯語，而未有得也，不敢自外，輒以爲獻。以左右之明，遵而行之，不爲異端荒虛浮誕之談所遷惑，不爲世俗卑近苟簡之論所拘牽，加以歲月，久而不舍，竊意其將高明光大，不可量矣。

補註：程子云：「涵養須用敬，進學則在致知。」真氏曰：「天下義理，學者工夫無以加此，自伊川發出，而文公又從而闡明之。可謂至矣。」

承喻所疑，爲賜甚厚。然其大槩，則有可以一言舉者。其病在乎略知道體之渾然無所不具，而不知渾然無所不具之中，精粗本末、賓主内外，蓋有不可以毫髮差者，是以其言常喜合而惡離，却不知雖文理密察、縷析毫分，而初不害乎其本體之渾然也。往年見汪丈舉張子韶語明道「至誠無内外」之句，以爲「至誠」二字有病，不若只下箇「中」字。大抵近世一種似是而非之説，皆是此箇意見，惟恐説得不鶻突，真是謾人自謾、誤人自誤。士大夫無意於學，則恬不知覺；有志於學，則必入於此。此某之所以深憂永嘆、不量輕弱而竭力以排之。雖以得罪於當世而不敢辭也。

補註：汪丈，即汪尚書應辰。子韶，即張侍郎九成，張宗禪學，所著有語、孟等説。晦庵謂「洪适刊其書於會稽，其患烈於洪水」。夷狄，猛獸也。

注中改字，兩説皆有之。蓋其初止是失於契勘凡例，後來却因汪丈之説，更欲立言以破其惑耳。然謂之因激增怒則不可。且如孟子平時論楊、墨，亦平平耳。及公都子一爲好辯之問，則遂極言之，以至於禽獸。蓋彼之惑既愈深，則此之辯當愈力。然禽獸之云，乃其分也，非因激而增之也。

補註：孟子答公都子好辯有曰：「楊氏爲我，是無君也；墨氏兼愛，是無父也。無父無君，是禽獸也。」「分」，謂其分之所當得者也。

來教又謂吾道無對，不當與世俗較勝負，此説美則美矣，而亦非正學所安也。夫道固無對者也，然於其中却著不得他異端邪説，直須一一剔撥出後，方曉然見得精明純粹底無對之道。若和泥合水，便只著「無對」包著，竊恐此「無對」中却多藏得病痛也。孟子言楊、墨之道不熄，孔子之道不著，而大易於君子小人之際，其較量勝負，尤爲詳密，豈其未知無對之道邪？蓋無對之中，有陰則有陽，有善則有惡，陽消則陰長，君子進則小人退，循環無窮，而初不害其爲無對也。况其前説已自云「非欲較兩家已往之勝負，乃欲審學者今日趍向之邪正」，此意尤分明也。

補註：慈溪黄氏曰：晦庵先生以千載道統爲己任，攘斥異説，毫髮不少恕，禍福是非，一切以之，有泰山巖巖氣象。東萊先生拜包融會，以和爲主，故嘗以是規警晦庵。然道不直不見，啓一時紛紛之辨者，晦庵也；立萬世昭昭之訓者，亦晦庵也。學者詳焉。

答人問鬼神

南軒

鬼神之説合而言之，來而不測謂神，往而不返謂鬼；分而言之，天地山川風雷之屬，凡氣之可接者皆曰神，祖考祠饗於廟曰鬼。就人物言之，聚而生爲神，散而死爲鬼；又就一身言之，魂氣爲神，體魄爲鬼，凡六經所稱，蓋不越是數端。然一言蔽之，莫非造化之跡，語其德則誠而已。昔季路嘗問事鬼神之説，夫子告之者，將使之致知力行而自得之，故示其理而不詳語也。

補註：季路問事鬼神，見論語。

至於後世異説熾行，譸張爲幻，世俗眩於怪誕，怵於恐畏，胥靡而從之，聖學不明，雖襲儒衣冠，號爲英才敏識，亦往往習熟崇尚而不以爲異。至於其説之窮，則曰焉知天地間無有是事。信夫事之妄而不察夫理之真，於是交於幽明者，皆失其理。禮壞而樂廢，人心不正，浮僞日滋，亂德害教，孰此爲甚？故程子發明感通之妙，張子推極聚散之藴，所以示來世深矣。

補註：譸，誑也。怵，誘也。胥，相也。靡，連也。交於幽明者皆失理，如古用幣以爲贄，後易紙錢以賄于神也。程子曰：「心所感通者，只是理也。」嘗聞好談鬼神者，皆所未嘗聞見燭理不明，便傳以爲信也。假使實所聞見，亦未足信，或是心病，或是目病，如孔子云「人之所信者目，目亦有不足信」者也。張子曰：「物之初生氣日至而滋息，物生既盈氣日反而游散。」

誠能致知以窮其理，則不爲衆説所咻，克己以去其私，則不爲血氣所動，於其有無是非之故，毫分縷析，了然於中，然後昔人事鬼神之精意可得而求，德可立而經可正也。不然，辯之不明，守之不固，眩於外而怵於内，一理之蔽則爲一事之礙，一念之差則爲一物之誘，聞見雖多，亦鮮不爲異説所溺矣。

補註：咻，謂嚾噪也。溺，陷溺也。

答人問性理　草廬

自未有天地之前至既有天地之後，只是陰陽二氣而已。本只是一氣，分而言之，則曰陰陽；又就陰陽中細分之，則爲五行。五氣即二氣，二氣即一氣，氣之所以能如此者何也？以理爲之主宰也。理者非别有一物在氣中，只是爲氣之主宰者，即是無理外之氣，亦無氣外之理。

補註：未有天地之前謂混元之氣，未判既有天地之後謂一氣。既判陰降陽升而爲天地也。北溪陳氏曰：「陰陽之氣，本只是一氣分來有陰陽，陰陽又分來有五行也。」又曰：「二氣流行必有主宰之者，理是也。」朱子曰：「天下未有無理之氣，亦未有無氣之理。」

人得天地之氣而成形，有此氣即有此理，所有之理謂之性。此理在天地，則元亨利貞是也。其在人而爲性，則仁義禮智是也。性即天理，豈有不善？但人之生也，受氣於父之時，既有或清或濁之不同；成質於母之時，又有或美或惡之不同。氣之極清、質之極美者，爲上聖。蓋此理在清氣美質之中，本然之真無所污壞，此堯舜之性所以爲至善，而孟子之道性善所以必稱堯舜以實之也。其氣之至濁、質之至惡者，爲下愚。上聖以下，下愚以上，或清或濁，或美或惡，分數多寡有萬不同，惟其氣濁而質惡，則理在其中者，被其拘礙淪染而非復其本然矣。此性之所以不能皆善而有萬不同也。

補註：朱子曰：性只是理，然無那天氣地質，則此理沒安頓處，但得氣之清明則不蔽固，此理順發出來。蔽固少者，發出來天理勝；蔽固多者，則私欲勝，便見得本原之性，無有不善。孟子所謂「性善」，周子所謂「純粹至善」，程子所謂「性之本」是也。只被氣質有昏濁隔了，故氣質之性，君子有弗性焉。

孟子道性善，是就氣質中挑出其本然之理而言，然不曾分別性之所以有不善者，因氣質之有濁惡而污壞其性也。故雖與告子言，而終不足以解告子之惑，至今人讀孟子亦見其未有以折倒告子而使之心服也。蓋孟子但論得理之無不同，不曾論到氣之有不同處，是其言之不備也。不備者，謂但説得一邊，不曾説得一邊不完備也，故曰「論性不論氣不備」。此指孟子之言性而言也。至若荀、揚以性爲惡，以性爲善惡混，與夫世俗言人性寬性褊、性緩性急，皆是指氣質之不同者爲性，而不知氣質中之理謂之性。此其見之不明也。不明者謂其不曉得性字，故曰「論氣不論性不明」。此指荀、揚世俗之説性者言也。

補註：朱子曰：「天之所命，只是一般；緣氣質不同，遂有差殊。孟子分明是於人身上挑出天之所命者説，與人要見得本源皆善也。」又曰：「孟子説性善，是論性不論氣，荀、揚而下，是論氣不論性。孟子終是未備，所以不能杜絶荀、揚之口。然不備但少欠耳，不明則大害事。」

程子「性即理也」一語，正是鍼砭世俗錯認性字之非，所以爲大有功。張子言「形而後有氣質之性，善反之，則天地之性存焉，故氣質之性，君子有弗性者焉」。此言最分曉，而觀者不能解其言，反爲所惑，將謂性有兩種。蓋天地之性，氣質之性，兩「性」字只是一般，非有兩等性也，故曰「二之則不是」。言人之性，本是得天地之理，因有人之形，則所得天地之性局在本人氣質中，所謂「形而後有氣質之性」也。

補註：朱子曰：「性即理也，在心唤做性，在物唤做理。」又曰：「氣質之説，起自程、張，極有功於聖門，有補於後學，讀之使人深有所感。前此未嘗有人説到此，孟子説性善，但說得本原處，下面卻不曾說得氣質之性，所以亦費分疏。諸子說性惡與善惡混，使程、張之說早出，則這許多說話，自不用紛爭。故程、張之說立，則諸子之說泯矣。」

氣質雖有不同，而本性之善則一，但氣質不清不美者，其本性不免有所污壞，故學者當用反之之功。反之若湯、武反之也，之反謂反之於身而學焉，以至變化其不清不美之氣質，則天地之性渾然全備，具存於氣質之中，故曰「善反之則天地之性存焉」。氣質之用小，學問之功大，能學者氣質可變而不能污壞，吾天地本然之性，而吾性非復如前污壞於氣質者矣，故曰「氣質之性，君子有弗性者焉」。

補註：朱子曰：「人有氣質物欲之累，則此性不能常存，須於善反上做工夫，方存得性之本體。凡涵養體認、克治充廣，皆是反之之道也。」又曰：「君子既善變化其氣質之性而復其天地之性矣，故氣質之性君子弗以爲性也。」

原理答郝仲明問

天地之初，混沌鴻濛，清濁未判，莽莽蕩蕩，但一氣爾。及其久也，其運轉於外者，漸漸輕清，其凝聚於中者，漸漸重濁。輕清者，積氣成象而爲天；重濁者，積塊成形而爲地。

天之成象者，日月星辰也；地之成形者，水火土石也。天包地外，旋繞不停，地處天內，安靜不動，天之旋繞，其氣急勁，故地浮載，其中不陷不墜，岐伯所謂「大氣舉之」是也。

補註：朱子曰：「天地初開，只是陰陽之氣，這一箇氣運行，磨來磨去，磨得急了，便搜許多查滓，裏面無處出去，便結成箇地在中央。氣之清者，便爲天、爲日月、爲星辰，只在外，常周環運轉，地便只在中央不動，不是在下也。」愚按：岐伯，黄帝臣名，其説見素問。

天形正圓如虛毬，地隔其中，人物生於地上，地形正方，如博骰，日月星辰，旋繞其外，自左而上，自上而右，自右而下，自下而復左，天之積氣爲辰，凡無星處皆是，猶地之土也。積氣之中有光耀，爲星二十八宿，及衆星皆是，猶地之石也。日月五緯，乃陰陽五行之精成象而可見者。浮生太虛中，與天不相係著，各自運行，遲速不等，天左旋於地外，一晝夜一周匝，自地之正午觀之，則其周匝之處，第二日子時微有爭差。蓋周匝而過之，觀天者定其闊狹，名曰一度，每日運行一周匝而過一度，至三百六十五日三時有奇，則地之午中所直天度始與三百六十五日以前子時初起之處合，故定天度爲三百六十五度四分度之一有奇，日亦左行，晝行地上，夜行地下，晝夜一周匝，但比天度，則不及一度。蓋日之行也，與地相直處，日日齊同，無過不及；而天之行也，與地相直處，一日過一度，二日過二度，三日過三度，故曆家以日之不及天而退一度者，爲右行一度，蓋以截法取其易算爾。

補註：博骰，博戲，投擲采具也。朱子曰：「天之運轉也，非自東而西也。旋環磨轉，卻是側轉。」又曰：「天道與日月五星皆左旋，天道日一周天而常過一度日，亦日一周天起度端終度端，故比天道常不及一度，月行不及十三度十九分之七。今人卻云月行速，日行遲，此差説也。但曆家以右旋爲説，取其易見日月之度耳。」

天傾倚於北，如勁風旋繞，其端不動，曰「極」，上頂不動處，謂之「北極」。高出地上三十六度，其星辰常見不隱，以偏依於北方，故曰「北極」。下臍不動處，謂之「南極」。低入地下三十六度，其星辰常隱不見，以其偏近於南方，故曰「南極」。南北二極，相去之中天之腰也，謂之「赤道」。日所行之道，春秋二分，正與天之赤道相直，故其出没與地之卯酉相當，是以晝夜均平。春分以後，行赤道北，夏至則去北極最近，故曰「日北至」。而其出没與地之寅戌相當，是以景短而晷長，晝刻多而夜刻少。夏至以後，又移而南，至秋分則與赤道相直。秋分以後，行赤道南，冬至則去南極最近，故曰「日南至」。而其出没則與地之辰申相當，是以景長而晷短，晝刻少而夜刻多。冬至以後，又移而北，至春分則又與赤道相直，日極於南而復北，則爲冬至。上年冬至至下年日道極南復北之時，三百六十五日餘三時不滿，故天度一周之時，三百六十五日四分日之一而有餘；日道一周之時，三百六十五日四分日之一而不足。天度有餘，日道不足，故六十餘年之後，冬至所直天度率差一度，是謂「歲差」。

補註：南北極日行道，景晷短長，及歲差法，俱見朱子訂定蔡氏書傳。

月亦左行猶遲於日一晝夜，不及天十三度十九分度之七。蓋日行疾於月而退度不及天一度，反若遲然；月行遲於日而退度不及天十三度有奇，反若速然；日之行三十日五時有奇，而歷一辰則爲一月之氣，月之行二十九日六時有奇，而與日會，則爲一月之朔。每月氣盈五時有奇，朔虚六時不滿，積十二氣盈，凡五日三時，不滿十二朔虚，凡五日七時有奇，一歲氣盈朔虚，共十日十一時有奇。將及三歲，則積之三十日而置一閏日之有餘，爲氣盈，月之不足爲朔虚，氣盈朔虚之積，是爲之閏餘。

補註：置閏、氣盈朔虚，俱詳見書蔡氏傳。

五星之行，亦猶日月其行有遲速，其行過於天則爲逆，其行與天等則爲留，其行不及天則爲順，日月五星之與天體相值也。由北直南而從分之謂之度，由東至西而横截之謂之道。月之行也，二十九日半有奇，而與日同度，是爲朔。十四日九時有奇，而與日對度，是爲望。合朔之時，從雖同度，橫不同道，若橫亦同道，則月掩日而日蝕。對望之時，從雖對度，橫不對道，若橫亦對道，則日射月而月蝕。其蝕之分數，由同道對道所交之多寡。月朔後初生明時，昏見于庚，下明上暗，象震。上弦時，昏見于丁下，明已多而上猶暗象兌。望之時，昏見于甲，全體皆明，象乾。望後初生魄時，晨見于辛，下暗上明，象巽。下弦時，晨見于丙，下暗已多而上猶明，象艮。晦之時，晨見于乙，全體皆暗，象坤。

補註：張子曰：「五緯，五行之精氣也。」朱子曰：「天有黄道，有赤道度，是將天橫分作許多度數，月無盈闕，人看有盈闕，蓋晦日則月與日相疊了。至初三方漸漸離開，人在下面側看，則見其光闕。至望日，則月與日正相對，其光由地四邊射出，月被其光而明，人在中間正看，則見其光圓也。若日月交會日爲月掩，故日蝕。望時日光遙奪月光，故月蝕。」

地西北高而多山，東南下而多水，先天方圖法地。乾始西北，坤盡東南，故天下之山，其本皆起於西北之崐崘，猶乾之始於西北也。天下之水，其流皆歸于東南之尾閭，猶坤之盡於東南也。

補註：素問曰：「天不足西北，地不滿東南。」注云：中原地形，西北高東南下。崑崙，山名，在西域。朱子曰：「地形如饅頭，其撚尖則崑崙也。」尾閭，出莊子秋水篇。有曰：「止而不盈，尾閭泄之。」朱子曰：「水流東極，氣盡而散，如沃焦釜，故歸墟尾閭，亦有沃焦之號也。」

天有四象，地有四象。日月天之用，星辰天之體；水火地之用，土石地之體。立天之道曰陰與陽，立地之道曰柔與剛。日陽中陽，月陰中陰。星陰中陽，辰陽中陰。水柔中柔，火柔中剛。土剛中柔，石剛中剛。錯而言之，則天亦有剛柔，地亦有陰陽。日陽也，月陰也，星剛也，辰柔也，水陰也，火陽也，土柔也，石剛也。日火之精爲夏之暑，月水之精爲冬之寒。星體光耀爲晝之明，辰體昏暗爲夜之晦。水氣下注而爲雨，火氣外旋而爲風。土氣上蒸而爲露，石氣内搏而爲雷。

補註：邵子曰：「太陽爲日，太陰爲月，少陽爲星，少陰爲辰，是爲天之四象。太柔爲水，太剛爲火，少柔爲土，少剛爲石，是爲地之四象。日爲暑，月爲寒，星爲晝，辰爲夜，四者天之所變也。水爲雨，火爲風，土爲露，石爲雷，四者天地之所化也。」蔡氏曰：「經世舍金木水火土，而用水火土石，何也？」曰：「水火土石，本體也；金木水火土，致用也。以其致用，故謂之五行。蓋水火土石，五行在其間。金出於石而木生於土，有石而後有金，有土而後有木也。」

人稟氣於天賦，形於地，耳目口鼻爲首，猶天之日月星辰也。脉隨骨肉爲身，猶地之水火土石也。心膽脾腎四臟屬天，肺肝胃膀胱四臟屬地，指節十二合之二十四，有天之象焉。掌文後高前下山峙川流，有地之法焉。

補註：邵子曰：「日月星辰共爲天，水火土石共爲地，耳目鼻口共爲首，髓血骨肉共爲身。」又曰：「天有四時，地有四方，人有四支，是以指節可以觀天，掌文可以察地，天地之理具於指掌矣。可不貴之哉！」

物有飛走木草四類，細分之十六。飛飛者，鴻鵠鷹鸇之屬，性之飛飛之性也。飛走者，鵝鷄鴨梟之屬，情之飛飛之情也。飛木者，隹鳩燕雀之屬，形之飛飛之形也。飛草者，蜂蝶蜻蜓之屬，體之飛飛之體也。走飛者，蛟龍之屬，性之走走之性也。走走者，熊虎鹿馬之屬，情之走走之情也。走木者，猿猴之屬，形之走走之形也。走草者，蟻蛇之屬，體之走走之體也。木飛者，松柏之屬，性之木木之性也。木走者，樟櫟之屬，情之木木之情也。

木木者，棫樸荆榛之屬，形之木木之形也。木草者，楮穀芙蓉之屬，體之木木之體也。草飛者，竹蘆之屬，性之草草之性也。草走者，藤葛之屬，情之草草之情也。草木者，蒿艾之屬，形之草草之形也。草草者，菘芥之屬，體之草草之體也。

補註：邵子曰：日月星辰者，變乎暑寒晝夜者也。水火土石者，化乎雨風露雷者也。暑寒晝夜者，變乎性情形體者也。雨風露雷者，化乎走飛木草者也。暑變飛走木草之性，寒變飛走木草之情，晝變飛走木草之形，夜變飛走木草之體，雨化性情形體之走，風化性情形體之飛，露化性情形體之草，雷化性情形體之木也。隹音追，短尾鳥也。

陽本實，陰本虛也；陽爲氣，陰爲精；陽成象，陰成形；陽主用，陰主體，則陽反似虛，陰反似實。是不然，天積氣雖似虛，然其氣急勁如鼓皮，物之大莫能禦，故曰健曰剛曰靜。專曰動直則實，莫實於天地之成形。雖似實，然其形疏通，如肺氣升降，出入其中，故曰順曰柔曰靜翕曰動闢，則虛莫虛於地。然則陽實陰虛者，正説也；陽虛陰實者，偏説也。

補註：朱子曰：「乾一而實，故以質言而曰大。坤二而虛，故以量言而曰廣。」又曰：「天雖包於地之外，而其氣常迸出乎地之中，地雖一塊在天之中，其中實虛容得天地之氣迸上來。」

性理群書補註卷之九終

校勘記

［一］按：自「補註漢魏以來」至「皆故舊門生所私謚也」，韓國國立中央圖書館所藏朝鮮本脱損一葉，據補註明宣德九年刻本、日本抄本補。

［二］答陸子静　按：此標目，句解本題作「無極辯」，吴訥改標題，新增了一部分内容。

［三］豈不同條而共貫哉　「哉」原作「裁」，據補註明宣德九年刻本、句解本改。

性理群書補註卷之十

建安熊剛大集解　海虞吴訥補註

序

易傳序

伊川

易，變易也，隨時變易以從道也。其爲書也，廣大悉備，將以順性命之理，通幽明之故，盡事物之情，而示開物成務之道也。

補註：朱子曰：「易，指卦爻而言，以乾卦之潛見飛躍之類觀之，則隨時變易以從道，可見矣。」又曰：「開物成務，謂使人卜筮，以知吉凶而成事業。物謂人物，務謂事務也。」

聖人之憂患後世，可謂至矣。去古雖遠，遺經尚存。然而前儒失意以傳言，後學誦言而忘味。自秦以下，蓋無傳矣。予生千載之後，悼斯文之湮晦，將俾後人。沿流而求源，此傳之所以作也。

補註：失意傳言，謂自秦漢以來，如田何、焦貢、王弼等諸儒，或泥於象數，或淪於虛無，遂失聖人之意，而徒傳其言爾。誦言忘味，謂世之學者，惟知誦聖人之言，而莫能詳玩其意味也。沿，循也。

易有聖人之道四焉：「以言者尚其辭，以動者尚其變，以制器者尚其象，以卜筮者尚其占。」吉凶消長之理，進退存亡之道，備於辭。推辭考卦可以知變，象與占在其中矣。

補註：南軒曰：易有聖人之道四焉，故指其所之者，易之辭也。以言者尚之，則言無不當矣，化而裁之者，易之變也；以動者尚之，則動無不時矣，象其物宜者，易之象也。制器者象之，則可以盡創物之智矣。極數知來者，易之占也，卜筮者尚之，則可以盡先知之神矣。

君子居則觀其象而玩其辭，動則觀其變而玩其占。得於辭，不達其意者有矣，未有不得於辭而能通其意者也。至微者理也，至著者象也。體用一源，顯微無間。觀會通以行其典禮，則辭無所不備。

補註：朱子曰：「自理而言，即體而用在其中，所謂『一原』也。自象而言，即顯而微不能外，所謂『無間』也。」又曰：「理會，理與象，又須就辭上理會。辭上所載，皆觀會通以行其典禮之事。典禮只是常事，會是事之合聚處也。」

故善學者，求言必自近。易於近者，非知言者也。予所傳者辭也，由辭以得其意，則在乎人焉。

補註：此謂善學之人，求聖人之言辭，當由近者始。若輕易近者而求之深遠，則非知言者也。朱子曰：「求言必自近，易於近者，非知言者也。此伊川喫力爲人處。」愚按：程子傳易以理爲主，故序文始終以辭爲重。

春秋傳序

天之生民，必有出類之才，起而君長之，治之而爭奪息，道之而生養遂，教之而倫理明，然後人道立，天道成，地道平。二帝而上，聖賢世出，隨時有作，順乎風氣之宜，不先天以開人，各熊本作「不」。因時而立政。暨乎三王迭興，子丑寅之建正，忠質文之更尚，人道備矣，天道周矣。聖人既不復作，有天下者，雖欲倣古之迹，亦私意妄爲而已。事之謬，秦至以建亥爲正；道之悖，漢專以智力持世；豈復知先王之道也？

熊氏曰：不先天以開人，謂道本於天，未嘗先天以示乎人。不因時以立政，謂治出於一，未嘗因時而立政。[一]

補註：人道立，天道成，地道平，即書所謂「地平天成，六府三事允治」也。不先天以開人，朱子謂「不以天時未至而妄以私意先之」也。「各因時以立政」，朱子答南軒書作「各謂隨時順風氣以立其政也」。三王迭興，子丑寅之建正，謂「夏正建寅，商正建丑，周正建子」也。忠質文之更尚，謂「夏尚忠，商尚質，周尚文」也。秦以亥爲正，謂始皇以夏正十二月爲正月。智力持世，謂雜霸也。

夫子當周之末，以聖人之不復作也，順天應時之治，不復有也，於是作春秋爲百王不易之大法，所謂考諸三王而不謬，建諸天地而不悖，質諸鬼神而無疑，百世以俟聖人而不惑者矣。先儒之論曰：游、夏不能贊一辭。辭不待贊也，言不能與於斯耳。斯道也，惟顏子嘗聞之矣。「行夏之時，乘殷之輅，服周之冕，樂則韶舞」，此其準的也。

補註：朱子曰：「建，立也，立於此而參於彼也。天地者，道也。鬼神者，造化之迹也。百世以俟聖人而不惑，所謂聖人復起不易吾言也。」又曰：「夏之時，時之正者也。殷之輅，質而得其中者也。周之冕，文而得其中者也。」

後世以史視春秋，謂褒善貶惡而已。至於經世之大法，則不知也。春秋大義數十，炳如日星，乃易見也。惟其微辭奥義、時措從宜者，爲難知也。或抑或縱，或予或奪，或進或退，或微或顯，而得乎義理之安、文質之中、寬猛之宜、是非之公，乃制事之權衡、揆道之模範也。夫觀百物然後識化工之神，聚衆材然後知作室之用，於一事一義而欲窺聖人之用，非上智不能也。

補註：文中子曰：「春秋之於王道，是輕重之權衡、曲直之繩墨也。」慈溪黄氏曰：「春秋大義，如尊王賤霸，崇仁義而賤功利，尊中國而外夷狄。此伊川所謂『炳如日星』者，其餘微辭奥義，豈易推測？惟平心易氣，隨其事而讀之，善惡自見而勸戒存矣。」

故學春秋者，必優游涵泳，默識心通，然後能造其微。後王知春秋之義，則雖非禹、湯，尚可以法三代之治。自秦而下，其學不傳。予悼夫聖人之志不得明於後世也，故作傳以明之，俾後之人通其文而求其義，得其意而法其用，則三代可復也。

補註：董仲舒曰：「春秋上明三王之道，下辨人事之經，紀王道之大者也。有國者不可不知春秋，爲人君父而不通於春秋之義者，必蒙首惡之名；爲人臣子不通於春秋之義者，必陷篡弑誅死之罪。」杜氏曰：「學者當原始要終，尋其枝葉，究其所窮，優而柔之，使自求之，饜而飫之，使自趨之。若江河之浸，膏澤之潤，渙然冰釋，怡然理順，然後爲得也。」

詩集傳序

晦翁

或有問於余曰：「詩何爲而作也？」余應之曰：「人生而靜，天之性也；感於物而動，性之欲也。夫既有欲矣，則不能無思；既有思矣，則不能無言；既有言矣，則言之所不能盡，而發於咨嗟詠嘆之餘者，必有自然之音響節族而不能已焉，此詩之所以作也。」

補註：禮記曰：「人生而靜，天之性也。感物而動，性之欲也。」朱子曰：「其未感也，純粹至善，萬理具焉。所謂性也，感於物而動，則性之欲出焉，而善惡於是分矣。性之欲，即所謂情也，大序曰『情動於中而形於言』，又曰『情發於聲，聲成文謂之音』。蓋聲不止於言，凡咨嗟詠嘆皆是也。音響節族，謂高下疾徐疏數之節也。」

曰：「然則，其所以教者何也？」曰：「詩者，人心之感物而形於言之餘也。心之所感有邪正，故言之所形有是非。惟聖人在上，則其所感者無不正，而其言皆足以爲教。其或感之之雜，而所發不能無可擇者，則上之人必思所以自反，而因有以勸懲之，是亦所以爲教也。」

補註：蘇氏曰：「其人親被王化之純，發而爲詩，則無不善，正詩是也。及其感之雜也，有所憂愁忿怒，不得其平淫泆放蕩，不合於禮者矣，變詩是也。」劉氏曰：「詩之言雖有善惡，而皆所以爲教，故因其所言之是非，知其所感之邪正，而於己則益脩其治教，於人則有勸懲之政也。」

昔周盛時，上自郊廟朝廷，而下達於鄉黨閭巷，其言粹然，無不出於正者，聖人固已協之聲律，而用之鄉人，用之邦國，以化天下。至於列國之詩，則天子巡守亦必陳而觀之[二]，以行其黜陟之典。降自昭穆而後，寖以陵夷，至於東遷，而遂廢不講矣。

熊氏曰：昭穆，謂文昭武穆之後。

補註：周盛時，謂文、武、成、康之時。聲，謂五聲：宮、商、角、徵、羽也。律，謂十二律：黃鐘、太簇、姑洗、蕤賓、夷則、無射、大吕、夾鐘、仲吕、林鍾、南吕、應鍾也。列國，謂邶、鄘等諸國也。巡守者，周制十二年一巡狩。陳詩者，采其詩而觀之，以行賞罰之典也。昭、穆，謂昭王、穆王也。陵夷者，陵謂丘陵，夷謂平也，言王道頹替，若丘陵之漸平也。東遷，謂平王遷於東都，而王道廢矣。劉氏曰：「此言先王以詩爲教，於郊廟朝野之正。詩如周頌、二雅、二南之類，則播之音律，於列國之詩，則采而觀其善惡，而於諸侯，又有黜陟之政也。」

孔子生於其時，既不得位，無以行帝王勸懲黜陟之政，於是特舉其籍而討論之。去其重複，正其紛亂，而其善之不足以爲法，惡之不足以爲戒者，則亦刊而去之，以從簡約，示久遠，使夫學者即是而有以考其得失，善者師之，而惡者改焉。是以其政雖不足行於一時，而其教可及於萬世，是則詩之所以爲教也。」

補註：劉氏曰：夫子不得行黜陟勸懲之政，於作詩之侯國與作詩之人，而於詩籍有所去取，則亦可謂黜陟之教矣。且使學詩者有以考其得失，而有所創艾興起，則亦可謂勸懲之教也。

曰：「然則，國風、雅、頌之體，其不同若是，何也？」曰：「吾聞之，凡詩之所謂風者，多出於里巷歌謡之作，所謂男女相與詠歌，各言其情者也。惟周南、召南，親被文王之化以成德，而人皆有以得其情性之正，故其發於言者，樂而不過於淫，哀而不極於傷，是以二篇獨爲風詩之正經。自邶而下，則其國之治亂不同，人之賢否亦異，其所感而發者，有邪正是非之不齊，而所謂先王之風者，於此焉變矣。

補註：劉氏曰：此言國風之體而有正變也。蓋二南之詩，皆得性情之正，故二篇獨爲正風，其餘自邶至豳十三國之詩，雖有得性情之正者，君臣民庶之間不能如一南風俗之純，故雖豳風，亦不得爲正也。

若夫雅、頌之篇，則皆成周之世，朝廷郊廟樂歌之詞，其語和而莊，其義寬而密，其作者往往聖人之徒，固所以爲萬世法程而不可易者也。至於雅之變者，亦皆一時賢人君子閔時病俗之所爲，而聖人取之。其忠厚惻怛之心，陳善閉邪之意，猶非後世能言之士所能及之。此詩之爲經，所以人事浹於下，天道備於上，而無一理之不具也。

補註：劉氏曰：「此言二雅正變及周頌等篇之體。夫正雅、周頌諸篇，如常棣、文王等詩，皆周公作；公劉、泂酌、卷阿，皆召公作，所謂聖人之徒也。變雅之作，有家父、蘇公、衛武公等作，又所謂賢人君子也。」朱子曰：「詩經全體，大而天道精微，細而人事曲折，無不在其中也。」

曰：「然則，其學之也當奈何？」曰：「本之二南以求其端，參之列國以盡其變。正之於雅以大其規，和之於頌以要其止，此學詩之大旨也。於是乎章句以綱之，訓詁以紀之，諷詠以昌之，涵濡以體之。察之情性隱微之間，審之言行樞機之始，則脩身及家，平均天下之道，其亦不待他求而得之於此矣。」問者唯唯而退。余時方輯詩傳，因悉次是語，以冠其篇云。

補註：劉氏曰：此言學詩者，格物致知之功，誠意正心、脩齊治平之道也。

論孟集義序

論、孟之書，學者所以求道之至要，古今爲之説者，蓋已百有餘家。然自秦漢以來，儒者類皆不足以與聞斯道之傳，其溺於卑近者，既得其言而不得其意，其騖於高遠者，則又支離踳駁，或乃并其言而失之，學者益以病焉。

補註：論語者，孔門弟子記聖人之言，程子謂成於有子、曾子之門人也。孟子之書，史記謂孟子與萬章之徒所作。宋中興志：論語凡五十五家，孟子凡二十二部二百八十五卷。支離，煩碎也。踳駁，乖舛也。

宋興百年，河洛之間，有二程先生者出，然後斯道之傳有繼。其於孔子、孟氏之心，蓋異世而同符也，故其所以發明二書之説，言雖近而索之無窮，指雖遠而操之有要。使夫讀者非徒可以得其意，而又可以并其所以進於此者而得之。其所以興起斯文，開悟後學，可謂至矣。

熊氏曰：「異世同符」，謂世之相去雖異，心之同者若合符節也。「並其所以進於此者而得之」，謂可因此而窮聖賢所以進於道者，亦得之矣。[三]

補註：程子曰：學者當以論語、孟子爲本，讀者當觀聖人所以作經之意與聖人所以用心，聖人之所以至于聖人，而吾之所以未至者，所以未得者，句句而求之，晝誦而味之，中夜而思之，平其心，易其氣，闕其疑，則聖人之意可見矣。

間嘗蒐輯條流，以附于本章之次，既又取夫學之有同於先生者，與其有得於先生者，若横渠張公、若范氏、二吕氏、謝氏、游氏、楊氏、侯氏、尹氏凡九家之説，以附益之，名曰論孟精義，以備觀省，而同志之士有欲從事於此者，亦不隱焉。

補註：「條流」，謂注釋之言，比之本文，如木之枝條，水之流派也。「同於先生」，謂橫渠也。「有得於先生」，謂呂、楊諸公也。范，謂祖禹。二呂，謂希哲、大臨。謝，謂良佐。游，謂游酢。楊，謂楊時。侯，謂仲良。尹，謂尹焞也。

抑嘗論之，論語之書，無所不包，而其所以示人者，莫非操存涵養之要。七篇之指無所不究，而其所以示人者，類多體驗充擴之端。夫聖賢之分，其不同固如此，然而體用一源也，顯微無間也，是則非夫先生之學之至，其孰能知之？嗚呼！兹其所以奮乎百世絕學之後，而獨得夫千載不傳之傳也歟！

補註：朱子曰：論語所言出門如見大賓，使民如承大祭，非禮勿視、聽、言、動之類，皆是存養的意思。孟子言性善，見孺子入井之心，四端之發，若火始然、泉始達之類，皆是要體認心性下落，擴而充之，玩味可見。

若張公之於先生，論其所至，切意其猶伯夷、伊尹之於孔子；而一時及門之士，考其言行，則又未知其孰可以爲孔氏之顏、曾。今録其言，非敢以爲無少異於先生，而悉合乎聖賢之意，亦曰大者既同，則其淺深疏密，毫釐之間，正學者所宜盡心耳。

補註：張公，謂横渠。一時及門之士，謂范氏、二呂、謝、游、楊、侯、尹氏也。

至於近歲以來，學於先生之門人者，又或出其書焉，則意其源遠末熊本作「未」。分句，醇醨異味而不敢載矣。

熊氏曰：「意其源遠」者，謂切料其源派既遠也。「未分醇醨異味」者，謂不分醇醨醨薄之異味，而不復敢紀録也。[四]

補註：「學於先生之門人」者，如五峯胡氏亦有論語指南也。「源遠末分」者，謂本源既遠其末流遂分也。「醇醨異味」者，謂本源之味醇厚而末流之味醨薄也。

或曰：「然則凡説之行於世而不列於此者，皆無取已乎？」曰：「不然也。漢魏諸儒正音讀，通訓詁，考制度，辨名物，其功博矣。學者苟不先涉其流，則亦何以用力於此？近世一二名家，與夫所謂學於先生之門人者，其考證推説亦或時有補於文義之間。學者有得於此而後觀焉，則亦何適而無得哉？特所以求夫聖賢之意者，則在此而不在彼爾。」

補註：漢魏諸儒，謂王吉、夏侯勝、韋賢、蕭望之、張禹、趙岐、陳群、王肅、何晏等是也。近世一二名家，謂王介甫、蘇東坡、潁濱等是也。

若夫外自託於程氏，而竊其近似之言，以文其異端之説者，則誠不可以入於學者之心。然以其荒幻浮誇足以欺世也，而流俗頗已歸鄉之矣，其爲害豈淺淺哉？顧其語言氣象之間，則實有不難辨者。學者誠用力於此書而有得焉，則於其言雖欲讀之，亦且有所不暇矣。然則，是書之作，其率爾之誚，雖不敢辭，至於明聖傳之統，采衆説之長，折流俗之謬，則竊亦妄意其庶幾焉。

補註：竊近似之言，以文其異端之説者，謂張侍郎九成也，張宗禪學，有論語解二十卷，孟子解十四卷。流俗頗已歸向之者，如洪适欲刊其書是也。

程氏遺書後序

右程氏遺書二十五篇，二先生門人記其所見聞答問之書也。始，諸公各自爲書，先生没，而其傳寖廣，然散出並行，無所統一。傳者頗以己意私竊竄易，歷時既久，殆無全編。熹家有先人舊藏數篇，皆述當時記録主名，語意相承，首尾通貫，蓋未更後人之手，故其書最爲精善。後益以類訪求，凡二十五篇，因稍以所聞歲月先後，第爲此書。篇目皆因其舊，而又别爲之録如此，以見分别次序之所以然者。

補註：二先生，明道、伊川也。先人，韋齋先生也。當時記録主名，謂門人李端伯、吕與叔、謝顯道、蘇季明、游定夫、劉質夫、周行己、劉安節等所録之主名也。

然嘗竊聞之，伊川先生無恙時，門人尹焞得朱光庭所抄先生語録，奉而質諸先生。先生曰：「某在，何必讀此書？若不得某之心，所記者徒意耳？」尹公自是不敢復讀。夫以二先生倡明道學於孔、孟既没千載不傳之後，可謂盛矣。而當時從遊，亦莫非天下之英材，其於先生之嘉言善行，又皆耳聞目見而手記之，宜其親切不差，可以行遠，而先生之戒，猶且丁寧若是，豈不以學者未知心傳之要，而滯於言語之間，或者失之毫釐，則其謬將有不可勝言者乎！又况後此且數十年，區區掇拾於殘編斷簡之餘，傳誦道説，玉石不分，而謂真足以盡得其精微嚴密之旨，其亦誤矣。

補註：慈溪黄氏曰：尹和靖力辨程門語録爲非，後晦翁追編語録，又辨和靖之説爲非。然晦翁搜拾於散亡，其功固大；和靖親得於見聞，其説尤切，故晦翁編録深致其意，而謂失之毫釐，則其弊不可勝言者焉。

雖然，先生之學，其大要亦可知已。讀是書者，誠能主敬以立其本，窮理以進其知，使本立而知益明，知精而本益固，則日用之間，且將有以得乎先生之心，而於疑信之傳可坐判矣。此外諸家所抄尚衆，率皆割裂補綴，非復本篇。異時得其所自來，當復出之，以附今録。無則亦將去其重復，别爲外書，以待後之君子云爾。

補註：南軒答胡季隨曰：「元晦所編遺書皆存，元本其間真僞，在我玩味之久，自識别之。」愚按：晦庵既編遺書，又輯外書十二篇，其言曰「外書云者，特以取之之雜，或不能審其所自來」，其視遺書，學者尤當精擇而審取之耳。嗚呼！晦庵之於二先生遺言，其蒐輯之功至矣。不寧惟是他日，又與東萊采周子、張子及二先生之言編爲近思録十四卷，而二先生之言爲多，學者誠能於是録而詳玩焉，則不待精擇審取而有以得之矣。近思録在終卷。

書集傳序

蔡仲默

慶元己未冬，先生文公令沉作書集傳。明年先生殁，又十年始克成編，總若干萬言。嗚呼，書豈易言哉！二帝、三王治天下之大經大法，皆載此書，而淺見薄識，豈足以盡發藴奥？且生於數千載之下，而欲講明於數千載之前，亦已難矣。

補註：慶元，宋寧宗年號。二帝，唐堯、虞舜。三王，夏禹、商湯、周文武也。

然二帝、三王之治本於道，二帝、三王之道本於心，得其心則道與治固可得而言矣。何者？精一執中，堯、舜、禹相授之心法也。建中建極，商湯、周武相傳之心法也。曰德曰仁，曰敬曰誠，言雖殊而理則一，無非所以明此心之妙也。至於言天，則嚴其心之所自出；言民，則謹其心之所由。施禮樂教化，心之發也；典章文物，心之著也；家齊國治而天下平，心之推也。心之德其盛矣乎！

補註：按：朱子與蔡仲默帖有曰：「書説未有分付處，因思向日喻及尚書，文義貫通，猶是第二義，直須見得二帝三王之心，即此便已參到七八分，千萬便撥置來此，議定綱領，早下手爲佳。」此序始終以心爲言，蓋本師説也。

二帝、三王，存此心者也；夏桀、商受，亡此心者也；太甲、成王，困而存此心者也。存則治，亡則亂，治亂之分，顧其心之存不存如何耳。後世人主有志於二帝、三王之治，不可不求其道；有志於二帝、三王之道，不可不求其心，求心之要，舍是書何以哉？

補註：困，謂有所不通也。

沉自受讀以來，沉潛其義，參考衆説，融會貫通，廼敢折衷微辭奥旨，多述舊聞。二典、禹謨，先生蓋嘗是正，手澤尚新。嗚呼，惜哉！集傳本先生所命，故凡引用師説，不復識别。

補註：衆説，謂孔傳及近世王、蘇、程、陳、林少穎等書解也。舊聞，謂聞於師者，朱子訂傳，自孔序起至禹謨「率百官若帝之初」，又有金縢、召誥等説。皇極辨，載大全集。

四代之書分爲六卷，文以時異，治以道同，聖人之心見於書，猶化工之妙著於物，非精深不能識也。是傳也，於堯、舜、禹、湯、文、武、周公之心，雖未必能造其微；於堯、舜、禹、湯、文、武、周公之書，因是訓詁，亦可得其指意之大略矣。

補註：文以時異，謂虞、夏、商、周典謨、訓誥、誓命之體不同也。治以道同，謂二帝三王之治，道未嘗不本于心也。慈溪黄氏曰：「經解惟書最多，至九峯參合諸儒要説，嘗經文公訂定，其釋文義既視諸家爲精，其發指趣又視諸家爲的也。」

習鄉飲酒儀序

黄直卿

請賓介、陳器饌、獻賓介、獻僎、旅酬、燕六者，禮之大節也。登降辭受，禮之文也；鼎俎籩豆，禮之器也；脯醢脊脅，禮之用也，此觀禮者所共知也。其數易知，其義難知也。鄉飲，教親睦也。鄉閭親睦，陵犯爭訟之風息矣。

補註：按：禮記鄉飲酒義曰：「賓主象天地也，介僎象陰陽也。三賓象三光也。」註謂：介以輔賓，僎以輔主人也。獻，謂主人酌賓介與僎也。旅酬，謂賓酬主人，主人酬介，介酬衆賓也。燕，謂升坐而燕，「六十者坐，五十者立，侍以聽政役」也。草廬吴氏曰：「天下之達尊，三各有所尊焉，賓介尊其德也，三賓尊其齒也，僎坐於賓之東主之北，尊其爵也。」

夫禮主於敬，敬勝則乖，乖則離。聖人制禮，必濟之以和，和勝則瀆，瀆則慢。聖人制禮，必濟之以敬，始之以禮教敬也，終之以樂教和也。拜至、拜洗、拜既，敬之至也。請安、請坐、爵樂無算，和之至也。敬而和，禮之大義也。此所以親睦鄉閭，而息陵犯爭訟之風也。

補註：禮勝則離，故禮之用，和爲貴；樂勝則流，不以禮節之，亦不可行。拜至者，升堂之後，主人拜賓之至也。拜洗者，賓拜主人之洗爵也。拜既者，賓飲酒既盡而拜也。請安、請坐者，脱履升堂而坐燕也。爵樂無算，謂舉爵與樂無算數也。

降洗降盥，潔也。辭盥辭洗，遜也。父坐子立，孝也。老者坐上，少者立於下，弟也。飲食必祭，不忘本也，酬賞不舉，不盡人之忠也。序賓以賢，貴德也。序坐以齒，貴長也。

序僎以爵，貴貴也。工歌必獻，不忘功也。終於沃洗，不忘賤也。

補註：降洗降盥，謂主人將獻降至盥洗所，盥手洗爵揚觶，以致其絜也。辭盥辭洗，謂主人盥洗，賓辭之，以致其遜也。酬賞不舉，謂主酌賓，賓答主，主又答賓，是禮三賓，則略至介則省焉，所以不盡人之忠也。工歌必獻，謂工入升歌三終，主人獻之不忘其勞也。終於沃洗，謂沃盥洗爵之人旅酬亦及之，所以逮賤也。

歌關雎、葛覃、卷耳，齊家之義著矣。一飲一食，一拜一坐，一揖一降，無非教也，通於義者，又非但可以親睦鄉閭而已也。天理得，人心正，無所施而不可也。聖人著爲禮以教人，凡爲鄉人者，皆知此義焉，此成周之世，所以人人皆有士君子之行也。禮廢樂墜，鄉人之群飲者未嘗廢，豐飲食，侈供帳，悦聲伎，恣嚾嗷，教侈也，誨淫也，恣慾也，無非所以敗人心者也。此後世之士大夫，曾古之服勤於畎畝者之不若也。然則，是禮也，雖不行於今之世，學士大夫之存志於古者，其可不思所以講明而肄習之歟？

補註：關雎、葛覃、卷耳皆周南之詩，所言皆齊家之道，王化之基也。吕氏曰：「鄉飲酒者，鄉人以時會飲酒之禮也。先儒謂鄉飲有四：一則三年賓賢能，二則鄉大夫飲國中賢者，三則州長習射，四則黨長蠟祭。然鄉人凡有會聚，當行此禮，恐不特四事也。」慈溪黄氏曰：「晦庵既没，門人獨勉齋先生足任，負荷其著鄉飲酒儀序。有曰：『鄉飲，教親睦也。今之群飲者，教侈也，誨淫也，恣欲也，無非所以敗人心。』故爲明其義也，旨哉！」

送許太博序

天地之間，一陰一陽，兩儀立焉，陰陽有老少，四象生焉。形而上者謂之道，形而下者謂之器。語大，天下莫能載；語小，天下莫能破。皆不出是四者而已。

補註：莫能載，謂其大無外。莫能破，謂其小無内。朱子曰：「物之小亦有可破開作兩，中間尚著得一物者，其云無内則是至小，更不容破了。」

人之一身，仁禮爲陽，義智爲陰，兩儀也，仁爲木，禮爲火，義爲金，智爲水，四象也，形而上者也。肝心爲陽，腎肺爲陰，兩儀也，肝爲木，心爲火，肺爲金，腎爲水，四象也，形而下者也。耳、目、口、鼻之分，少、長、老、死之變，喜、怒、哀、樂之感，惻隱、羞惡、辭遜、是非之情，與夫五常百行，未有出四者之外也。語大，則天地日月，四時鬼神，不能違也；語小，則一草一木，無不具也。四者之妙，其淵深廣大如此。

補註：上一節言天地間兩儀四象，此一節言人身中兩儀四象。

人之所以與天地並立而無間者，於此器之中，具此道也；格物致知，窮此道也；存誠居敬，守此道也。無以窮之，則罔然無所見；無以守之，則茫然無所得。雖具人之形，其與夷狄禽獸不遠矣。世教不明，學者知之而未必求，求之而未必熟，不至於熟，猶無見無得也。至於熟，則動容周旋，無適而非四者之用也。古之君子，所以自强不息，亦將求以熟之也。許君一日相與語康節先生之學，有感於數之起於四者，予因極言之，以諗許君，且以自警云。

補註：此器之中，謂此身也。此一節言人所以參天地異禽獸者，由能格物致知、存誠居敬，以至乎熟而已。

記

養魚記

伊川

書齋之前有石盆池，家人買魚子食猫，見其煦沫也，不忍，因擇可生者，得百餘。其中，大者如指，細者如箸。支頤而觀之者竟日。始舍之，洋洋然，魚之得其所也；終觀之，戚戚焉，吾之感於中也。吾讀古聖人書，觀古聖人之道，禁數罟不入洿池，魚尾不盈尺，不中殺，市不得鬻，人不得食。聖人之仁，養物而不傷也。物獲如是，則人之樂其生，遂其性，宜何如哉？思是魚之於是時，寧有是困耶？

熊氏曰：支頤者，以手托口間也。

補註：「煦」，當作「呴」。莊子云：「魚相處於陸，相呴以濕，相濡以沫。」林氏曰：「口相向而相濡潤也。周禮：『澤虞，掌國澤之政令，爲之厲禁。』網罟用四寸之目，魚不滿尺，市不得粥，人不得食。伊川引此以明聖人之道，仁民而後愛物，物獲如是，則民之樂生，遂性何如哉？其意深矣。」

惟是魚，孰不可見耶？魚乎！魚乎！細鉤密網，吾不得禁之於彼，炮燔咀嚼，吾得免爾於此。吾知江海之大，足使爾遂其性，思置汝於彼，而未得其路，徒能以斗斛之水，生汝之命。生汝誠吾心，汝得生已多。萬物天地中，吾心將奈何？魚乎！魚乎！感吾心之戚戚者，豈止魚而已乎？因作養魚記。

補註：朱子嘗曰：伊川之言，即事明理，質慤精深。愚觀此篇首尾僅二百五十餘言，援引的慤，感慨深切，使見之於用，其效驗爲何如耶？抑斯記也，其殆金陵新法病民之時乎？

克齋記

晦庵

性情之德無所不備，而一言足以盡其妙，曰「仁」而已。所以求仁者，蓋亦多術，而一言足以舉其要，曰「克己復禮」而已。蓋仁也者，天地所以生物之心，而人物之所得以爲心者也。惟其得夫天地生物之心以爲心，是以未發之前，四德具焉，曰仁、義、禮、智，而仁無不統。已發之際，四端著焉，曰惻隱、羞惡、辭讓、是非，而惻隱之心，無所不通。此仁之體用所以涵育渾全，周流貫徹，專一心之妙，而爲衆善之長也。然人有是身，則有耳、目、鼻、口、四肢之欲，而或不能無害夫仁。人既不仁，則其所以滅天理而窮人欲者，將益無所不至，此君子之學所以汲汲於求仁，而求仁之要，亦曰去其所以害仁者而已。蓋非禮而視，人欲之害仁也；非禮而聽，人欲之害仁也；非禮而言且動焉，人欲之害仁也。知人欲之所以害仁者在是，於是乎有以拔其本、塞其源，克之克之而又克之，以至於一旦豁然，欲盡而理純，則其胸中之所存者，豈不粹然天地生物之心，而藹然其若陽春之温哉！默而會之，固無一理之不具，而無一物之不該也。感而通焉，則無事之不得於理，而無物之不被其愛矣。嗚呼，此仁之爲德，所以一言而可以盡性情之妙，而其所以求之之要，則夫子所以告顏淵者，亦可謂一言而舉也與！

補註：克，勝也。拔本塞源，謂克去私欲，如拔木必去其根塞，水必湮其源，庶不致乎潛滋而暗長也。西山真氏曰：「人得天地生物之心以爲心，其心本無不仁，只因有私欲便有違仁之時，能去私欲則心常仁矣。」

然自聖賢既遠，此學不傳，及程氏兩先生出，而後學者始得復聞其説，顧有志焉者或寡矣。若吾友會稽石君子重，則聞其説而有志焉者也，故嘗以「克」名齋，而屬予記之。予惟「克」、「復」之云，雖若各爲一事，其實天理人欲，相爲消長，故克己者，乃所以復禮，而非克己之外别有復禮之功也。今子重擇於斯言，而獨以「克」名其室，則其於所以求仁之要，又可謂知其要者矣，是尚奚以予言爲哉！自今以往，必將因夫所知之要而盡其力，至於造次顛沛之頃而無或怠焉。則夫所謂仁者，其必盎然有所不能自已於心者矣，又奚以予言爲哉！顧其所以見屬之勤，有不可終無言者，因備論其本末而書以遺之，幸其朝夕見諸屋壁之間，而不忘其所有事焉者矣，則亦庶乎求仁之一助云爾。

補註：復，反也。禮者，天理之節文也。造次急遽，苟且之時，顛沛傾覆，流離之際。

盎然者，豐厚盈溢之意。按：西山讀書記載：「或問朱子曰：『克齋記云克己者所以復禮，非克己之外別有所謂復禮之功，如何？』朱子答之曰：『便是當時説得太快了，明道謂克己則私心去，自能復禮。此言更著實也。』」

復齋記

昔者聖人作易，以擬陰陽之變，於陽之消於上而息於下也，其卦曰「復」。復，反也，言陽之既往而來反也。

補註：程子曰：陰極則陽生，剥極於上而復生於下，窮上而反下也。爲卦一陽生於五陰之下，陰極而陽復也。

夫大德敦化而川流無窮，豈假夫既消之氣，以爲方息之資？亦見其絶於彼而生於此，而因以著其往來之象爾。唯人亦然，大和保合，善端無窮。所謂復者，非曰追夫已放之心而還之、録夫已棄之善而屬之也，亦曰不肆焉以騁於外，則本心全體即此而存，固然之善自有所不能已耳。

補註：程子曰：近取諸身，百理皆具，屈伸往來，只是一理，不必將既屈之氣復爲方伸之氣，況既散之之氣，豈有復在？天地造化又焉用此既散之氣？如海潮之生，非是將已涸之水爲潮也。

嗚呼！聖人於復之卦，所以贊其可見天地之心，而又以爲德之本者，其不以此歟？

補註：復卦彖曰：「復其見天地之心乎。」大傳曰：「復，德之本也。」程子曰：「一陽生于下，乃天地生物之心也。」朱子曰：「復德之本者，心不外而善端存也。」

吾友黄君仲本以「復」名齋，而謁於予曰：「願得吾子之言以書于壁，庶乎其有以目在之而不忘也。」予不敢辭，而請其所以名之意。仲本則語予曰：「吾之幼而學也，家公授以程氏之書，讀之而有不得於其説者，則以告而請益焉。公曰：『思之。』又問，則曰：『反諸爾之身以求焉可也。』自吾之得是言也，居處必恭，執事必敬，其與人也必忠，如是以求之，三年而後有得也。然其存之也未熟，是以充之不周。往者不循其本，顧欲雜乎事物之間以求之，或乃反牽於外而益昡於其内。今也既掃一室於家庭之側，揭以是名而日居之，蓋將悉其温凊定省之餘力，以從事於舊學，庶乎真積力久，而於動静語默之間，有以貫乎一而不爲内外之分焉。然猶懼其怠而不能以自力，是以願吾子之相也。」

予惟仲本所以名齋之意，蓋與予之所聞者合，然其守之固而行之力，則吾黨之士皆有愧焉，則起謝曰：「僕之言未有以進於吾子，而子之賜於僕則已厚矣。且將銘諸心，移諸同志，以警夫空言外徇之敝，而豈敢有所愛於子之求哉！抑予聞之，古人之學，博文以約禮，明善以誠身，必物格而知至，而後有以誠意而正心焉。此夫子、顔、曾、子思、孟子所相授受，而萬世學者之準程也。仲本誠察於此，有以兩進而交養焉，則夫道學之體用，聖賢之德業，不在仲本而安歸乎？願書此言，以記於壁，且將因其過庭之際而就正焉，予亦庶乎其又有以自新也。」[五]

補註：按：熊本自「吾友黄君」至篇終皆節去，今用補入。

袁州學三先生祠堂記[六]

宜春太守廣漢張侯既新其郡之學，因立濂溪、河南三先生之祠于講堂之序，而以書來，屬熹記之。蓋自鄒孟氏没而聖人之道不傳，世俗所謂儒者之學，内則局於章句文辭之習，外則雜於老子釋氏之言。其所以脩己治人者，遂一出於私智人爲之鑿，淺陋乖離，莫適正統，使其君之德不得比於三代之隆、民之俗不得躋於三代之盛，若此者，蓋已千有餘年於今矣。

熊氏曰：淺，謂淺近。陋，謂卑陋。乖，謂乖疏。離，謂支離。「莫適正統」者，謂莫知是道正統之所在也。[七]

補註：宜春，袁州郡名。張侯，南軒之弟。三先生祠，謂濂溪、二程子也。序，堂廡也。淺陋，謂章句文詞之習。乖離，謂老、釋之言，乖悖離畔聖人之道也。適，從也。

濂溪周公先生奮乎百世之下，乃始深探聖賢之奥，疏觀造化之原，而獨心得之。立象著書，闡發幽秘，詞義雖約，而天人性命之微，脩己治人之要，莫不畢舉。河南兩程先生既親見之而得其傳，於是其學遂行於世。士之講於其説者，始得以脱於俗學之陋，異端之惑，其所以脩己治人之意，亦往往有能卓然不惑於世俗利害之私，而慨然有志堯舜其君民者。蓋三先生者，其有功於當世，於是爲不小矣。

熊氏曰：疏，通也。立象著書，謂太極圖象通書也。[八]

補註：「卓然不惑於世俗利害之私」，熊本作「能卓然世俗利害之私」，今考大全集正之。

然論者既未嘗考於其學，又拘於今昔顯晦之不同，是以莫知其本末源流之若此，而或輕議之。其有略聞之者，則又舍近求遠，處下窺高，而不知即事窮理，以求其切於脩己治人之實。嗚呼！張侯所以作爲此祠，而屬其筆於熹者，其意豈不有在於斯與！

補註：「輕議之」者，謂象山兄弟、林栗之徒。舍近求遠，謂如呂氏稱太極圖書爲用意高遠者是也。

抑嘗聞之，紹興之初，故侍講南陽胡文定公嘗欲有請于朝，加程氏以爵列，使得從食於先聖先儒之廟。其後熹之亡友建安魏君掞之爲太學官，又以其事白宰相，且請廢王荊公安石父子勿祠。當時皆不果行，識者恨之。至於近歲，天子乃特下詔，罷臨川伯雱者，略如掞之之言。然則，公卿議臣有能條奏前二議者，悉施行之。且復推而上之，以及於濂溪，其亦無患於不從矣。

補註：按：宋史：徽宗崇寧三年以王安石配享孔子，位次孟軻。政和三年復封其子雱爲臨川伯，從祀孔子廟庭。孝宗朝降安石從祀，而罷王雱。至理宗淳祐元年詔追封周敦頤、張載、程顥、程頤、朱熹封爵，並從祀孔子，始黜安石從祀。

張侯名杓，丞相魏忠獻公之子，文學吏治皆有家法。觀於此祠，又可見其志之所存者。異時從容獻納，自發其端，使三先生之祠徧天下，而聖朝尊儒重道之意垂於無窮，則其美績之可書，又不止於此祠而已也。故熹喜爲之論著其事，而又附此説焉以俟。

補註：按：朱子歿于寧宗慶元庚申，當時僞學之禁如燬，迨理宗淳祐初元辛丑凡四十二年，而朱子與周、程、張子並列從祀，而安石遂黜，記文之語乃驗，天定勝人詎不然哉。

江州重建濂溪先生祠堂記

道之在天下者未嘗亡，惟其託於人者或絶或續，故其行於世者有明有晦，是皆天命之所爲，非人智力之所能及也。夫天高地下，而二氣五行紛綸錯糅，升降往來於其間，其造化發育，品物散殊，莫不各有固然之理，而最其大者，則仁、義、禮、智之性，君臣、父子、昆季、夫婦、朋友之倫是已。是其周流充塞，無所虧間，夫豈以古今治亂爲存亡者哉！

補註：紛論錯糅，猶言紛紜錯雜也。最，總計也。豈以古今治亂爲存亡者，即董子所謂「非道亡也，幽、厲不由之謂也」。

然氣之運也，則有醇醨判合之不齊；人之禀也，則有清濁昏明之或異。是以道之所以托於人而行於世者，惟天所畀，乃得與焉，決非巧智果敢之私，所能臆度而强探也。河圖出而八卦畫，洛書呈而九疇叙，而孔子於斯文之興喪，亦未嘗不推之於天，聖人於此，其不我欺也，審矣。

熊氏曰：是氣運行，有真醇、瀉薄、開合之不同。

補註：醇，厚也。判，謂元氣分散不全。合，謂元氣會合而全也。臆度，謂胸臆量度也。

若濂溪先生者，其天之所畀，而得乎斯道之傳者歟，不然，何其絶之久而續之易，晦之甚而明之亟也。蓋自周衰孟軻氏没，而此道之傳不屬，更秦及漢，歷晉、隋、唐，以至於我有宋。聖祖受命，五星聚奎，實開文明之運，然後氣之瀉者醇、判者合，清明之稟，得以全付乎人。而先生出焉，不由師傳，默契道體，建圖屬書，根極領要，當時見而知之，有程氏者，遂擴大而推明之，使夫天理之微，人倫之著，事物之衆，鬼神之幽，莫不洞然畢貫于一，而周公、孔子、孟氏之傳，燦然復明於當世。有志之士，得以探討服行而不失其正，如出於三代之前者。嗚呼盛哉！非天所畀，其孰能與於此！

熊氏曰：「根極領要」者，會本根之極，挈裘領之要。

補註：按：宋史：藝祖登極之八載，是爲乾德五年丁卯三月，五星聚于奎，占者以爲文明之祥。建圖屬書，謂建立太極圖而聯屬以通書。根極領要，根，本也，即通書水陰根陽之根。極，窮也，盡也，即大傳極深研幾之極。領要，謂道之綱領指要也。與上篇袁州祠堂記所謂「立象著書，闡發幽秘」文意相類。曾子固上歐陽學士書亦有「根極理要」之語。

先生姓周氏，名惇頤，字茂叔。世家舂陵，而老於廬山之下，因取故里之號，以名其所曰「濂溪」，而築書堂於其上。今其遺墟在九江郡治之南十里，而其荒茀弗治，則有年矣。淳熙丙申，今太守潘侯慈明與其通守吕侯勝己作堂其處，揭以舊名，以奉先生之祀。而吕侯又以書來屬熹記之。熹愚不肖，不足以及此，獨幸嘗竊有聞程氏之學者，因得伏讀先生之書，而想見其爲人。比年以來，屏居無事，嘗欲一泛九江，入廬阜，濯纓此水之上，以致其高山景行之思，而病不得往。誠不自意，幸甚獲因文字，以託姓名於其間也。於是竊原先生之道所以得於天而傳諸人者，以傳其事如此。使後之君子有以觀考而作興焉，是則庶幾乎兩侯之志爾。

補註：茀，草多也。濯纓，見孟子有云「滄浪之水清兮，可以濯我纓」。高山景行，見詩小雅車舝之篇曰：「高山仰止，景行行止。」謂高山則可仰、景行則可行也。景行者，大道也。

徽州婺源縣學藏書閣記

道之在天下，其實原於天命之性，而行於君臣、父子、兄弟、夫婦、朋友之間，其文則出於聖人之手，而存於易、書、詩、禮、樂、春秋、孔孟氏之籍[九]。本末相須，人言相發，皆不可一日而廢焉者也。蓋天理民彝，自然之物則，其大法之所在，固有不依文字而立者。然古之聖人欲明是道於天下而垂之萬世，則其精微曲折之際，非託於文字，亦不能以自傳也。

熊氏曰：「本末相須」者，由本及末。「人言相發」者，謂由註而疏，言語相發。

補註：本，謂天命之性，五倫之道。末，謂經籍之言。相須，謂二者不可偏廢也。人，謂聖人。言，謂聖人之言。觀聖人之行，味聖人之言，二者互相發也。

故自伏羲以降，列聖繼作，至于孔子，然後所以垂世立教之具，粲然大備。天下後世之人，自非生知之聖，則必由是以窮其理，然後知有所至，而力行以終之，固未有飽食安坐，無所猷爲而忽然知之，兀然得之者也。故傅說之告高宗曰：「學于古訓乃有獲」，而孔子之教人亦曰「好古敏以求之」，是則君子所以爲學致道之方，其亦可知也已。

補註：孔子贊易、敘書、删詩、正禮樂、脩春秋，而後古先列聖立教之具始著。致，推極也。致道，謂極是道之所至也。

然自秦漢以來，士之所求乎書者，類以記誦剽掠爲功，而不及乎窮理脩身之要，其過之者則遂絶學捐書，而相與馳騖乎荒虚浮誕之域，蓋二者之蔽不同，而於古人之意則胥失之矣。嗚呼！道之所以不明不行，其不以此與？

補註：記誦剽掠，即俗儒記誦詞章之習，退之有云「降而不能乃剽賊」是也。絶學捐書，即異端虚無寂滅之教。直騁曰馳，亂馳曰騖，荒虚浮誕，異端之所務也。胥，皆也。道之不明不行，二者之蔽也。

婺源學宫講堂之上有重屋焉，牓曰「藏書」，而未有以藏。莆田林侯虙知縣事，始出其所寶大帝石經今上神筆填之，而又益廣市書，凡千四百餘卷，列庋其上，俾肄業者得以講教而誦習焉。熹故邑人也，而客於閩，兹以事歸，而拜於學，則林侯已去而仕於朝矣，學者猶指其書以相語，感嘆久之。

熊氏曰：大帝石經者，老大帝石經之書也。

補註：大帝，猶云太皇，謂高宗也。石經者，紹興二年御書孝經，繼出易、詩、書、左傳、論、孟及中庸、大學、學記、儒行經解五篇，刊石太學。淳熙中孝宗建閣奉安，仍模本賜群臣及學校。今上神筆，謂孝宗御書也。肄，習也。庋，音紀，閣藏也。

一旦遂相率而踵門，謂熹盍記其事，且曰：「比年以來，鄉人子弟願學者衆，而病未知所以學也。子誠未忘先人之國，獨不能因是而一言以曉之哉！」熹起曰：「必欲記賢大夫之績，以詔後學，垂方來，則有邑之先生君子在，熹無所辱命。顧父兄子弟之言，又熹之所不忍違者，其敢不敬而諾諸！」於是竊記所聞如此，以告鄉人之願學者，使知讀書求道之不可已，而盡心焉以善其身，齊其家而及於鄉，達之天下，傳之後世，且以信林侯之德於無窮也。是爲記云。

補註：踵門，足至門也。盍，何不也。比年，近年也。先人之國，謂晦翁父韋齋始自婺源宦游居閩也。詔，告也。

衢州江山縣學記

建安熊君可量爲衢之江山尉，始至，以故事見于先聖先師之廟。視其屋皆壞陋弗支，而禮殿爲尤甚，因問其學校之政，則廢墜不脩又已數十年矣。於是俯仰歎息，退而以告其長湯君悦，請得任其事而一新焉。湯君以爲然，予錢五萬，曰：「以是經其始。」熊君則徧以語于邑人之宦學者，久之，乃得錢五十萬。遂以今年正月癸丑始事，首作大成之殿，踰月訖工。棟宇崇麗，貌象顯嚴，位序丹青，應圖合禮。熊君既以復于其長，合群吏，率諸生而釋菜焉。又振其餘財，以究厥事，列置門棘，扁以「奎文」，師生之舍，亦葺其舊。

熊氏曰：「故事」者，舊典也。

補註：禮殿，夫子之殿也。其長，縣令也。釋菜，周禮：「春入學舍菜。」鄭氏曰：「舍即釋也。始入學舍菜禮先師也。」菜，蘋蘩屬。

於是熊君乃復揖諸生而進之，使程其業，以相次第，官居廩食，絃誦以時。邑人有識者，皆嗟嘆之，以爲尉本以逐捕盜賊爲官，苟食焉而不曠其事，則亦足矣。廟學興廢，豈其課之所急哉！而熊君乃能及是，是其知與材爲如何耶！熹時適以事過邑，聞其言，則以語熊君曰：「吾子之爲是役，則善矣。而子之所以爲教，則吾所不得而聞也。抑先聖之言有之：『古之學者爲己，今之學者爲人。』二者之分，實人材風俗盛衰厚薄之所係，而爲教者，不可以不審焉者也。顧予不足以議此，子之邑故有儒先曰徐公誠叟者，受業程氏之門人，學奥行高，講道於家，弟子自遠而至者，常以百數，其去今未遠也。吾意大山長谷之中，隘巷窮閻之下，必有獨得其傳而深藏不市者，爲我訪而問焉，則必有以審乎此，而知所以爲教之方矣！」

補註：論語集註：「爲己欲得之於己也，爲人欲見知於人也。」閻，里門也。

熊君曰：「走則敬聞命矣，然此意也不可使是邑之人無傳焉，願卒請文，以識兹役而并刻之。」熹不得而辭也，因悉記其事，且書其説如此，俾刻焉。既以勵熊君，且以示其徒，又以告凡後之爲師弟子而食于此者，知所以自擇云爾。

補註：走，謂馳走之人，自謙之稱，史記「太史公牛馬走」是也。

周子通書後記

通書者，濂溪夫子之作也。夫子姓周氏，名惇頤，字茂叔，自少即以學行有聞於世，而莫或知其師傳之所自，獨以河南兩程夫子嘗學焉，而得孔孟不傳之正統，則其淵源因可槩見。然所以指夫仲尼、顏子之樂，而發其吟風弄月之趣者，亦不可得而悉聞矣。

補註：解見第一卷像贊及事狀。

所著之書又多放失，獨此一篇本號易通，與太極圖說並出。程氏以傳於世而其爲說實相表裏，大抵推一理二氣五行之分合，以紀綱道體之精微，决道義文辭禄利之取舍，以振起俗學之卑陋，至論所以入德之方、經世之具，又皆親切簡要，不爲空言。顧其宏綱大用，既非秦漢以來諸儒所及而其條理之密，意味之深，又非今世學者所能驟而窺也。是以程氏既没而傳者鮮焉。其知之者，不過以爲用意高遠而已。

補註：按：潘誌：先生所著有太極圖、易説、易通。朱子曰：「易説，世無傳本，蓋依經以解義者，此則通論其大旨，故曰易通。特不知去『易』字而曰通書，始於何時爾？」

熹自蚤歲，即幸得其遺編而伏讀之。初蓋茫然不知其所謂，而甚或不能以句。壯歲獲遊延平先生之門，然後始得聞其説之一二。比年以來，潛玩既久，乃若粗有得焉。雖其宏綱大用，所不敢知，然於其章句文字之間，則有以實見其條理之愈密、意味之愈深，而不我欺也。顧自始讀，以至於今，歲月幾何，倏焉三紀，慨前哲之益遠，懼妙旨之無傳，竊不自量，輒爲注釋，雖知凡近不足以發夫子之精藴，然創通大義，以俟後之君子，則萬一其庶幾焉。

補註：按：五峯嘗作通書序，有曰：「先生太極圖得之於人，乃學之一師，非其至者，故朱子辨之曰：『先生之學之妙，不出是圖，以爲得之於人，決非种、穆所及，以爲非其至者，則先生之學又何以加於此圖哉？』今熊本於此乃獨載五峯序而不載朱子此篇，因爲正之黄氏觀樂曰：『朱子於書無不緒正，而周子二書解在乾道九年已脱藁，至淳熙十五年始出以授學者，慶元五年三月將終之前五日，猶爲諸生講太極圖至夜分，則其於是書蓋終身焉。然與陸氏往復爭辨以此，與林侍郎論不合得劾以此。最後臺臣排擊僞學，有張貴謨者，指論太極圖説之非，遂決去以終其身亦以此。嗚呼！先生講授開示學者，惟恐一毫之不明且盡也，而人之好異亦可畏哉！後之讀者其尚知先生苦心。』」「創」，與「創業」之「創」同。造，始也。

龜山楊先生畫像贊[一〇]

南軒

宋興百有餘年，四方無虞，風俗敦厚，民不識干戈。有儒生出於江南，高談詩、書，自擬伊、傅，而實竊佛、老之似，濟非、鞅之術。舉世風動，雖巨德故老有莫能燭其姦。其説一行，而天下始紛紛多事，反理之評，詭道之論，日以益熾，邪慝相乘，卒兆裔夷之禍，考其所致，有自來矣。

熊氏曰：儒生出於江南，指王安石也。非，韓非。鞅，商鞅。舉世風動，謂一世之人從之，猶風之動物也。

補註：巨德故老莫能燭其姦，如文潞公爲相，嘗薦安石恬退，乞不次擢用是也。裔夷之禍，謂女直入寇也。

靖康初，龜山楊公任諫議大夫、國子祭酒，始推本論奏其學術之謬，請追奪王爵，罷去配享。雖當時餘黨猶夥，公之説未得盡施，然大統中興，論議一正，到于今學者，知荆舒禍本，而有不屑焉。則公之息邪説、距詖行、放淫辭以承孟氏者，其功顧不大哉！是宜列之學宮，使韋布之士知所尊仰，而况公舊所臨，流風善俗之及，祀事其可缺乎！

補註：「夥」，多也。「大統中興」，謂高宗南渡中興，宋祚也。「荆舒」，安石初封荆國公，後追封舒王也。「不屑」者，不以爲潔也。

瀏陽實潭之屬邑，紹聖初公嘗辱爲之宰。歲飢，發廩以賑民，而部使者以催科不給罪公，公之德及邑民也深矣。後六十有六年，建安章才邵來爲政，慨然念風烈，咨故老，葺公舊所爲飛鴻閣，繪像於其上，以示後學，以慰邑人之思，去而不忘也。又六年，貽書俾栻記之。栻生晚識陋，何足以窺公之藴？惟公師事河南二程先生，得中庸鳶飛魚躍之傳於言意之表，踐履純固，卓然爲一世儒宗，故見於行事，深切著明如此。敢表而出之，庶幾慕用之萬一云爾。

補註：龜山嘗爲瀏陽宰漕，胡師文以「不催積欠」劾之，衝替而去。得「鳶飛魚躍之傳於言意之表」者，龜山記程子語録，其第一條載：「程子云：鳶飛魚躍，子思喫緊爲人處，活潑潑地。」詳見中庸集註。

祭文

邵州遷學釋菜文

濂溪

惟夫子道德高厚，教化無窮，實與天地參而四時同。上自國都，下及州縣，通立廟貌。州守縣令，春秋釋奠。雖天子之尊，入廟肅躬行禮。其重，誠與天地參焉。儒衣冠、學道業者，列室於廟中，朝夕目瞻睟容，心慕至德，幾於顔氏之子者有之。得其位，施其道，澤及生民者代有之。然夫子之宫可忽歟！而邵置於惡地，掩於牙門，左獄右庾，穢喧歷年。惇頤攝守州符，嘗拜惇，音淳。堂下，惕汗流背，起而議遷。得地東南，高明協卜。用舊增新，不日成就。彩章冕服，儼坐有序，諸生既集，率僚告成。謹以禮幣藻齊，式陳明薦，以兖國公顏子等配。尚饗！

補註：邵州，今寶慶府。「睟」者，清和潤澤之貌。藻，釋奠之菜。齊，音劑，酒也。韻書謂：「酒以度量節作者，謂之齊。」

滄洲精舍告先聖文

晦庵

恭惟道統，遠自羲、軒。集厥大成，允屬元聖。述古垂訓，萬世作程。三千其徒，化若時雨。維顏、曾氏，傳得其宗。逮思及輿，益以光大。自時厥後，口耳失真。千有餘年，乃曰有繼。周、程授受，萬理一原。曰邵曰張，爰及司温。學雖殊轍，道則同歸。俾我後人，如夜復旦。熹以凡陋，少蒙義方。中靡常師，晚逢有道。載鑽載仰，雖未有聞。賴天之靈，幸無失墜。逮茲退老，同好鼎來。落此一丘，群居伊始。探原推本，敢昧厥初。奠以告虔，尚其昭格。陟降庭止，惠我光明。傳之方來，永永無斁。

補註：思，子思。輿，孟子也。殊轍同歸，謂邵子、司馬之學雖與周、程有異，而道則一也。有道，謂李延平也。按：年譜：慶元甲寅晦翁罷侍講，既歸，學者甚衆，建竹林精舍，率諸生行釋菜禮于先聖先師，以周、程、邵、張、司馬、延平七先生從祀。陟降庭止，周頌閔予小子篇之詞，言思念先聖先賢，常若見其陟降于庭也。止，語助辭。後改精舍曰「滄洲」。

性理群書補註卷之十終

校勘記

［一］按：熊氏註文中，朝鮮本、日本抄本在「謂道」、「謂治」下均爲空白，且彼此間不相連接，據明宣德九年刻本補。

［二］則天子巡守亦必陳而觀之　「守」，據吴訥補註朝鮮本本條註文，宜作「狩」。

［三］按：熊氏註文中，「異世同符謂」「並其所以進於此者而得之謂」，句解本無，乃吴訥增補。

［四］按：熊氏註文中，「意其源遠者謂」「未分醇醨異味者謂」，句解本無，乃吴訥增補。

［五］按：本條文字中，自「吾友黄君仲本以復名齋」至「又有以自新也」，爲吴訥所增選。

［六］袁州學三先生祠堂記　「袁州」下，句解本有「州」字。

［七］按：熊氏註文中，此處「淺謂淺近陋謂卑陋乖謂乖疏離謂支離莫適正統者謂」二十二字，乃吴訥增補。

［八］按：「熊氏曰」下的註文非句解本原有，乃吴訥自編增入。

［九］而存於易書詩禮樂春秋孔孟氏之籍　按：「氏」字，句解本無。

［一〇］龜山楊先生畫像贊　「贊」，當據本書目録、補註明宣德九年刻本、句解本改作「記」。

性理群書補註卷之十一[一]

建安熊剛大集解　海虞吴訥補註

近思録

淳熙乙未之夏，東萊吕伯恭來自東陽，過予寒泉精舍。留止旬日，相與讀周子、程子、張子之書，嘆其廣大閎博，若無津涯，而懼夫初學者不知所入也。因共掇取其關於大體而切於日用者，以爲此編。總六百一十二條[二]，分十四卷。蓋凡學者所以求端、用力、處己、治人之要，與夫辨異端、觀聖賢之大略，皆粗見其梗槩。以爲窮鄉晚進、有志於學而無明師良友以先後之者，誠得此而玩心焉，亦足以得其門而入矣。如此，然後求諸四君子之全書，沉潛反復，優柔厭飫，以取其博而反諸約焉[三]，則其宗廟之美，百官之富，庶乎其有以盡得之。若憚煩勞，安簡便，以爲取足於此而可，則非今日所以纂集此書之意也。五月五日，朱熹謹識。[四]

熊氏曰：東陽，婺州也。

補註：乙未，孝宗淳熙二年也。寒泉，谷名，在建陽後山天湖之陽，晦翁葬母夫人於谷中，因結精舍於其地也。津，渡也。涯，水際也。梗槩，韻會作「梗」，注云「大略也」。先後，俱去聲，見詩緜之篇，謂相導前後也。沉潛，謂深沉潛泳也。優，有餘力也。柔，安也。厭飫，飽足也。「宗廟之美、百官之富」，見論語子貢答叔孫武叔之問，言夫子墻高宮廣，不見其中之所有者也。

近思録卷第一

本註：此卷論性之本原、道之體統。

伊川先生曰：「喜怒哀樂之未發謂之中」，中也者，言「寂然不動」者也，故曰「天下之大本」。「發而皆中節謂之和」，和也者，言「感而遂通」者也，故曰「天下之達道」。文集。下同。

補註：中和，大本，達道，俱解見字訓。

心一也，有指體而言者，有指用而言者，惟觀其所見如何耳。

熊氏曰：本注云：「寂然不動則見其爲心之體，感物而動則見其爲心之用。」

乾，天也。天者天之形體，乾者天之性情。乾，健也，健而無息之謂乾。夫天專言之則道也，「天且弗違」是也。分而言之，則以形體謂之天，以主宰謂之帝，以功用謂之鬼神，以妙用謂之神，以性情謂之乾。易乾卦彖傳。下同。

補註：朱子曰：「乾卦六畫皆奇陽之純健之至，故乾之名天之象也。乾，健也，健之體爲性，健之用爲情，健故不息。」又曰：「如云天命之謂性，便是説道。天之蒼蒼，便是説形體，惟皇上帝降衷于下民，是説帝便有主宰之意。」又曰：「鬼神只是往來屈伸，功用只是論發見者。至於不測者，則謂之神。」又曰：「功用言其氣，妙用言其理。功用兼精粗而言，妙用言其精者。」

四德之元，猶五常之仁。偏言則一事，專言則包四者。

補註：解見第八卷朱子仁説。

天所賦爲命，物所受爲性。

補註：性、命，解見字訓。

鬼神者，造化之迹也。

熊氏曰：迹者，以其著見，如日往月來、萬物屈伸之類。

剥之爲卦，諸陽消剥已盡，獨有上九一爻尚存，如碩大之果不見食，將有復生之理，上九亦變則純陰矣。然陽無可盡之理，變於上則生於下，無間可容息也。聖人發明此理，以見陽與君子之道不可亡也。或曰：「剥盡則爲純坤，豈復有陽乎？」曰：「以卦配月，則坤當十月。以氣消息言，則陽剥爲坤，陽來爲復，陽未嘗盡也。剥盡於上，則復生於下矣。故十月謂之陽月，恐疑其無陽也。陰亦然，聖人不言耳。」剥卦上九傳。

熊氏曰：碩大之果不見食，謂果實剥落，若不取而食之，則其中生意復萌也。

補註：碩，亦大也。「聖人不言」者，扶陽抑陰之意也。

一陽復于下，乃天地生物之心也。先儒皆以静爲見天地之心，蓋不知動之端乃天地之心。非知道者，孰能識之？復卦彖傳。

補註：朱子曰：程先生説天地以生物爲心最好，此乃無心之心也。王輔嗣説寂然至無乃見天地心，若静處説無，不知下面一畫作甚麽。

仁者，天下之公，善之本也。復卦六二傳。

補註：天下之公，是無一毫私也。善之本，是萬善從此出。熊本以此條合上文爲一條。

有感必有應。凡有動皆爲感，感則必有應。所應復爲感，所感復有應，所以不已也。感通之理，知道者默而觀之可也。咸卦九四傳。

熊氏曰：咸乃無心之感，故伊川因九四象傳發明感應之妙。明乎此，則天地陰陽之消長變化、人心物理之表裏盛衰，不外乎感應之理而已。

天下之理，終而復始，所以恒而不窮。恒，非一定之謂也，一定則不能恒矣。惟隨時變易，乃常道也。天地常久之道，天下常久之理。非知道者孰能識之？恒卦彖傳。

熊氏曰：隨時改易，如日月往來，萬化屈伸，無一息之停，亘萬古常然。

人性皆善，有不可革者，何也？曰：語其性則皆善也，語其才則有下愚之不移。所謂下愚有二焉，自暴也，自棄也。人苟以善自治，則無不可移者。雖昏愚之至，皆可漸磨而進。唯自暴者拒之而不信，自棄者絶之以不爲，雖聖人與居，不能化而入也，仲尼之所謂下愚也。然天下自暴自棄者，非必皆昏愚也。往往强戾而才力有過人者，商辛是也。聖人以其自絶於善，謂之下愚。然考其歸，則誠愚也。既曰下愚，其能革面，何也？曰：心雖絶於善道，其畏威而寡罪，則與人同也。唯其有與人同，所以知其非性之罪也。革卦上六傳。

補註：性、才、自暴自棄，俱解見字訓。商辛，紂也。

在物爲理，處物爲義。

補註：朱子曰：義者，心之制，事之宜。事之宜，雖若在外，然所以制其宜則在心。非程子此言，則後人未免有義外之見。

動靜無端，陰陽無始。非知道者，孰能識之？

補註：朱子曰：「太極動而生陽」，是從動處説起。其實，動前是靜，靜前又是動。推之於前，不見其始之合；引之於後，不見其終之離也。

仁者，天下之正理，失正理則無序而不和。

補註：仁只是正當道理，無序不和，則失禮樂之本矣。

明道先生曰：天地生物，各無不足之理。常思天下君臣、父子、兄弟、夫婦，有多少不盡分處。遺書。下同。

熊氏曰：分者，天理之則。人於四者之間，一毫不當乎理，是謂不盡分。

「忠信所以進德」、「終日乾乾」。君子當終日「對越在天」也。蓋「上天之載，無聲無臭」。其體則謂之易，其理則謂之道，其用則謂之神，其命于人則謂之性。率性則謂之道，脩道則謂之教。孟子去其中又發揮出浩然之氣，可謂盡矣。故説神「如在其上，如在其左右」。大小大事，而只曰「誠之不可揜如此」。形而上爲道，形而下爲器。須著如此説，器亦道，道亦器。但得道在，不繫今與後，己與人。

熊氏曰：「但得道在，不繫今與後，己與人」，謂人能體道，則道在我，不拘今古、人己，無往而不合也。

補註：朱子曰：「上天之載無聲無臭，其闔闢變化之體，則謂之易。所以能闔闢變化之理，則謂之道。其功用著見處，則謂之神也。」浩然之氣，見孟子。「如在其上，如在其左右」，「誠之不可揜」，俱見中庸。「形而上爲道，形而下爲器」，見易繫辭。「大小大事」者，極言其事之大也。

醫書言手足痿痺爲不仁，此言最善名狀。仁者以天地萬物爲一體，莫非己也。認得爲己，何所不至？若不有諸己，自不與己相干。如手足不仁，氣已不貫，皆不屬己。如博施濟衆，乃聖人之功用。仁至難言，故止曰「己欲立而立人，己欲達而達人。能近取譬，可謂仁之方也已」。欲令如是觀仁，可以得仁之體。

補註：黄氏曰：「或以痿痺者，不識痛癢之謂，如此則覺者爲仁，仁可以覺言乎？」曰：「所謂仁者，當於氣已不貫求之。」「博施濟衆」以下，俱解見論語集註。

「生之謂性」，性即氣，氣即性，生之謂也。人生氣禀，理有善惡，然不是性中元有此兩物相對而生也。有自幼而善，有自幼而惡，是氣禀有然也。善固性也，然惡亦不可不謂之性也。蓋「生之謂性」，「人生而静」以上不容説，才與「纔」同。說性時便已不是性也。凡人說性，只是説「繼之者善」也，孟子言性善是也。夫所謂「繼之者善也」者，猶水流而就下也。

皆水也，有流而至海，終無所污，此何煩人力之爲也？有流而未遠，固已漸濁；有出而甚遠，方有所濁。有濁之多者，有濁之少者。清濁雖不同，然不可以濁者不爲水也。如此，則人不可以不加澄治之功。故用力敏勇則疾清，用力緩怠則遲清。及其清也，則却只是元初水也。不是將清來換却濁，亦不是取出濁水置在一隅也。水之清，則性善之謂也。故不是善與惡在性中爲兩物相對，各自出來。此理，天命也。順而循之，則道也。循此而脩之，各得其分，則教也。自天命以至教，我無加損焉，此舜「有天下而不與焉」者也。

補註：朱子曰：「『生之謂性』者，謂性是生下喚做性的，便有氣稟夾雜。『性即氣，氣即性』者，此言性與氣混合也。『人生氣稟，理有善惡』者，此『理』字猶云理當如此，只作合字看。性固善也，『惡亦不可不謂之性』者，言此理原頭本善，因氣偏這性便偏了。然此處亦是性也。」又曰：「『人生而靜以上』者，是人物未生時，只可謂之理，說性未得此，所謂在天曰命也。纔謂之性便是人生以後，此理已墮在形氣之中，不全是性之本體，此所謂在人曰性也。所謂『繼之者善也者，猶水流而就下』，喻性之善也。有流至海而不污者，氣稟清明，自幼而善，聖人性之者也。流未遠而已濁者，氣稟偏駁之甚，自幼而惡者也。流既遠而方濁者，長而見異物而遷也。濁有多少，氣之昏明純駁，有淺深也。不可以濁者不爲水，惡亦不可不謂之性也。人不可以不加克治之功，惟能學以勝氣，則知此性渾然，所謂

『元初水也』。如此則其本善而已，性中豈有兩物對立而並行哉？」又曰：「此理天命也，該始終本末而言也。脩道雖以人事而言，然其所以脩者，莫非天命之本然，非聖人有不能盡，故以舜明之也。」

觀天地生物氣象。

補註：朱子曰：周茂叔窻前草不除，曰「觀天地生物氣象」。

萬物之生意最可觀，此「元者善之長也」。所謂仁也。

補註：朱子曰：物之初生，其去本根未遠，故生意好看，及榦成葉茂，卻不好看矣。

滿腔子是惻隱之心。

補註：腔子，猶言軀殼。滿腔子，謂充塞周遍也。

天地萬物之理，無獨必有對，皆自然而然，非有安排也。每中夜以思，不知手之舞之足之蹈之也。

熊氏曰：天地間萬物之理，必有對待。陰陽動静，以至屈伸、上下、左右，或以類而對，或以反而對。非待安排而然，中夜而思，不覺手舞足蹈也。

中者天下之大本，天地之間，亭亭當當，直上直下之正理。出則不是。唯能「敬而無失」最盡。

熊氏曰：「出則不是」者，心有散逸，則失其所以爲主也。

補註：朱子曰：出則不是，謂發出則便不可謂之中也。

伊川先生曰：公則一，私則萬殊。「人心不同如面」，只是私心。

熊氏曰：人一心也，其不同如面者，私心也。

凡物有本末，不可分本末爲兩段事。「洒掃應對」，是其然，必有所以然。

補註：朱子曰：治心脩身是本，洒掃應對是末，皆其然之事。至於所以然，則理也。理無精粗本末，皆是一貫。

楊子拔一毛不爲，墨子又摩頂放踵爲之，此皆是不得中。至如「子莫執中」，欲執此二者之中，不知怎麽執得？識得則事事物物上，皆天然有箇中在那上，不待人安排也。安排著則不中矣。問：時中如何？曰：「中」字最難識，須是默識心通。且試言一廳則中央爲中，一家則廳中非中而堂爲中，言一國則堂非中而國之中爲中。推此類可見矣。如三過其門不入，在禹、稷之世爲中，居陋巷，則非中也。居陋巷，在顔子之時爲中，若三過其門不入，則非中也。[五]

補註：楊子名朱，孟子稱其拔身上一毛而利天下不肯爲。墨子名翟，孟子稱其摩頂至踵，凡可以利天下者，皆不惜也。一失之不及，一失之太過。子莫，魯之賢者，欲於二者之間而執之，然時有萬變，事有萬殊，物有萬類，而中無定體。若但膠於一定之中而執之，則與二子之執一亦無異矣。「時中」者，謂隨時而處中也。

無妄之謂誠，不欺其次矣。

補註：朱子曰：無妄者，自然之誠。不欺是著力去做，故曰「次」。

冲漠無朕，萬象森然已具。未應不是先，已應不是後。

熊氏曰：冲漠未形，而萬理畢具，即所謂「無極而太極」也。未應者，「寂然不動」之時，已應之理悉具，故云非先。已應者，「感而遂通」之時，未應之理實在，故云非後。

補註：朱子曰：未有事物之時，此理已具。少間應處，亦只是此理。

近取諸身，百理皆具。屈伸往來之義一，只於鼻息之間見之。屈伸往來，只是理不必將既屈之氣，復爲方伸之氣。生生之理，自然不息。如復卦言「七日來復」，其間之不斷續。陽已復生，物極必返，其理須如此。有生便有死，有始便有終。

補註：朱子曰：「七日」，只取七義。自五月姤卦一陰始生，至此七爻，而一陽來復，乃天運之自然，不是已往之陽，重新將來復生。蓋舊的已自過，這裏自然生出來。

明道先生曰：天地之間，只有一箇感與應而已，更有甚事？

補註：朱子曰：凡在天地之間無非感應之理，造化與人事皆是感應而已。

問仁。伊川先生曰：將聖賢所言仁處，類聚觀之，體認出來。孟子曰：「惻隱之心，仁也。」後人遂以愛爲仁。愛自是情，仁自是性，豈可專以愛爲仁？孟子言：「惻隱之心，仁之端也。」既曰仁之端，則不可便謂之仁。退之言「博愛之謂仁」，非也。仁者固博愛，然便以博愛爲仁則不可。

補註：朱子曰：「仁者愛之理，理是根，愛是苗。」又曰：「愛是情，愛之理是仁。仁者，愛之體；愛者，仁之用。」

問：仁與心何異？曰：「心譬如穀種，生之性便是仁。陽氣發處乃情也。」義訓宜，禮訓別，智訓知，仁當何訓？說者謂訓覺、訓人，皆非也。當合孔孟言仁處，大槩研窮之，二三歲得之未晚也。[六]

補註：朱子曰：「仁只是天地間一箇生的道理。程子所謂『譬如穀種』，仁則其生之性，玩此則仁可識矣。」餘解，見第八卷仁說。

性即理也。天下之理，原其所自，未有不善。喜怒哀樂未發，何嘗不善？發而中節，則無往而不善。故凡言善惡，皆先善而後惡。言吉凶，皆先吉而後凶。言是非，皆先是而後非。

補註：朱子曰：伊川「性即理也」一句，直自孔子後惟伊川説得盡。這一句便是千萬世説性之根基。又曰：未發之前，氣不用事，所以有善而無惡。

問：心有善惡否？曰：在天爲命，在義爲理，在人爲性，主於身爲心，其實一也。心本善，發於思慮則有善不善。若既發則可謂之情，不可謂之心。譬如水，只可謂之水。至如流而爲派，或行於東，或行於西，卻謂之流也。

補註：朱子曰：性無不善，心之所發爲情，卻或有不善。説不善非是心亦不得，卻只是心之本體無不善，其流而爲不善者，皆情之感於物者也。

性出於天，才出於氣。氣清則才清，氣濁則才濁。才則有善有不善，性則無不善。

補註：性、才、氣，俱解見字訓。

性者自然完具，信只是有此者也，故四端不言信。

補註：朱子曰：四端不言信，以其實有此四者，信便在其中。

心，生道也。有是心，斯具是形以生。惻隱之心，人之生道也。

補註：朱子曰：天地生物之心是仁，人之稟賦接得此天地之心，方能有生，故惻隱之心，亦爲生道也。

横渠先生曰：一故神。譬之人身，四體皆一，故觸之而無不覺，不待心使至此而後覺也。此所謂「感而遂通」，「不行而至，不疾而速」。易説。

熊氏曰：一，謂純一。神，謂神妙而無不通也。「不行而至，不疾而速」，此皆神之所爲也。

心，統性情者也。語録。下同。

補註：解見字訓。

凡物莫不有是性。由通蔽開塞，所以有人物之別。由蔽有厚薄，故有智愚之別。塞者牢不可開，厚者可以開，而開之也難，薄者開之者易，開則達于天道，與聖人一。

熊氏曰：有是氣必有是理，人物之所共也。由稟氣有通蔽開塞，故有人物之異。由蔽有厚薄，故人又有智愚。塞而牢不可開，物也。蔽有厚薄而開有難易者，人也。及其既開，則上達天道，與聖人同矣。

近思録卷第二

本註：此篇總論爲學大要。

横渠先生問於明道先生曰：定性未能不動，猶累於外物，何如？明道先生曰：所謂定者，動亦定，静亦定，無將迎，無内外。苟以外物爲外，牽己而從之，是以己性爲有内外也。且以性爲隨物於外，則當其在外，何者爲在内？是有意於絶外誘而不知性之無内外也。既以内外爲二本，則又烏可語定哉？夫天地之常，以其心普萬物而無心。聖人之常，以其情順萬事而無情。故君子之學，莫若廓然而大公，物來而順應。易曰：「貞吉，悔亡，憧憧往來，朋從爾思。」苟規規於外誘之除，將見滅於東而生於西也，非惟日之不足，顧其端無窮，不可得而除也。人之心各有所蔽，故不能適道，大率在於自私而用智。自私則不能以有爲爲應迹，用智則不能以明覺爲自然。今以惡外物之心，而求照無物之地，是反鑑而索照也。易曰：「艮其背，不獲其身。行其庭，不見其人。」孟子亦曰：「所惡於智者，爲其鑿也。」與其非外而是內，不若內外之兩忘也，兩忘則澄然無事矣。無事則定，定則明，明則尚何應物之爲累哉？聖人之喜，以物之當喜。聖人之怒，以物之當怒。是聖人之喜怒，不繫於心，而繫於物也。是則聖人豈不應於物哉？烏得以從外者爲非，而更求在內者爲是也？

熊氏曰：天地之心，運用主宰者也，然而普徧萬物，實未嘗有心焉。聖人之情，應酬發動者是也，然而隨順萬事，而亦未嘗容情焉。

補註：將，送也。迎，接也。「貞吉悔亡」，「憧憧往來」，咸卦九四爻辭，「艮其背」，艮卦彖辭，俱解見後。朱子曰：「定性者，存養之功至而得性之本然也。性定者，動靜一如而內外無間矣。張子之於道意，其强探力取之意多，游泳涵養之功少，故不能無疑於此，程子以是發之，其旨深淺哉！」又曰：「自私用智，一書首尾，只此兩項，擴然而大公，物來而順應，自後許多説話，都只是此二句意。」

伊川先生答朱長文書曰：聖賢之言，不得已也。有是言，則是理明，無是言，則天下之理有闕焉。如彼耒耜陶冶之器，一不制則生生之道有不足矣。聖賢之言，雖欲已，得乎？然其包涵盡天下之理，亦甚約也。後之人始執卷，則以文章爲先，所爲，動多於聖人。然有之無所補，無之靡所闕，乃無用之贅言也。不止贅而已矣，既不得其要，則離真失正，反害於道必矣。來書所謂「欲使後人見其不忘乎善」，乃世人之私心也。夫子「疾没世而名不稱焉」者，疾没身無善可稱之爾，非謂疾無名也。名者可以厲中人，君子所存，非所汲汲。

補註：耜，農具，所以起土而耒其柄也。生生之道，謂五穀生養人命，無耒耜則生養生人之方不備也。靡，無也。贅言，謂無用之言，如贅瘤之在身也。離真失正，謂離失真實正當之道理也。

內積忠信，「所以進德也」；擇言篤志，「所以居業也」。「知至至之」，致知也。求知所至而後至之，知之在先，故「可與幾」。所謂「始條理者，知之事也」。「知終終之」，「力行」也。既知所終，則力進而終之，守之在後，故「可與存義」，所謂「終條理者，聖之事也」。乾九三文言傳。

熊氏曰：擇言謂脩辭，篤志謂立誠。幾者，動之微，事之先見者也。存者守而勿失也。

補註：朱子曰：「忠信主於心者，無一念之不誠也。脩辭見於事者，無一言之不實也。雖有忠信之心，然非脩辭立誠則無以居之。知至至之，進德之事；知終終之，居業之事。」又曰：「進者日新而不已，居者一定而不易。」

君子主敬以直其内，守義以方其外。敬立而内直，義形而外方。義形於外，非在外也。敬義既立，其德盛矣，不期而大矣，德不孤也。無所用而不周，無所施而不利，孰爲疑乎？坤六二文言傳。

補註：朱子曰：「敬以養其心，無一毫私意，可以言直矣。由此而發，所施各得其當，是之謂義。」又曰：「敬立而内直，義形而外自方。若曰以敬要去直内，以義要去方外，則非矣。」愚按：上條乾卦九三文言，乃聖人事。此條坤卦六二文，乃賢人事。熊本以二條合爲一。

動以天爲无妄，動以人欲則妄矣。无妄之義大矣哉！雖無邪心，苟不合正理，則妄也，乃邪心也。既已无妄，不宜有往，往則妄也。故无妄之彖曰：「其匪正有眚，不利有攸往。」无妄彖傳。

熊氏曰：无妄，僞也。動而純乎天理，則無邪僞矣。動而純乎人欲，則皆邪僞矣。

補註：朱子曰：無妄，實理自然之謂。若其不正則有眚而不利有所往也。眚，過也。

人之藴畜，由學而大，在多聞前古聖賢之言與行。考跡以觀其用，察言以求其心。識而得之，以蓄成其德。大畜象傳。

補註：易大畜象曰：「君子多識前言往行以畜其德。」此伊川傳辭。「識」，熊本作「入」。熊本作「入」，今考易傳正之。跡，行事之跡也。

咸之象曰：「君子以虚受人。」傳曰：中無私主，則無感不通。以量而容之，擇合而受之，非聖人有感必通之道也。其九四曰：「貞吉，悔亡。憧憧往來，朋從爾思。」傳曰：感者，人之動也。故感皆就人身取象，四當心位而不言「咸其心」者，感乃心也。感之道無所不通。有所私係，則害於感通，所謂悔也。聖人感天下之心，如寒暑雨暘無不通、無不應者，亦貞而已矣。貞者，虚中無我之謂也。若往來憧憧然，用其私心以感物，則思之所及者，有能感而動，所不及者不能感也。以有係之私心，既主於一隅一事，豈能廓然無所不通乎？咸象傳。

熊氏曰：咸者，感也。虛中而無所私主，則物來能應、有感必通。若以量而容則其量必有限，擇合而受則必有所不合。「感者，人之動也，故感皆就人身取象」，如初爲拇，二爲腓，三爲股，五爲脢，上爲輔頰舌，各有一義。四當心位，而不言心者，感者必以心也。若往來憧憧然，用其私心以感物，則思之所及者，雖能感而通，思之所不能及者，不能感而通也。又安能廓然大公無所不感通乎？憧憧往來，不絶貌。

君子之遇艱阻，必自省於身，有失而致之乎？有所未盡善則改之，無歉於心則加勉，自脩其德也[七]。蹇卦象傳。

補註：歉，不足也。此教人處險難之道。

非明則動無所之，非動則明無所用。豐卦初九傳。

補註：動，行也。之，向往也。朱子曰：「徒行不明，則行無所向，冥行而已。徒明不行，則明無所用，空明而已。」

習，重習也。時復思繹，浹洽於中，則説也。以善及人而信從者衆，故可樂也。雖樂於及人，不見是而無悶，乃所謂君子。

補註：詳見論語學而時習章。

「古之學者爲己」，欲得之於己也。「今之學者爲人」，欲見知於人也。

補註：詳見論語古之學者爲己章。

伊川先生謂方道輔曰：聖人之道，坦如大路，學者病不得其門耳。得其門，無遠之不可到也。求入其門，不由於經乎？今之治經者亦衆矣，然而買櫝還珠之蔽，人人皆是也。經所以載道，誦其言辭，解其訓詁，而不及道，乃無用之糟粕耳。覬足下由經以求道，勉之又勉，異日見卓然有立於前，然後不知手之舞、足之蹈，不加勉而不能自止矣。

補註：櫝，藏珠木櫃。按：韓非子：「楚人賣珠，爲木蘭之櫃，薰以桂椒，綴以珠玉，緝以翡翠。鄭人買其櫃而還其珠。」蓋與治經者誦言辭以學文章、解訓詁以求字義而不及道者無異焉。糟粕，酒滓也。卓然有立，即顔子所謂「如有所立」。卓爾，解見論語。手舞足蹈，謂樂之深而不能已也。

明道先生曰：「脩辭立其誠」，不可不仔細理會。言能脩省言辭，便是要立誠。若只是脩飾言辭爲心，只是爲僞也。若脩其言辭，正爲立己之誠意，乃是體當自家「敬以直內，義以方外」之實事。道之浩浩，何處下手？惟立誠纔有可居之處，則可以脩業也。「終日乾乾」，大小大事，卻只是「忠信所以進德」爲實下手處，「脩辭立其誠」爲實脩業處。遺書。下同。

補註：朱子曰：「脩辭便是立誠。如今人揀擇言語，一字是一字，一句是一句，便是立誠。伊川說做兩事，明道只做一意，明道這般底說得條直。」愚按：此條是明道答蘇季明語。伊川說脩辭爲擇言，立誠爲篤志，作兩事。說見前「內積忠信」條。

伊川先生曰：志道懇切，固是誠意。若迫切不中理，則反爲不誠。蓋實理中自有緩急，不容如是之迫。天地之化乃可知。

熊氏曰：有志於道，若迫切之過，至於欲速助長，反爲不誠。如春生、夏長、秋成、冬實，固不容一息之間斷，亦不能以一日而遽就也。

孟子才高，學之無可依據。學者當學顏子，入聖人爲近，有用力處。又曰：學者要學得不錯，須是學顔子。

補註：此言學者當學顔子。

學者識得仁體，實有諸己，只要義理栽培。如求經義，皆是栽培之意。

熊氏曰：仁者，天地之生理，人心之全德也。其體具于心。

補註：熊本以此條合上條爲一。

昔受學於周茂叔，每令尋仲尼、顔子樂處。

補註：朱子曰：程子之言，引而不發，蓋欲學者深思而自得之。學者但當從事於博文約禮之誨，以至於欲罷不能而竭其才，則庶乎有以得之矣。

所見所期，不可不遠且大，然行之亦須量力有漸。志大心勞，力小任重，恐終敗事。

補註：見，識見也。期，望也。漸者，漸次而進也。

朋友講習，更莫如「相觀而善」工夫多。

熊氏曰：相觀而善，謂薰陶漸染，得於觀感也。

須是大其心，使開闊。譬如爲九層之臺，須大做脚方得。

熊氏曰：心不開闊，則規模狹陋而安於小成，正猶作高臺，大作基址則能承載也。

參也，竟以魯得之。

補註：尹氏曰：「曾子之才魯，故其學也確，所以能深造乎道。」此條熊本與上條併爲一。

明道先生以記誦博識爲玩物喪志。

熊氏曰：胡安國云：謝上蔡初以記問爲學，自負該博。明道曰：「賢却記得許多，可謂玩物喪志。」

禮樂只在進反之間，便得性情之正。

熊氏曰：樂記云「禮減而進，樂盈而反」，減是退讓、收歛底意思，盈是舒暢、快滿底意思，減而進則不至失於不及，盈而反則不至流於太過。

父子君臣，天下之定理，無所逃於天地之間。安得天分，不有私心，則行一不義，殺一不辜，有所不爲。有分毫私，便不是王者事。

熊氏曰：安得天分，謂會其天理。

補註：安，謂處而安。分，謂君臣父子之分，乃天下之定理。

論性不論氣，不備；論氣不論性，不明。二之則不是。

補註：解見第九卷草廬答人問性理。

論學便要明理，論治便須識體。

熊氏曰：學不明理，則徒事詞章記誦之末；治不識體，則徒講制度文爲之末。

曾點、漆雕開已見大意，故聖人與之。根本須是先培壅，然後可立趨向也。趨向既正，所造淺深，則由勉與不勉也。[八]

補註：「曾點、漆雕開已見大意」，詳見論語集註。

敬義夾持，直上達天德自此。

補註：敬以直内，義以方外，上達天德，亦由此進。程子曰：「純亦不已，天德也。」

懈意一生，便是自暴自棄。

補註：懈，怠也。「自暴自棄」，解見字訓。

不學便老而衰。人之學不進，只是不勇。[九]

補註：邵子曰「學在不止」，故王通云「没身而已」。

學者爲氣所勝，習所奪，只可責志。

熊氏曰：氣謂氣質，習謂習俗。

内重可勝外之輕，得深可見誘之小。董仲舒謂：「正其義，不謀其利；明其道，不計其功。」孫思邈曰：「膽欲大而心欲小，智欲圓而行欲方。」可以爲法矣。[一〇]

熊氏曰：道義重則外物輕，造道深則嗜欲微。

補註：董仲舒，漢人。孫思邈，唐人。邵子曰：「義重則内重，利重則外重，人必内重則外輕，苟内輕則好利好名，無所不至。」葉氏曰：「君子正其義，未嘗謀其利。有謀利之心，則是有所爲而爲之，非正其義矣。君子明其道，未嘗計其功。有計功之心，則是私意介乎其間，非明其道矣」。又曰「膽大則敢於有爲，心小則密於察理。智圓則通而不滯，行方則正而不流」也。

大抵學不言而自得，乃自得也。有安排布置者，皆非自得也。

補註：朱子曰：有安排布置，便是勉强，非自然之得也。

視聽、思慮、動作，皆天也。人但於其中要識真與妄爾。

熊氏曰：視聽、思慮、動作，皆天理自然。順理則爲真實，從欲則爲虚妄。

明道先生曰：學只要鞭辟近裏，著己而已。故「切問而近思」，則「仁在其中矣」。「言忠信，行篤敬，雖蠻貊之邦行矣。言不忠信，行不篤敬，雖州里行乎哉？立則見其參於前也，在輿則見其倚於衡也，夫然後行。」只此是學。質美者明得盡，查滓便渾化，卻與天地同體。其次惟莊敬持養，及其至一也。

補註：鞭辟近裏，洛中方言。朱子曰：「辟如驅辟一般，要鞭督向裏著己。天地同體是義理精英，查滓是私意。莊主容敬，主心内外，交致其力也。」餘解見論語集註。

「忠信所以進德」，「脩辭立其誠，所以居業」者，乾道也。「敬以直内，義以方外」，坤道也。

補註：朱子曰：忠信所以進德，脩辭、立誠所以居業，便連致知持守都説了，是乾健工夫。直内方外，乃固執持守，是坤順工夫。

凡人纔學，便知著力處〔一一〕。既學，便須知得力處。

熊氏曰：知用力處，則有以爲入道之端。知得力處，則有以爲造道之實。

有人治園圃，役智力甚勞。先生曰：蠱之象：「君子以振民育德。」君子之事，唯有此二者，餘無他焉。二者，爲己、爲人之道也。

熊氏曰：振民則成人之事，育德則成己之事。

「博學而篤志，切問而近思」，何以言「仁在其中矣」？學者要思得之，了此便是徹上徹下之道。

補註：朱子曰：四者皆學問思辨之事，從事於此則心不外馳，而所存自熟。於是見得仁底道理，便是徹上徹下之道。

弘而不毅則難立，毅而不弘則無居之。

補註：弘，寬廣也。毅，强忍也。寬，即「寬以居之」之「寬」。論語集註「不毅則」下有「無規矩」三字，「不弘則」下有「隘陋」二字。金氏曰：「此取伯子之言反説，以盡工夫之詳。」

伊川先生曰：古之學者，優柔厭飫，有先後有次序。今之學者，卻只做一場話説，務高而已。常愛杜元凱語:「若江海之浸,膏澤之潤,涣然冰釋,怡然而理順,然後自得也。」今之學者,往往以游夏爲小,不足學。然游夏一言一事,卻總是實。後之學者好高,如人游心於千里之外,然自身卻只在此。

補註:「優柔饜飫」,解見卷首。杜元凱,名預。江海、膏澤、涣然、怡然四句,皆其左傳序中語。

修養之所以引年,國祚之所以祈天永命,常人之至於聖賢,皆工夫到這裏則有此應。

補註:引、永,皆長也。國祚,謂國之運命也。祈天永命,書:召公告成王有曰「王其德之用,祈天永命」。朱子曰:「天命至公,所以求天永命者,只在德而已矣。」

忠恕所以公平。造德則自忠恕,其致則公平。

熊氏曰:忠恕則視人猶己,故能公平。學者進德則自忠恕,其極至則公平。

仁之道,要之只消道一「公」字。公只是仁之理,不可將公便喚做仁。公而以人體之,則仁矣。只爲公則物我兼照,故仁所以能恕,所以能愛。恕則仁之施,愛則仁之用也。

補註：朱子曰：「人而不公則害夫仁。必體此公在人身上以爲之體則無所害夫仁，而仁流行矣。」又曰：「公則能仁，仁則能愛能恕，愛是仁之用，恕則所以施愛者。」

人謂要力行，亦只是淺近語。既能知見一切事皆所當爲，不必待著意，纔著意便是有箇私心。這一點意氣，能得幾時子？知之必好之，好之必求之，求之必得之。古人此箇學，是終身事。顛沛造次必於是，豈有不得道理？〔一二〕

補註：要力行，謂無致知工夫，但欲用力於行者也。能得幾時子，謂不久而厭怠也。豈有不得，言必有得也。

古之學者一，今之學者三，一曰文章之學，二曰訓詁之學，三曰儒者之學。欲趨道，舍儒者之學不可。問：作文害道否？曰：害也。凡爲文不專意則不工，若專意則志局於此，又安能與天地同其大也？書曰「玩物喪志」，爲文亦玩物也。呂與叔有詩曰：「學如元凱方成癖，文似相如殆類俳。獨立孔門無一事，只輸顏子得心齋。」古之學者，惟務養情性，其他則不學。今爲文者，專務章句，悅人耳目。既務悅人，非俳優而何？曰：古學者爲文否？曰：人見六經，便以爲聖人亦作文，不知聖人亦攄發胸中所藴，自成文耳。所謂「有德者必有言」也。曰：游夏稱文學，何也？曰：游夏亦何嘗秉筆學爲詞章也？且如「觀乎天文以察時變，觀乎人文以化成天下」，此豈詞章之文也？［一三］

補註：草廬吴氏曰：「儒者之學分爲三，訓詁之學，漢鄭康成、宋劉原父之類是也。詞章之學，唐韓退之、宋歐陽永叔之類是也。儒者之學，孟子而下，周、程、張、朱數君子而已。」局，拘也。元凱成癖，謂注左傳十餘萬言，自謂成癖也。相如類俳，謂漢司馬相如作子虚等賦，專務文辭，悦人類乎俳優也。顔子心齊，見莊子。「觀乎天文以察時變，觀乎人文以化成天下」，易賁卦彖辭。天文，謂日月星辰寒暑陰陽。人文，謂人理之倫序也。

涵養須用敬，進學則在致知。

補註：解見第九卷朱子答吕伯恭書。

言學便以道爲志，言人便以聖爲志。

補註：志、道，俱解見字訓、論語「志於道」。朱子曰：「志道，如講學力行皆是也。聖爲志，謂學聖人。」

問：「必有事焉」，當用敬否？曰：敬是涵養一事。「必有事焉」，須用集義。只知用敬，不知集義，卻是都無事也。問：義莫是中理否？曰：中理在事，義在心。問：敬、義何別？曰：『敬只是持己之道，義便知有是有非。順理而行，是謂義也。若只守一箇敬，不知集義，卻是都無事也。且如欲爲孝，不成只守著一箇「孝」字？須是知所以爲孝之道，所以侍奉當如何，温凊當如何，然後能盡孝道也。[一四]

補註：必有事焉，見孟子。朱子曰：「必有事焉，勿忘其所有事也。集義，猶言積善，蓋欲事事皆合於義也。」

學者須是務實，不要近名方是。有意近名，則是僞也。大本已失，更學何事？爲名與爲利，清濁雖不同，然其利心則一也。

補註：務實，誠也。近名，僞也。爲名爲利，張南軒曰：「凡有所爲，皆人欲之私也。」

「回也其心三月不違仁」，只是無纖毫私欲。有少私意，便是不仁。

補註：三月，言其久，詳見論語集註。

「仁者先難而後獲」，有爲而作，皆先獲也。古人惟知爲仁而已，今人皆先獲也。

補註：胡氏曰：仁者之心，純乎天理，不可有爲而爲之也。

有求爲聖人之志，然後可與共學；學而善思，然後可與適道；思而有所得，則可與立；立而化之，則可與權。

補註：思，謂慎思。「適道」者，知所往也。「立」者，篤志固執而不變化，則有不知其所以然而然者矣。「權」者，謂能權輕重使合義也。

「古之學者爲己」，其終至於成物。今之學者爲物，其終至於喪己。

熊氏曰：「爲物」者，務外也。

君子之學必日新。日新者，日進也。不日新者必日退，未有不進而不退者。唯聖人之道無所進退，以其所造者極也。

熊氏曰：聖人「純亦不已」，論其心，則無時而自已。論進德之地，則至神聖而極，不容有所加損也。

補註：熊本以此條合上條爲一條。[一五]

明道先生曰：性靜者可以爲學。

補註：性靜，謂安定而不浮躁。此言氣質之性。

伊川先生曰：人安重則學堅固。「博學之，審問之，慎思之，明辨之，篤行之。」五者廢其一，非學也。[一六]

補註：論語：「君子不重則不威，學則不固。」

明道先生曰：人之爲學，忌先立標準。若循循不已，自有所至矣。

補註：標準，謂期必準的也。「循循不已」者，有次序而不止也。

有人説無心。伊川曰：無心便不是，只當云無私心。

補註：楊氏曰：六經不言無心。佛氏言之心不可無也。

横渠學堂雙牖，右書訂頑，左書砭愚。伊川曰：「是起爭端。」改訂頑曰西銘，砭愚曰東銘。

明道先生曰：訂頑之言，極醇無雜，秦漢以來，學者所未到。又曰：訂頑一篇，意極完備，乃仁之體也。學者其體此意，令有諸己，其地位已高。到此地位，自别有見處，不可窮高極遠，恐於道無補也。

又曰：訂頑立心，便達得天德。

又曰：游酢得西銘讀之，即涣然不逆於心，曰「此中庸之理也」，能求於言語之外者。

楊中立問曰：西銘言體而不及用，恐其流遂至於兼愛，何如？伊川先生曰：横渠立言，誠有過者，乃在正蒙。西銘之書，推理以存義，擴前聖所未發，與孟子性善、養氣之論同功，豈墨氏之比哉！西銘明理一而分殊，墨氏則二本而無分。分殊之蔽，私勝而失仁；無分之罪，兼愛而無義。分立而推理一，以止私勝之流，仁之方也。無别而迷兼愛，以至于無父之極，義之賊也。子比而同之，則過矣。

補註：訂，正也。砭，治也。○已上六條，皆程子論横渠西銘，解見像贊及答楊中立書。

横渠先生曰：未知立心，惡思多之致疑；既知所立，惡講治之不精。講治之思，莫非術内，雖勤而何厭？所急於可欲者，求立吾心於不疑之地，然後若决江河以利吾往。遜此志，「務時敏，厥脩乃來」。故雖仲尼之才美，然且敏以求之。今持不逮之資，而欲徐徐以聽其自適，非所聞也。

補註：術内，謂學術之内。遜志，務時敏，厥脩乃來，傅説告高宗論學之辭。逮，及也。徐徐，寬緩也。適，謂適道也。

明善爲本，固執之乃立，擴充之則大，易視之則小。在人能弘之而已。今且只將「尊德性而道問學」爲心，日自求於問學者有所背否[一七]，於德性有所懈否，此義亦是博文約禮，下學上達。以此警策一年，安得不長？每日須求多少爲益。知所忘[一八]，改得少「少」上疑有「多」字。不善，此德性上之益；讀書求義理，編書須理會所歸著，多識前言往行，此問學上益也。勿使有俄頃閑度，逐日似此三年，庶幾有進。[一九]

補註：易視，謂輕視之也。謷，戒也。策，鞭策以進也。益，增也。「亡」，與「無」同。歸著，謂義理歸宿處也。

爲天地立心，爲生民立道，爲去聖繼絶學，爲萬世開太平。

補註：按：西山真氏讀書記「立道」作「立極」，「去聖」作「前聖」，其言曰「此横渠以道自任之意」。

須放心寬快，公平以求之，乃可見道。况德性自廣大。易曰：「窮神知化，德之盛也。」豈淺心可得？

補註：窮神知化，出易大傳。神、化，解見字訓。

多聞不足以盡天下之故。苟以多聞而待天下之變，則道足以酬其所嘗知。若劫之不測，則遂窮矣。

熊氏曰：故，所以然也。

補註：天下之故，見易大傳。朱子曰：「故，即事也。劫，持也。」

爲學大益，在自求變化氣質。不爾，皆爲人之弊，卒無所發明，不得見聖人之奥。

補註：朱子曰：寬而栗，柔而立，剛而無虐，簡而無傲，便是教人變化氣質。

文要密察，心要洪放。

熊氏曰：文，文理也。文不密察，則見理麄疏。心不洪放，則所存狹滯。

不知疑者，只是不便實作。既實作，則須有疑。必有不行處，是疑也。

補註：不實作，謂不真實用力也。

心大則萬物皆通，心小則有物皆病[二〇]。

熊氏曰：心大則寬平弘遠，無往而不達。心小則偏狹固陋，無所處而不病也。

合内外，平物我，此見道之大端。既學而先有以功業爲意者，於學便相害。[二一]

熊氏曰：表裏一致，物我一體，即此便可見道之大端。

學者大不宜志小氣輕。志小則易足，易足則無由進；氣輕則以未知爲已知，未學爲已學。

補註：横渠此條切中後世學者之病。

性理群書補註卷之十一終

校勘記

［一］性理群書補註卷之十一　「補註」二字底本無，按本書體例增。

［二］總六百一十二條　「一」，葉采近思録集解元刊本作「二」。

［三］以取其博而反諸約焉　「取」，當據葉采近思録集解元刊本改作「致」。

［四］按：這段文字是朱熹所作近思録序文，句解元刊本無，吴訥增補。

［五］按：自「問時中如何」至本條末，葉采近思録集解、句解本單列爲一條。

［六］按：自「義訓宜」至本條末，葉采近思録集解單列爲一條。

［七］自脩其德也　「自」上，葉采近思録集解、句解本有「乃」字。

［八］按：自「根本須是」至本條末，葉采近思録集解單列爲一條。

［九］按：自「人之學」至本條末，葉采近思録集解單列爲一條。

［一〇］按：自「董仲舒謂」至本條末，葉采近思録集解、句解本單列爲一條。

［一一］便知著力處　「便」下，葉采近思録集解、句解本有「須」字。

［一二］按：自「知之必好之」至本條末，葉采近思録集解單列爲一條。

［一三］按：自「問作文害道否」至本條末，葉采近思録集解單列爲一條。

［一四］按：自「問敬義何别」至本條末，葉采近思録集解單列爲一條。

［一五］按：句解本也是單列開來，未見合爲一條。

［一六］按：自「博學之」至本條末，葉采近思録集解單列爲一條。

［一七］日自求於問學者有所背否　「問」原作「聞」，據補註明宣德九年刻本、句解本改。

［一八］知所忘　「忘」，葉采近思録集解作「亡」。

［一九］按：自「今且只將」至本條末，葉采近思録集解單列爲一條。

［二〇］心小則有物皆病　「有」，葉采近思録集解、句解本作「百」。

［二一］按：自「既學而」至本條末，葉采近思録集解單列爲一條。

性理群書補註卷之十二

建安熊剛大集解　海虞吴訥補註

近思録卷第三

本註：此卷論致知。

伊川先生答朱長文書曰：心通乎道，然後能辨是非，如持權衡以較輕重，孟子所謂「知言」者也。心不通乎道，而較古人之是非，猶不知權衡而酌輕重。竭其目力，勞其心智，雖使時中，亦古人所謂「億則屢中」，君子不貴也。文集。下同。

補註：權，秤錘也。衡，秤也。所以秤物而知輕重也。知言，見孟子，謂能盡心知性，於凡天下之言無不有以究極其理，而識其是非得失之所以然也。億則屢中，見論語。億，意度也。

伊川先生答門人曰：孔孟之門，豈皆賢哲，固多衆人。以衆人觀聖賢，弗識者多矣。惟其不敢信己而信其師，是故求而後得。今諸君於頤言纔不合，則置不復思，所以終異也。不可便放下，更宜思之，致知之方也。

補註：置，捨棄也。

伊川先生答橫渠先生曰：所論大槩，有苦心極力之象，而無寬裕温厚之氣。非明睿所照，而考索至此，故意屢偏而言多窒，小出入時有之。更願完養思慮，涵泳義理，他日自當調暢[一]。

補註：此條當與前卷明道答橫渠定性書同看。

欲知得與不得，於心氣上驗之。思慮有得，中心悦豫，沛然有裕者，實得也。思慮有得，心勞氣耗者，實未得也，强揣度耳。嘗有人言：比因學道，思慮心虚。曰：人之血氣固有虚實，疾病之來，聖賢所不免，然未聞自古聖賢因學而致心疾者。遺書。

補註：揣，量度也。

雜信鬼怪異説者，只是不先燭理。

補註：明足以燭理，故不惑。

學原於思。

補註：心之官則思，思則得之矣，故學本於思。

所謂「日月至焉」者，與久而「不息」者，所見規模雖略相似，其意味迥别。須心潛默識，玩索久之，庶幾自得。學者不學聖人則已，欲學之，須熟玩味聖人之氣象，不可只於名上理會，如此只是講論文字。

補註：日月至焉，見論語。謂諸弟子雖能造仁之域而不能久也，久而不息，則聖人矣。程子嘗曰：「非但欲理會文字，須要識得聖賢氣象。」

問：忠信進德之事，固可勉强，然致知甚難。伊川先生曰：學者固當勉强，然須是知了方行得。若不知，只是覷卻堯，學它行一事，無堯許多聰明睿智，怎生得如它「動容周旋中禮」？如子所言，是篤信而固守之，非固有之也。未致知，便欲誠意，是躐等也。勉强行者，安能持久？除非燭理明，自然樂循理。性本善，循理而行，是順理事，本亦不難，但爲人不知，旋安排着，便道難也。知有多少般數，煞有深淺。學者須是真知。纔知得是，便泰然行將去也。某年二十時，解釋經義，與今無異，然思今日覺得意味與少時自別。

補註：致知、誠意，見大學。聰明睿智，見中庸。動容周旋中禮，見孟子。餘解見字訓。煞，猶云太也。

凡一物上有一理，須是窮致其理。窮理亦多端：或讀書講明義理，或論古今人物別其是非，或應事接物而處其當。或問：格物須物物格之，還只格一物而萬理皆知？曰：怎得便會貫通？若只格一物便通衆理，雖顔子亦不敢如此道。須是今日格一件，明日又格一件，積習既多，然後脱然自有貫通處。又曰：所務於窮理者，非道盡窮了天下萬物之理，又不道是窮得一理便到。只要積累多後，自然見去。

補註：格物窮理，詳見大學章句或問。

「思曰睿」，思慮久後，睿自然生。若一事上思未得，且別換一事思之，不可專守著這一事。蓋人之知識，於這裏蔽著，雖强思亦不通也。

補註：思曰睿，見書洪範。睿者，通乎微也。

問：人有志於學，然知識蔽固，力量不至，則如之何？曰：只是致知。若智識明，則力量自進。

熊氏曰：力量自進，謂自不容已也。

問：觀物察己，還因見物反求諸身否？曰：不必如此説。物我一理，纔明彼即曉此，此合内外之道也。又問：致知先求之四端如何？曰：求之情性，固是切於身。然一草一木皆有理，不可不察。又曰：自一身之中，以至萬物之理，但理會得多，相次自然有覺處。

補註：已上數條皆論致知。朱子曰：「致知是大學最初下手處。若理會透徹，後面便容易。故程子説得節目甚多，皆因人資而説，雖若不同，其實一也。」

「思曰睿」，「睿作聖」。致思如掘井，初有渾水，久後稍引得清者出來。人思慮始皆溷濁，久自明快。

補註：睿作聖，見書洪範。聖者，無不通也。

問：如何是「近思」？曰：以類而推。

補註：朱子曰：以類推之，只是傍易曉者挨將去，久自不見其難。

學者先要會疑。

補註：龜山楊氏曰：學者須有所疑，乃能進德，然須用力深方有疑。今之士讀書爲學，蓋自以爲無可疑者，故其學莫能相尚。

橫渠先生答范巽之曰：所訪物怪神姦，此非難語，顧語未必信耳。孟子所論知性、知天，學至於知天，則物所從出當源源自見。知所從出，則物之當有當無，莫不心諭，亦不待語而後知。諸公所論，但守之不失，不爲異端所劫，進進不已，則物怪不須辯，異端不必攻，不逾朞年，吾道勝矣。若欲委之無窮，付之以不可知，則學爲疑撓，智爲物昏，交來無間，卒無以自存，而溺於怪妄必矣。文集，下同。

補註：物怪，謂怪異之物。神姦，謂妖邪托神道以爲姦者。天者，理之所從出而物所不能違者也。源源，若水之相繼也。劫，奪也。撓，擾也。

子貢謂「夫子之言性與天道，不可得而聞」也，既言「夫子之言」，則是居常語之矣。聖門學者以仁爲己任，不以苟知爲得，必以了悟爲聞，因有是說。義理之學，亦須深沉方有造，非淺易輕浮之可得也。[二]

補註：性與天道、仁爲己任，俱見論語。了悟爲聞，猶言了然盡曉。深謂不淺易，沉謂不輕浮，造謂造道也。

學不能推究事理，只是心麄。至於顏子未至於聖人處，猶是心麄。

補註：朱子曰：心麄，學者通病，一息不存即爲麄，病要在精思明辨，使理明義精，而涵養操存無須臾離，無毫髮間，則天理常存，人欲消去，其庶幾矣。

「博學於文」者，只要得習坎「心亨」。蓋人之經歷險阻艱難，然後其心亨通。

補註：習，重也。坎，險也。朱子曰：「習坎心亨，凡事皆如此。看文字有礙不通，便是險阻。須討一路去方透，便是心亨。」

義理有疑，則濯去舊見，以來新意。心中有所開，即便劄記。不思則還塞之矣。更須得朋友之助，一日間意思差別，須日日如此講論，久則自覺進也。

補註：濯，洗也。洗去舊之識見，則新意自生。劄，寫也。

凡致思到説不得處，始復審思明辨，乃爲善學也。若告子則到説不得處遂已，更不復求。

補註：博學審問，謹思明辨，致知之事也。告子不得於言，勿求於心，見孟子。

伊川先生曰：凡看文字，先須曉其文義，然後可求其意。未有文義不曉而見意者也。遺書。下同。

補註：先曉文義，讀書之要法。

學者要自得。六經浩渺，乍來難盡曉，且見得路徑後，各自立得一箇門庭，歸而求之可矣。

補註：路徑，謂求良師友指示所由之道徑，如易先玩伏羲卦畫，然後詳味文王卦下彖辭，周公爻下象辭，而後及孔子之十翼也。門庭，謂各有門庭，如易所以窮陰陽之藴奥，書以考帝王之政事是也。

凡解文字，但易其心，自見理。理甚分明，如一條平坦底道路。詩書「周道如砥，其直如矢」[三]。此之謂也。或曰：聖人之言，恐不可以淺近看他。曰：聖人之言，自有近處，自有深處。如近處怎生强要鑿教深遠得？

補註：詩大東之篇。砥，礪石，言平也。矢，言直也。

揚子曰：「聖人之言遠如天，賢人之言近如地。」頤欲改之曰：「聖人之言，其遠如天，其近如地。」[四]

補註：聖人之言，遠而天道之精微，近而吾身日用之常，無不開示學者，豈語遠而遺近焉？子雲之言陋哉！

凡觀書不可以相類泥其義，不爾，則字字相梗。當觀其文勢上下之意，如「充實之謂美」與詩之美不同。

補註：泥，不通也。朱子曰：「凡讀書須看上下之意是如何，不可泥着一字，須是各隨本文意看，便自不相礙。」

問：瑩中嘗愛文中子「或問學易，子曰：『終日乾乾可也。』」此語最盡。文王所以聖，亦只是箇不已。先生曰：凡説經義，如只管節節推上去，可知是盡。夫「終日乾乾」，未盡得易，據此一句，只做得九三使。若謂「乾乾」是不已，不已便是道，漸漸推去，自然是盡，只是理不如此。

補註：瑩中，陳忠肅公瓘也。乾乾，解見字訓。

「子在川上曰：逝者如斯夫！」言道之體如此，這裏須是自見得。張繹曰：這裏是道無窮？熊本上四字誤作「須是自得」。先生曰：固是道無窮，然怎生一箇無窮，便道了得他？

補註：逝者如斯夫，見論語。逝，言天地之化，往過來續。斯，指川流，詳見集註。「是道無窮」四字，熊本作「須是自得」，今考西山讀書記正之。

今人不會讀書。如「誦詩三百，授之以政不達，使於四方不能專對。雖多，亦奚以爲？」須是未讀詩時不達於政，不能專對，既讀詩後便達於政，能專對四方，始是讀詩。「人而不爲周南、召南，其猶正墻面。」須是未讀詩時如面墻，讀了後便不面墻，方是有驗。大抵讀書只此便是法。如讀論語，舊時不讀是這箇人，及讀了後又只是這箇人，便是不曾讀也。

補註：誦詩三百，與「人而不爲周南、召南」，俱見論語。正墻面而立，謂一物無所見，一步不可行。

凡看文字，如「七年」、「一世」、「百年」之事，皆當思其如何作爲，乃有益。

補註：見論語。「如善人教民七年，可以即戎。」又曰：「如有王者，必世而後仁。」又曰：「善人爲邦百年，亦可以勝殘去殺。」馮氏曰：「此皆以其時勢與事之難易而言。」

凡解經，不同無害，但緊要處不可不同。外書。

補註：緊要，謂緊切指要。熊本此條與上條混併爲一。

焞初到，問爲學之方。先生曰：公要知爲學，須是讀書。書不必多看，要知其約。多看而不知其約，書肆耳。頤緣少時讀書貪多，如今多忘了。須是將聖人言語玩味，入心記著，然後力去行之，自有所得。

補註：或問讀書。朱子曰：「循序而漸進，熟讀而精思，不要貪多。」

初學入德之門，無如大學，其他莫如語、孟。

學者先須讀論、孟。窮得論、孟，自有要約處，以此觀他經甚省力。論、孟如丈尺權衡相似，以此去量度事物，而見得長短輕重。

讀論語者，但將諸弟子問處便作己問，將聖人答處便作今日耳聞，自然有得。若能於論、孟中深求玩味，將來涵養成甚生氣質！學者當以論語、孟子爲本。論語、孟子既治，則六經可不治而明矣。讀書者當觀聖人所以作經之意，與聖人所以用心，與聖人所以至聖人，而吾之所以未至者，所以未得者。句句而求之，晝誦而味之，中夜而思之。平其心，易其氣，闕其疑，則聖人之意見矣。[五]

讀論語、孟子而不知道，「雖多，亦奚以爲」。

補註：已上四條，皆是教人讀大學、論、孟之法。然不及中庸者，蓋中庸傳道之書，必待讀論、孟後方可讀也。

問：且將語、孟緊要處看，如何？伊川曰：固是好，然若有得，終不浹洽。蓋吾道非如釋氏，一見了便從空寂去。

補註：朱子曰：聖賢言語粗説細説，皆著理會教徹透。

「興於詩」者，吟詠情性，涵暢道德之中歆動之，有「吾與點」之氣象。又云「興於詩」是興起人善意，汪洋浩大，皆是意也。

補註：朱子曰：讀詩只是熟讀涵泳，自然和氣，從胸中流出，其妙處不可得而言者矣。

謝顯道云：明道先生善言詩，未嘗章解句釋，但優游玩味，吟哦上下，便使人有得處。如曰「瞻彼日月，悠悠我思。道之云遠，曷云能來？」思之切矣。終曰：「百爾君子，不知德行。不忮不求，何用不臧？」歸于正也。

補註：「瞻彼日月」，與「百爾君子」連下四句，皆衛風雄雉詩之詞。「思之切矣」、「歸于正也」二句，乃明道吟哦詩句而以此釋之，可謂不待章解句釋而義明矣。

又曰：伯淳常談詩，並不下一字訓詁，有時只轉卻一兩字，點掇地念過，便教人省悟。

補註：點，平聲。陳氏曰：「烝民詩首四句，孔子只就中添四字『曾不辭費』，而意味無窮，明道說詩正得此意。」

明道先生曰：學者不可以不看詩，看詩便使人長一格〔六〕。

補註：格，猶言階級也。朱子曰：「會得詩人之興，便有一格長。」

「不以文害辭」，文，文字之文，舉一字則是文，成句是辭。詩爲解一字不行，卻遷就他說，如「有周不顯」，當如此。

補註：朱子曰：「說詩之法，不可以一字而害一句之義，不可以一句而害設辭之意，不顯猶言豈不顯也。」愚按：「當如此」下疑有缺文。

看書須要見二帝、三王之道。如二典，即求堯所以治民，舜所以事君。

補註：蔡氏曰：二帝、三王之治本於道。

中庸之書，是孔門傳授，成於子思、孟子。其書雖是雜記，更不分精粗，一衮說了。今人語道，多説高便遺卻卑，説本便遺卻末。

補註：此説中庸、孟子二書，高卑本末，無不兼備。

伊川先生答張閎中書曰：易傳未傳，自量精力未衰，尚覬有少進爾。來書云「易之義本起於數」，非也。有理而後有象，有象而後有數。易因象以明理，由象以知數，得其義則象數在其中矣。必欲窮象之隱微，盡數之毫忽，乃尋流逐末，術家之所尚，非儒者之所務也。

補註：程子傳易以理爲主，尋流逐末，管輅、郭璞之類。

知時識勢，學易之大方也。夬九二象傳。

熊氏曰：時有盛衰，勢有强弱。方，法也。

大畜初、二，乾體剛健而不足以進，四、五陰柔而能止。時之盛衰，勢之强弱，學易者所宜深識也。

補註：大畜以陰陽相畜爲義，初九「有厲，利已」，九二「輿説輹」，雖以乾之剛健以畜之，時不利於進，六四「童牛之牿」，六五「豶豕之牙」，皆以陰柔以畜之，時而能止焉。「時」「勢」二字，學者當識。

諸卦二、五雖不當位，多以中爲美；三、四雖當位，或以不中爲過。中常重於正也。蓋中則不違於正，正不必中也。天下之理莫善於中，於九二、六五可見。震六五傳。

熊氏曰：二爲内卦之中，五爲外卦之中，皆得中也。三爲内卦之上，四爲外卦之下，皆不中也。陽爻居陽位、陰爻居陰位，爲當位而得其正，反此爲非正。蓋正者天下之定理，中者時措之宜。正者有時而失其中，中者隨時而得其正，故中之義重於正。如坤六五非正也，而曰「黄裳元吉」，以中爲美也。蠱之三、四皆正也，而三則「有悔」，四則「往吝」，蓋以不中爲嫌也。

問：胡先生解九四作太子，恐不是卦義。先生云：亦不妨，只看如何用。當儲貳則做儲貳。使九四近君，便作儲貳亦不害。但不要拘一，若執一事，則三百八十四爻，只作得三百八十四件事便休了。遺書。下同。

補註：胡先生，即安定先生。儲貳，太子也。

看易且要知時。凡六爻人人有用，聖人自有聖人用，賢人自有賢人用，衆人自有衆人用，學者自有學者用，君有君用，臣有臣用，無所不通。問：坤卦是臣之事，人君有用處否？先生曰：是何無用？如「厚德載物」，人君安可不用？

補註：厚德載物，見坤大象辭。

易中只是言反復往來上下。

熊氏曰：反復，如復、姤。往來，如賁、無妄。上下，如咸、恒之類。

詩、書載道之文，春秋聖人之用。詩、書如藥方，春秋如用藥治病。聖人之用，全在此書，所謂「不如載之行事深切著明」者也。

補註：熊氏以此條合上條共爲一。

五經之有春秋，猶法律之有斷例也。律令唯言其法，至於斷例，則始見其法之則也[七]。

學春秋亦善，一句是一事，是非便見於此。此亦窮理之要，他經豈不可以窮理？但他經論其義，春秋因其行事而是非較著，故窮理爲要。嘗語學者且先讀論語、孟子，更讀一經，然後看春秋。先識箇義理，方可看春秋。春秋以何爲準？無如中庸。中庸，無如權[八]。須是時而爲中，若以手足胼胝、閉户不出二者之間取中，便不是中。若當手足胼胝，則於此爲中。當閉户不出，則於此爲中。權之爲言，秤錘之義也。何物爲權？義也，時也。只是説得到義，義以上更難説，在人自看如何。

春秋傳爲按，經爲斷。

補註：已上數條，皆是教人讀春秋之法，則謂法式也。手胼足胝，言禹治水。閉户不出，謂顔子居陋巷。胼胝，皮厚也。傳，謂左傳。按，猶官府文。按：經，謂孔子之經文。「斷」者，斷獄之例也。

凡讀史不徒要記事迹，須要識其治亂安危、興廢存亡之理。且如讀高帝紀，便須識得漢家四百年終始治亂當如何。是亦學也。

補註：事迹，謂其所行之事迹。理，則謂其所以治亂安危、興廢存亡之理也。

先生每讀史到一半，便掩卷思量，料其成敗，然後卻看，有不合處，又更精思，其間多有幸而成，不幸而敗。今人只見成者便以爲是，敗者便以爲非，不知成者煞有不是，敗者煞有是底。

補註：此戒學者不當以成敗論人也。

橫渠先生曰：熊本缺上五字。古人能知詩者唯孟子，爲其「以意逆志」也。夫詩人之志至平易，不必爲艱險求之。今以艱險求詩，則已喪其本心，何由見詩人之志？

補註：以意逆志，謂以己意迎取作者之意。

讀書少，則無由考校得義精。蓋書以維持此心，一時放下，則一時德性有懈。讀書則此心常在，不讀書則終看義理不見。書須成誦。精思多在夜中，或靜坐得之。不記則思不起，但通貫得大原後，書亦易記。所以觀書者釋己之疑，明己之未達，每見每加熊本「加」作「知」。新益，則學進矣。於不疑處有疑，方是進矣。[九]

補註：大原，謂大本也。

春秋之書，在古無有，乃仲尼所自作，惟孟子能知之。非理明義精，殆未可學。先儒未及此，故其説多鑿。

補註：已上三條，皆横渠語，熊氏誤作伊川語。第二條「加」字誤作「知」，今考西山讀書記正之。

近思録卷第四

本註：此卷論存養。

伊川先生曰：陽始生甚微，安静而後能長。故復之象曰：「先王以至日閉關。」復卦象傳。

補註：解見第五卷復卦贊。

動息節宣，以養生也。飲食衣服，以養形也。威儀行義，以養德也。推己及物，以養人也。頤卦下傳。

補註：動息，謂動作休息。節宣，謂動作以宣通其氣，休息以節止其氣也。有威而可畏謂之威，有儀而可象謂之儀，行義謂所行合宜也。推己及物，見字訓。

「慎言語」以養其德，「節飲食」以養其體。事之至近而所繫至大者，莫過乎言語飲食也。頤卦象傳。

熊氏曰：言語不謹則敗德，飲食無度則生病，其關係甚大。

「震驚百里，不喪匕鬯。」臨大震懼能安而不自失者，唯誠敬而已。此處震之道也。震卦象傳。

補註：震，雷聲。匕，所以舉鼎實。鬯以秬黍酒和鬱金灌地以降神者也。

人之所以不能安其止者，動於欲也。欲牽於前而求其止，不可得也。故艮之道，當「艮其背」，所見者在前，而背乃背之，是所不見也。止於所不見，則無欲以亂其心，而止乃安。「不獲其身」，不見其身也，謂忘我也。無我則止矣，不能忘我，無可止之道。「行其庭不見其人」，庭除之間至近也，在背則雖至近不見，謂不交於物也。外物不接，内欲不萌，如是而止，各得止之道，於止爲無咎也。艮卦彖傳。

補註：朱子曰：人之四肢皆能動，惟背不動。艮其背，是止於其所當止之地。不獲其身，行其庭不見其人，謂不見有己、不見有人，都只是天理。

明道先生曰：若不能存養，只是説話。聖賢千言萬語，只是欲人將已放之心，約之使反復入身來，自能尋向上去，「下學而上達」也。〔一〇〕

補註：存養、收放心，解見字訓。下學上達，謂下學人事而上達天理也。

李籲問：每常遇事，即能知操存之意，無事時如何存養得熟？曰：古之人，耳之於樂，目之於禮，左右起居，盤杅几杖，有銘有戒，動息皆有所養。今皆廢此，獨有理義之養心耳。但存此涵養意，久則自熟矣。「敬以直内」，是涵養意。

補註：李籲，字端伯，程子門人。操存、存養、理義、養心，俱見孟子。餘解見字訓。

呂與叔嘗言患思慮多，不能驅除。曰：此正如破屋中禦寇，東面一人來未逐得，西面又一人至矣，左右前後，驅逐不暇。蓋其四面空疏，盜固易入，無緣作得主。又如虛器入水，水自然入。若以一器實之以水，置之水中，水何能入來？蓋中有主則實，實則外患不能入，自然無事。

補註：朱子曰：此言有主於中，外邪不能入。若中無主，則目之欲也從這裏入，耳之欲也從這裏入，凡有所欲，皆入也。中有主，謂主於敬也。

「居處恭，執事敬」，此是徹上徹下語。聖人元無二語。

補註：輔氏曰：「聖人之言，貫徹上下。自始學至成德，皆不過如此。」熊本此條與上條混爲一。

伊川先生曰：學者須敬守此心，不可急迫，當栽培深厚，涵泳於其間，然後可以自得。但急迫求之，只是私己，終不足以達道。

補註：朱子曰：人之持敬，若急迫不和，便非自然之理。

明道先生曰：「思無邪」，「毋不敬」，只此二句循而行之，安得有差？有差者，皆由不敬不正也。今學者敬而不見得，又不安者，只是心生，亦是太以敬來做事得重，此「恭而無禮則勞」也。恭者，私爲恭之恭也。禮者，非體之禮也，是自然道理也。只恭而不爲自然道理，故不自在也。須是「恭而安」。今容貌必端，言語必正者，非是道獨善其身，要人道如何，只是天理合如此。本無私意，只是箇循理而已。〔一一〕今志于義理而心不安樂者何也？此則正是剩一箇「助之長」。雖則心「操之則存，舍之則亡」，然而持之太甚，便是「必有事焉」而正之也。亦須且恁去，如此者只是德孤。「德不孤，必有鄰」，到德盛後，自無窒礙，左右逢其原也。〔一二〕

熊氏曰：不敬不正，謂敬心不存，邪念作也。敬而不見得，謂無自得之意也。心生，謂存心未熟也。非體之禮，謂自然之道理也。要人道如何，謂要人稱道也。助之長，謂作意太迫而有助長欲速之意。正，預期也。德孤，德寡無輔，涵養未熟，無自得之意也。左右逢原，謂德盛而不孤則取之左右，沛然而有餘裕也。

敬而無失，便是「喜怒哀樂未發謂之中」。敬不可謂中，但敬而無失，即所以中也。

補註：朱子曰：此言人能持敬而無間斷，則喜怒哀樂渾然在中，而無所偏倚矣。

有人胸中常若有兩人焉：欲爲善，如有惡以爲之間；欲爲不善，又若有羞惡之心者。本無二人，此正交戰之驗也。持其志，使氣不能亂，此大可驗。要之，聖賢必不害心疾。

補註：孟子曰：「志氣之帥也，氣體之充也。」張氏曰：「持其志，即敬之道也。」

明道先生曰：某寫字時甚敬，非是要字好，只此是學。

補註：先生又曰：「這亦可以收放心。」

伊川先生曰：入道莫如敬，未有能致知而不在敬者。今人主心不定，視心如寇讎而不可制，不是事累心，乃是心累事。

補註：朱子曰：「持敬致知，實交相發，而敬常爲主。」心累事，謂不能持敬也。

人只有一箇天理，卻不能存得，更做甚人也！

熊氏曰：人不能存得天理便非人類，與禽獸無異。人多思慮，不能自安，只是做他心主不定。要作得心主定，惟是止於事，「爲人君，止於仁」之類。如舜之誅四[一三]凶，四凶已作惡，舜從而誅之，舜何預焉？人不止於事，只是攬他事，不能使物各付物。物各付物，則是役物。爲物所役，是役於物。有物必有則，須是止於事。

熊氏曰：舜誅四凶，謂放驩兜、流共工、竄三苗、殛鯀也。物各付物，謂物來而應，不過其則，是能役物也。爲物所役，謂心爲物役而不能安其止，是役於物也。

不能動人，只是誠不至。於事厭倦，皆是無誠處。

補註：誠能動物，誠則不二不息，若不能動人，於事厭倦，皆非誠也。熊本此條連上條併爲一。

靜後見萬物，自然皆有春意。

補註：周子曰：無欲故靜，蓋心無欲則所見無非生意。

孔子言仁，只説「出門如見大賓，使民如承大祭」。看其氣象，便須「心廣體胖」，「動容周旋中禮」。惟慎獨是守之之法。

補註：陳氏曰：程子恐人認見賓承祭作勉强拘束之敬，故云「便須心廣體胖，動容周旋中禮」；又恐人外面如此而中心不如此，故又曰「慎獨是守之之法」。

聖人「脩己以敬」，「以安百姓」，「篤恭而天下平」。惟上下一於恭敬，則天地自位，萬物自育，氣無不和，四靈何有不至？此「體信」「達順」之道，聰明睿知皆由是出，以此事天饗帝。

補註：脩己以敬，以安百姓，見論語。篤恭而天下平，見中庸。四靈，見禮記，謂麟鳳龜龍也。帝，天帝也。朱子曰：「上下一於恭敬者，上之人有以感發而興起之也。信是實理，順是和氣。體信是致中意，達順是致和意。言能恭敬則能體信達順也。聰明睿智皆由此出者，言能恭敬，自然心便開明也。」

存養熟後，泰然行將去，便有進。

補註：泰然，猶云坦然，謂舒泰也。

不愧屋漏，則心安而體舒。

熊氏曰：屋漏，室西北隅隱暗之地，於此自反無愧，則心安適而體舒泰矣。

心要在腔子裏。

補註：或問朱子曰：「心如何得在腔子裏？」曰：「敬便在腔子裏。」

人心常要活，則周流無窮而不滯於一隅。

補註：朱子曰：活者，不死之謂。

明道先生曰：「天地設位，而易行乎其中」，只是敬也。敬則無間斷。

補註：朱子曰：天地也，似有箇主宰，方始恁地變易，此便是天地底敬。

「敬以直内，義以方外」，仁也。若以敬直内，則便不直矣。「必有事焉，而勿正」，則直也。

補註：或問朱子曰：「此如何謂之仁？」朱子曰：「亦是仁也。若能到私欲淨盡，天理流行，皆可謂之仁。」正，預期也。

涵養吾一。

熊氏曰：心存則不二。

「子在川上曰：『逝者如斯夫！不舍晝夜。』」自漢以來儒者皆不識此義。此聖人之心「純亦不已」也。「純亦不已」，天德也。有天德便可語王道，其要在謹獨。

補註：「逝者如斯」，解見前，餘見字訓。

「不有躬，無攸利。」不立己，後雖向好事，猶爲化物不得，以天下萬物撓己；己立後，自能了當得天下萬物。

補註：「不有躬，無攸利」，蒙卦六三爻辭。其下則伊川之傳。朱子曰：「此言當以立己爲先，應物爲後，若己不立，則在我無主宰，雖向好事，亦是隨那事物去，便是爲物所化矣。」

伊川先生曰：學者患心慮紛亂，不能寧靜。此則天下公病。學者只要立箇心，此上頭儘有商量。

補註：天下公病，謂天下之人公共之病也。此上頭儘有商量，謂能立心則可商量進學也。

閑邪則誠自存，不是外面捉一箇誠將來存著。今人外面役役於不善，於不善中尋箇善來存著，如此則豈有入善之理？故孟子言性善皆由内出，只爲誠便存。閑邪更着甚工夫？但惟是動容貌，整思慮，則自然生敬。敬只是主一也，主一則既不之東，又不之西，如是則只是中。既不之此，又不之彼，如是則只是内。存此則自然天理明。學者須是將「敬以直内」涵養此意，直内是本。閑邪則固一矣，然主一則不消言閑邪。有以一爲難見，不可下工夫，如何？一者無他，只是整齊嚴肅，則心便一。一則自是無非僻之干，此意但涵養久之，則天理自然明。[一四]語録。

熊氏曰：閑去邪妄，則實理自存。「直内是本」者，言「敬以直内」是其本也。

補註：閑，韻會云「防也」。閑邪，猶俗言防賊也。程子語録云：「如人家垣墻不脩，不能防寇，不如脩其垣墻，則寇自不至，故欲閑邪也。」朱子語録亦曰：「閑邪則固一矣，既一則邪便自不能入，如知得有賊，用心防他是也。」

有言未感時知何所寓？曰：「操則存，舍則亡，出入無時，莫知其鄉」，更怎生尋所寓？只是有操而已。操之之道，「敬以直内」也。

熊氏曰：寓，寄寓也。心，活物，又如何尋所寄寓，但操持則常存耳。

敬則自虚静，不可把虚静唤做敬。

補註：敬則中有主内無妄，思外無妄。動自然虚静，然虚静乃敬之效，不可把虚静爲敬也。

學者先務，固在心志。然有謂欲屏去聞見知思，則是「絶聖棄智」。有欲屏去思慮，患其紛亂，則須坐禪入定。如明鑒在此，萬物畢照，是鑑之常，難爲使之不照。人心不能不交感萬物，難爲使之不思慮。若欲免此，惟是心有主。如何爲主？敬而已矣。有主則虚，虚謂外邪不能入；無主則實，實謂物來奪之。大凡人心不可二用，用於一事，則他事更不能入，事爲之主也。事爲之主，常無思慮紛擾之患。若主於敬，又焉有此患乎？所謂敬者，主一之謂敬；所謂一者，無適之謂一。且欲涵泳主一之義，不一則二三矣。至于不敢欺，不敢慢，「尚不愧于屋漏」，皆敬之事也。

補註：「絶聖去智」，出老子還淳篇。或問朱子曰：「程子言有主則實，又曰有主則虛，如何？」朱子曰：「只是有主於中外邪不能入，自其有主於中言之，則謂之實。自其外邪不入言之，則謂之虛。如無主於中，則有所欲皆入，便教滿了，如何得虛？」

「嚴威儼恪」，非敬之道，但致敬自此入。

補註：已上數條，皆教學者持敬之道。朱子曰：「持敬之説，不必多言，但熟味。程子整齊嚴肅，嚴威儼恪，動容貌，整思慮，此等類説而加工焉。則所謂直内，所謂主一，自然不費安排而身心泰然矣。」

「舜孳孳爲善。」若未接物，如何？只是主於敬，便是爲善也。以此觀之，聖人之道，不是但嘿然無言。

熊氏曰：孳孳者，亹亹不倦之意。聖人之道，非是嘿嘿無説，雖静時常有所存也。

思慮雖多，果出於正，亦無害否？曰：且如在宗廟則主敬，朝廷主莊，軍旅主嚴，此是也。如發不以時，紛然無度，雖正亦邪。

補註：發而中節，何有於害？發不以時，雜然無度，雖出於正，亦邪妄也。

蘇季明問：喜怒哀樂未發之前求中，可否？曰：不可。既思於喜怒哀樂未發之前求之，又卻是思也。既思即是已發，纔發便謂之和，不可謂之中也。又問：呂博熊本作「學」。士言當求於喜怒哀樂未發之前，如何？曰：若言存養於喜怒哀樂未發之前則可，若言求中於喜怒哀樂未發之前則不可。又問：學者於喜怒哀樂發時，固當勉强裁抑，抑於未發之前，當如何用功？曰：於喜怒哀樂未發之前，更怎生求？只平日涵養便是。涵養久，則喜怒哀樂發自中節。曰：當中之時，耳無聞，目無見否？曰：雖耳無聞，目無見，然見聞之理在始得。賢且説靜時如何？曰：謂之無物則不可，朱子曰：「無」當作「有」，言其有物則不見其有物。然自有知覺處。曰：既有知覺，卻是動也，怎生言靜？人説「復其見天地之心」，皆以謂至靜能見天地之心，非也。復之卦下面一畫便是動也，安得謂之靜？或曰：莫是於動上求靜否？曰：固是，然最難。釋氏多言定，聖人便言止。如「爲人君，止於仁；爲人臣，止於敬」之類是也。易之艮言止之義曰：「艮其止，止其所也。」蓋人萬物皆備，遇事時各因其心之所重者更互而出。纔見得這事重，便有這事出。若能物各付物，便自不出來也。或曰：先生於喜怒哀樂未發之前，下「動」字，下「靜」字？曰[一五]：謂之靜則可，然靜中須有物始得。這裏便是難處。莫若且先理會敬，能敬則知此矣。或曰：敬何以用功？曰：莫若主一。季明曰：昞嘗患思慮不定，或思一事未了，他事如麻又生，如何？曰：不可。此不誠之本也。須是事事能專一時便好[一六]。不拘思慮與應事，皆要求一。

補註：蘇季明，名昞。吕博士，與叔也，熊本誤作「學士」，今依讀書記正之。餘解見前。

人於夢寐間，亦可以卜自家所學之淺深。如夢寐顛倒，即是心志不定，操存不固。「持其志，無暴其氣」，内外交相養也。[一七]

補註：致堂胡氏曰：思慮紛紜，神情不定，則所夢雜亂，與旦晝之所爲等耳。善學者既謹其言動，又必驗諸夢寐之間也。

問：「出辭氣」，莫是於言語上用工夫否？曰：須是養乎中，自然言語順理。若是慎言語不要發[一八]，此卻可用力。

熊氏曰：中有所養，發於言者，自然不悖。

大率把捉不定，皆是不仁。

熊氏曰：把捉不定，則此心外馳，理不勝欲，便是不仁。

伊川先生曰：致知在所養，養知莫善於「寡欲」二字。

補註：朱子曰：「欲寡，則心無紛擾而知益明矣。」又曰：「欲如口鼻耳目四肢之欲，雖人之不能無，然多而不節，未有不失其本心者，學者所當深戒也。」

心定者其言重以舒，不定者其言輕以疾。

熊氏曰：心專而靜，則言不妄發，發必審重而和緩。心若紛擾則言必妄發，發必輕浮而急躁。

伊川每見人靜坐，便嘆其善學。

補註：諸葛孔明云：非靜無以成學。

橫渠先生曰：始學之要，當知「三月不違」與「日月至焉」内外賓主之辨，使心意勉勉循循而不已，過此幾非在我者。

補註：黄氏曰：「仁人之安宅也。三月不違，則心爲主在仁之内，如身爲主而在宅之内也。日月至焉，則心爲賓在仁之外，如身爲賓在宅之外也。」朱子曰：「過此幾非在我，所謂欲罷不能，更無著力處也。」

心清時少，亂時常多。其清時視明聽聰，四體不待羈束，而自然恭謹，亂時反是，如此何也？蓋用心未熟，客慮多而常心少也，習俗之心未去，而實心未完也。人又要得剛，柔則入於不立。亦有人生無喜怒者，則又要得剛，剛則守得定不回，進道勇敢。載則比他人自是勇處多。

補註：朱子曰：「張子此言大段精切。」又曰：「客慮是泛泛的思慮，習俗之心便是從來習染偏勝等心，實心是義理的心。」

戲謔不惟害事，志亦爲氣所流。不戲謔亦是持氣之一端。

補註：詳見東銘。

正心之始，當以己心爲嚴師。凡所動作，則知所懼。如此一二年守得牢固，則自然心正矣。

熊氏曰：正心當視心如嚴師，舉動知所敬畏。

定然後始有光明。若常移易不定，何求光明？易大抵以艮爲止，止乃光明。故大學「定」而至於「能慮」。人心多則無由光明。

補註：真氏曰：「人心多」者，思慮紛雜之謂。

「動静不失其時，其道光明。」學者必時其動静，則其道乃不蔽昧而明白。今人從學之久，不見進長，正以莫識動静，見他人擾擾，非干己事，而所脩亦廢。謂之「光明」可乎？

補註：易艮卦彖辭曰：「時止而止，時行而行。動静不失其時，其道光明。」朱子曰：「定則明，凡人胸次擾擾，則愈昏昧，中有定則止，則自然光明矣。」

敦篤虚静者，仁之本。不輕妄，則是敦篤也；無所繫閡昏塞，則是虚静也。此難以頓悟，苟知之，須久於道實體之，方知其味。夫仁亦在乎熟之而已。

熊氏曰：敦篤虚静，有以全其心之德，故曰「仁之本」。但此不可一超頓悟，必存心之久，實體於己，方知其味。

近思録卷第五

本註：此卷論力行。

復之初九曰：「不遠復，無祇悔，元吉。」傳曰：陽，君子之道，故復爲反善之義。初，復之最先者也。是不遠而復也。失而後有復，不失則何復之有？唯失之不遠而復，則不至於悔，大善而吉也。顔子無形顯之過，夫子謂其「庶幾」，乃「無祇悔」也。過既未形而改，何悔之有？既未能不勉而中，所欲不踰矩，是有過也。然其明而剛，故一有不善，未嘗不知，知未嘗不速改，故不至於悔，乃「不遠復」也。學問之道無他也，唯其知不善，則速改以從善而已。

補註：解見復卦贊及遂初堂賦。祗，至也。

晉之上九：「晉其角，維用伐邑，厲吉，無咎，貞吝。」傳曰：人之自治，剛極則守道愈固，進極則遷善愈速。如上九者，以之自治，則雖傷於厲而吉且無咎也。嚴厲非安和之道，於自治則有功也。雖自治有功，然非中和之德，所以貞正之道爲可吝也。

補註：此言自治雖傷嚴而吉且無咎，然非中和之德，故有吝也。

損者，損過而就中，損浮末而就本實也。天下之害，無不由末之勝也。峻宇雕墻，本於宮室。酒池肉林，本於飲食。淫酷殘忍，本於刑罰。窮兵黷武，本於征討。凡人欲之過者，皆本於奉養，其流之遠，則爲害矣。先王制其本者，天理也。後人流於末者，人欲也。損之義，損人欲以復天理而已。損彖傳。

補註：朱子曰：損，減省也。程子因彖傳發明損人欲以復天理，其義深切而著明矣。

夬九五曰：「莧陸，夬夬，中行無咎。」象曰：「中行無咎，中未光也。」傳曰：夫人心正意誠，乃能極中正之道，而充實光輝。五心有所比[一九]，以義之不可而決之，雖行於外，不失其中正之義，可以無咎，然於中道未得爲光大也。蓋人心一有所欲，則離道也。夫子於此，示人之意深矣。

補註：夬，決也。朱子曰：「莧陸，今馬齒莧。感陰陽氣之多者，九五爲決之主而切近上六之陰。如莧陸，然若決而決之，合於中行，則無咎矣。今五心有所比，事雖正而意潛，有所係吝，故未得爲光大也。」

方説而止[二〇]，節之義也。節之九二，不正之節也。以剛中正爲節，如「懲忿窒欲」，損過益有餘是也[二一]。不正之節，如嗇節於用，懦節於行是也。[二二]

熊氏曰：兑，説也。坎，險也。方説而能正，節之大義也。九二以剛居柔，不正之節也。以剛中正爲節，如懲忿怒、窒塞嗜欲，損過抑有餘是也。不正之節，如嗇於用而用有不足，懦於行而行有不足。此九二之節也。

人而無克、伐、怨、欲，惟仁者能之。有之而能制其情不行焉，斯亦難也，謂之仁則未可也。此原憲之問，夫子答以知其爲難，不知其爲仁。此聖人開示之深也。

補註：克好勝，伐自矜，怨忿恨，欲貪欲，詳見論語集註。

明道先生曰：義理與客氣，只看消長分數多少，爲君子小人之别。義理所得漸多，則自然知得客氣消散得漸少，消得盡是大賢。

補註：義理原於性命之正，本然之固有也。客氣生於物我之相形，自外而至者也。

或問：人莫不知和柔寬緩，然臨事反至暴厲。曰：只是志不勝氣，氣反動其心也。

補註：氣反動其心，見孟子。謝氏曰：「氣動其心，和其氣，所以和其心也。」

人不能祛思慮，只是吝。吝故無浩然之氣。

補註：朱子曰：「吝鄙嗇，吝氣歉。」胡氏曰：「吝之病藏乎内，故思慮多。」

治怒爲難，治懼亦難。克己可以治怒，明理可以治懼。

熊氏曰：私既克，則一朝之忿不作矣；理既明，則非理之懼不動矣。

堯夫解「他山之石，可以攻玉」：玉者温潤之物，若將兩塊玉來相磨，必磨不成，須是得他箇麄礪底物，方磨得出。譬如君子與小人處，爲小人侵陵，則脩省畏避，動心忍性，增益預防。如此則道理出來。

補註：「他山之石，可以攻玉」，詩小雅鴻鳴篇之詞。按：詩傳云：此程子引邵子之言也。

明道先生曰：責上責下，而中自恕己，豈可任職分？

補註：恕己，謂寬於自責，與范忠宣公所云「恕己恕人」之義同。職分，官府之職分也。

皋陶曰：「亦行有九德：寬而栗，柔而立，愿而恭，亂而敬，擾而毅，直而温，簡而廉，剛而塞，强而義。」[二三]先生曰：「九德」最好。

補註：蔡氏曰：「亦，總也。而，轉語辭。正，言反應所以明其德之不偏，皆指其成德之自然，非以彼濟此之謂也。」詳見書傳。南軒曰：「自寬至强，皆天資。自栗至義，皆學力。」

伊川先生曰：大抵人有身，便有自私之理，宜其與道爲一。

熊氏曰：人有耳目口鼻四肢，自然有私己之欲。「宜其與道爲一」者，能克己然後合天理之公。

補註：此條疑有缺文誤字。

罪己責躬不可無，然亦不可長留在心胸爲悔。

補註：有過自責，但當速改，不宜長留于心以爲悔。

人語言緊急，莫是氣不定否？曰：此亦當習，習到言語自然緩時，便是氣質變也。學至氣質變，方是有功。

補註：此言變化氣質之功效。

問：「不遷怒，不貳過」，何也？語録有怒甲不遷乙之説，是否？伊川先生曰：是。

曰：若此則甚易，何待顔子而後能？曰：只被説得粗了，諸君便道易。此莫是最難，須是理會得因何不遷怒。如舜之誅四凶，怒在四凶，舜何與焉？蓋因人有可怒之事而怒之，聖人之心本無怒也。譬如明鏡，好物來時便見是好，惡物來時便見是惡，鏡何嘗有好惡也？世之人固有怒於室而色於市，且如怒一人，對那人説話能無怒色否？有能怒一人而不怒别人者，能忍得如此，已是煞知義理。若聖人因物而未嘗有怒，此只是甚難。君子役物，小人役於物。今見可喜可怒之事，自家著一分陪奉他，此亦勞矣。聖人之心如止水。

補註：四凶，解見前。怒於室而色於市，見左傳，楚令尹子瑕之言，註謂「人有忿怒於室家而作色於市人」者，蓋言其遷怒之甚也。君子役物，謂中心有定，因物可怒而怒之；小人役於物，謂心無定而逐物陪奉之也。

人之視最先。非禮而視，則所謂開目便錯了。次聽，次言，次動，有先後之序。人能克己，則心廣體胖，仰不愧，俯不怍，其樂可知。有息則餒矣。

補註：非禮勿視聽言動，見論語。心廣體胖，見大學。[二四] 仰不愧，俯不怍，見孟子。息，止也。餒，氣不充也。

伊川與謝子相别一年，曰：「做得甚工夫？」曰：「只去箇『矜』字。」伊川點頭，語在坐曰：「此人爲學，切問而近思者也。」

補註：矜，夸也。切問近思，謂求其在己者。

思叔詬駡僕夫[二五]，伊川曰：何不「動心忍性」？

補註：動心忍性，謂竦動其心，堅忍其性也。此「性」字指氣質之性而言。

「見賢」便「思齊」，有爲者亦若是。「見不賢而内自省」，蓋莫不在己。

補註：有爲者亦若是，謂冀己亦有是善也。蓋莫不在己，謂恐己亦有是惡也。

横渠先生曰：熊本脱上五字。有潛心於道，忽忽爲它慮引去者，此氣也。舊習纏繞，未能脱洒，畢竟無益，但樂於舊習耳。古人欲得朋友，與琴瑟簡編，常使心在於此。惟聖人知朋友之取益，故樂得朋友之來。

熊氏曰：舊習纏繞，皆是不勝氣。朋友有講習責善之益，琴瑟有調適性情之樂，簡編有前言往行之識。朝夕於是，則心有所養，而邪僻之念不作。

補註：此條連下四條，皆横渠語，今考讀書記正之。

矯輕警惰。

熊氏曰：輕則浮躁，故當矯；惰則弛慢，故當警。

「仁之難成久矣！人人失其所好。」蓋人人有利欲之心，與學正相背馳，故學者要寡欲。

熊氏曰：仁之難全亦久，蓋人心各有所好，而亦各失其所好。

補註：「仁之難成久矣，人人失其所好」，此二句禮記表記篇載孔子之言。嚴陵方氏曰：「能好仁則得其所好，以其反此而失其所好，仁所以難成也歟？」下文三句乃横渠解夫子之言也。背馳者，謂人一向東一向西，相背馳走，相去益遠矣。

君子不必避他人之言，以爲大柔大弱。至于瞻視亦有節，視有上下，視高則氣高，視下則心柔。學者先須去其客氣。其爲人剛行下浪切，終不肯進。「堂堂乎張也，難與並爲仁矣」。蓋目者，人之所常用，且心常託之，視之上下，試之，己之敬傲，必見於視。所以欲下其視者，欲柔其心也。柔其心，則聽言敬且信。人之有朋友，不爲燕安，所以輔佐其仁。今之朋友，擇其善柔以相與，拍肩執袂以爲氣合，一言不合，怒氣相加。朋友之際，欲其相下不倦，故於朋友之間主其敬者，日相親與，得效最速。仲尼嘗曰：「吾見其居於位也，與先生並行也，非求益者，欲速成者。」則學者先須温柔，温柔則可以進學。詩曰：「温温恭人，惟德之基。」蓋其所益之多。

補註：行，剛强之貌。「堂堂乎張」，「吾見其居位，與先生並行」，皆見論語。「温温恭人，惟德之基」，詩大雅抑之篇之詞。此條横渠戒學者當以温恭柔下爲主。

性理群書補註卷之十二終

校勘記

［一］他日自當調暢　按：「調」，葉采近思録集解、句解本作「條」。

［二］按：在「子貢謂」條之前，所見校點底本，即韓國國立中央圖書館所藏朝鮮本有一葉，其文字内容是「孫嫁遺孤……教之使然也」，與後文近思録卷六中文字重複，恐是刷印裝訂所致，在

此不録。並且日本抄本無「問如何是近思」至「學者以仁爲己任不」這部分文字。故推斷在「以苟知爲得」以上，朝鮮本、日本抄本皆脱一葉，因此據補註明宣德九年刻本補入自「問如何是近思」至「學者以仁爲己任不」。

［三］詩書周道如砥其直如矢　「書」，當據補註明宣德九年刻本、句解本改作「曰」。

［四］按：自「揚子曰」至本條末，葉采近思録集解、句解本與前一條合爲一條。

［五］按：自「讀論語者」至「人之意見矣」，葉采近思録集解單列爲一條。

［六］看詩便使人長一格　「格」下，葉采近思録集解、句解本均有「價」字，當補。

［七］則始見其法之則也　「法之則」之「則」，葉采近思録集解作「用」。

［八］中庸無如權　「中庸」上，葉采近思録集解有「欲知」二字。

［九］按：自「書須成誦」至本條末，葉采近思録集解單列爲一條。

［一〇］按：自「聖賢千言」至本條末，葉采近思録集解單列爲一條。

［一一］按：自「今學者敬」至「循理而已」，葉采近思録集解單列爲一條。

［一二］按：自「今志于義理」至本條末，葉采近思録集解、句解本單列爲一條。

［一三］按：自「但敬而無失」至「如舜之誅四」，韓國國立中央圖書館所藏朝鮮本脱損一葉，據補註明宣德九年刻本補。

［一四］按：自「閑邪則固一矣」至本條末，葉采近思録集解、句解本單列爲一條。

［一五］按：「曰」下原有「云」字，據葉采近思録集解、句解本删。

［一六］須是事事能專一時便好　「事事」，葉采近思録集解作「習習」。

［一七］按：自「持其志」至本條末，葉采近思録集解單列爲一條。

［一八］若是慎言語不要發　「要」，葉采近思録集解、句解本作「妄」。

［一九］五心有所比　「五」，葉采近思録集解作「吾」。

［二〇］方説而止　「止」原作「正」，據補註明宣德九年刻本、句解本改。

［二一］損過益有餘是也　「益」，葉采近思録集解、句解本作「抑」。

［二二］按：自「節之九二」至本條末，葉采近思録集解、句解本單列爲一條。

［二三］按：自「皋陶曰」至「强而義」，葉采近思録集解作爲註文。

［二四］按：自上條「否伊川先生曰」至「見大學」，韓國國立中央圖書館所藏朝鮮本脱損一葉，據補註明宣德九年刻本補。

［二五］思叔詬罵僕夫　「罵」，葉采近思録集解、句解本作「詈」。

性理群書補註卷之十三

建安熊剛大集解　海虞吴訥補註

近思録卷第六

本註：此卷論齊家。

伊川先生曰：弟子之職，力有餘則學文。不脩其職而先文，非爲己之學也。

補註：詳見論語集註。

孟子曰：「事親若曾子可也。」未嘗以曾子之孝爲有餘也。蓋子之身所能爲者，皆所當爲也。師九二傳。

補註：詳見孟子集註。

「幹母之蠱，不可貞。」子之於母，當以柔順輔導之，使得於義。不順而致敗蠱，則子之罪也。從容將順，豈無道乎？伸己剛陽之道，遽然矯拂則傷恩，所害大矣，亦安能入乎？屈己下意，巽順將承，使之身正事治而已。剛陽之臣事柔弱之君，義亦相近。

補註：「幹母之蠱，不可貞」，此蠱卦九二爻辭，以下則程子之言也。蠱事也，言幹母之蠱當巽順將承，使之身止事治而已。貞固，則反傷恩害義矣。

蠱之九三，以陽處剛而不中，剛之過也，故小有悔。然在巽體不爲無順。順，事親之本也。又居得正，故無大咎。然小有悔，非善事親也。

補註：蠱之九三爻辭曰：「幹父之蠱，小有悔，無大咎。」朱子曰：「過剛不中，故小有悔，巽體得正，故無大咎。」

正倫理，篤恩義，家人之道也。家人卦彖傳。

熊氏曰：正倫理，則尊卑之分明。厚恩義，則上下之情洽。

人之處家，在骨肉父子之間，大率以情勝禮，以恩奪義。惟剛立之人，則能不以私愛失其正理，故家人卦大要以剛爲善。家人上九爻辭，謂治家當有威嚴，而夫子又復戒之，當先嚴其身也。威嚴不先行於己，則人怨而不服。[一]

補註：按：家人上九小象曰：「威如之吉，反身之謂也。」伊川釋之以此。朱子曰：「謂，非作威也。反身，自治則人畏服之也。」

歸妹九二，守其幽貞，未失夫婦常正之道。世人以媟狎爲常，故以貞靜爲變常，不知乃常久之道也。

補註：「媟」與「褻」同，此言「貞靜」實夫婦恒久之道。

問：行狀云：「盡性至命，必本於孝弟。」不識孝弟何以能盡性至命也？曰：後人便將性命别作一般事説了。性命孝弟，只是一統底事，就孝弟中便至盡性至命[二]。如洒掃應對與盡性至命，亦是一統底事，無有本末，無有精粗，卻被後來人言性命者别作一般高遠説。故舉孝弟，是於人切近者言之。然今時非無孝弟之人，而不能盡性至命者，由之而不知也。

補註：朱子曰：「爲子能孝能弟能友，此盡性也。能充其性之所有，是盡性至命。命是天之所以予我者。」楊氏曰：「聖人所謂性與天道者，豈嘗離夫洒掃應對之間哉？故其始也，即此以爲學，其卒也，非離此以爲道。」朱子曰：「由之而不知者，蓋能由於是理之當然而不能知其所以然也。」

問：第五倫視其子之疾，與兄子之疾不同，自謂之私，如何？曰：不待安寢與不安寢，只不起與十起，便是私也。父子之愛本是公，才著些心，便是私也。又問：視己子與兄子間否？曰：聖人立法曰「兄弟之子猶子也」，是欲視之猶子也。又問：天性自有輕重，若有間然？曰：只爲今人以私心看了。孔子曰：「父子之道，天性也。」此只就孝上説，故言父子天性。若君臣、兄弟、賓主、朋友之類，亦豈不是天性？只爲今人小看卻，不推其本所由來故爾。己之子與兄之子，所爭幾何？是同出於父者也。只爲兄弟異形，故以兄弟爲手足。人多以異形故，親己之子異於兄弟之子，甚不是也。又問：孔子以公冶長不及南容，故以兄之子妻南容，以己之子妻公冶長。何也？曰：此亦以己之私看聖人也。凡人避嫌者，皆内不足也。聖人至公，何更避嫌？凡嫁女，各量其才而求配。或兄之子不甚美，必擇其相稱者爲之配；或己之子美，必擇其才美者爲之配，豈更避嫌耶？若孔子事，或是年不相若，或時有先後，皆不可知。以孔子爲避嫌，則大不是。如避嫌事，賢者且不爲，况聖人乎？

補註：第五倫，漢人。公治長、南容事，俱見論語。

病卧於牀，委之庸醫，比之不慈不孝。事親者亦不可不知醫。

補註：醫所以治疾，親疾不能擇醫而委其命於庸人，是爲不孝；子疾不能擇醫而委其命於庸人，是爲不慈。然事親者亦不可不知醫道，蓋上可以奉親，下可以慈幼，比之從事無益之習有間矣。

程子葬父，使周恭叔主客。客飲酒，恭叔以告。先生曰：「勿陷人於惡。」

熊氏曰：恭叔，程子門人。臨喪飲酒，非禮。

先公太中諱珦，字伯温。前後五得任子，以均諸父子孫。嫁遣孤女，必盡其力，所得俸錢，分贍親戚之貧者。伯母劉氏寡居，奉養甚至。其女之夫死，公迎從女兄以歸，教養其子，均於子姪。既而女兄之女又寡，公懼女兄之悲思，又取甥女以歸，嫁之。時小官禄薄，克己爲義，人以爲難。公慈恕而剛斷，平居與幼賤處，惟恐有傷其意，至於犯義理，則不假也。左右使令之人，無日不察其饑飽寒燠。所娶侯氏，夫人事舅姑以孝謹稱，與先公相待如賓客，謙順自牧，雖小事未嘗專，必稟而後行。仁恕寬厚，撫愛諸庶，不異己出。從叔幼姑，夫人存視，常均己子。治家有法，不嚴而整。不喜笞朴奴婢，視小臧獲如兒女。諸子或加呵責，必戒之曰：「貴賤雖殊，人則一也。汝如是大時，能爲此事否？」先公凡有所怒，必爲之寬解，惟諸兒有過，則不掩之。常曰：「子之所以不肖者，由母蔽其過，而父不知也。」夫子男子六人，所存者惟二，其愛慈可謂至矣，然於教之之道，不少假也。數歲[三]，行而或跲，家人走前扶抱，恐其驚啼，夫人未嘗不呵責曰：「汝若安徐，寧至跲乎！」飲食常置之坐側。嘗食絮羹，即叱止之，曰：「幼求稱欲，長當何如？」雖使令輩，不得以惡言罵之。故頤兄弟平生於飲食衣服無所擇，不能惡言罵人，非性然也，教之使然也。與人爭忿，雖直不右，曰：「患其不能屈，不患其不能伸。」及稍長，常使從善師友游，雖居貧，或欲延客，則喜而爲之具。夫人七八歲，誦古詩曰：「女子不夜出，夜出秉明燭。」自是日暮則不復出房閣。既長，好文，而不爲辭章，見世之婦女以文章筆札傳於人者，則深以爲非。文集。

補註：臧獲，奴婢也。絮羹，就器中調和也。跲，跌也。右，尚也，與「上」同。雖直不右，謂雖理直不以爲上，蓋抑之也。

斯干詩言：「兄及弟矣，式相好矣，無相猶矣。」言兄弟宜相好，不要厮學。猶，似也。人情大抵患在施之不見報則輟，故恩不能終。不要相學，己施之而已。

補註：斯干，詩小雅篇名。輟，止也。朱子曰：「不要相學，言不要相學其不好處，如兄能友其弟，爲弟者卻不恭其兄，則爲兄者豈可學弟之不恭而亦不友其弟？但當盡其友可也。如弟能恭其兄，爲兄者乃不友其弟，則爲弟者豈可學兄之不友而亦不恭其兄？但當盡其恭而已。」

近思録卷第七

本註：此卷論出處之道。

伊川先生曰：賢者在下，豈可自從以求於君？苟自求之，必無能信用之理。古之人所以必待人君致敬盡禮而後往者，非欲自爲尊大，蓋尊德樂道之心不如是，不足與有爲也。

蒙卦象傳。

補註：此戒賢者在下，當審其出處之道。

君子之需時也，安靜自守。志雖有需，而恬然若將終身焉，乃能用常也。雖不進而志動者，不能安其常也。需卦初九傳。

補註：需，待也。此言君子安靜待時之道。

比：「吉，原筮，元永貞。」傳曰：人相親比，必有其道。苟非其道，則有悔吝。故必推原占决其可比者比也，所比得「元永貞」，則「無咎」。元，謂有君長之道。永，謂可以常久。貞，謂得正道。上之比下，必有此三者，下之從上，必求此三者，則「無咎」也。比象傳。

補註：比，親輔也。此言上下相親比之道。

履之初九曰：「素履，往無咎。」傳曰：夫人不能自安於貧賤之素，則其進也，乃貪躁而動，求去乎貧賤耳，非欲有爲也。既得其進，驕溢必矣，故往則有咎。賢者則安履其素，其處也樂，其進也將有爲也，故得其進，則有爲而無不善。若欲貴之心與行道之心交戰于中，豈能安履其素乎？

補註：東萊呂氏曰：「履之初九，此是教人出門第一步。」

大人於否之時，守其正節，不亂雜小人之群類，身雖否而道之亨也。故曰：「大人否亨。」不以道而身亨，乃道否也。

補註：否卦六二小象曰：「大人否亨，不亂群也。」伊川既釋其義而又曰：「若不能守道而致亨，則身雖通達而道則否塞也。」

人之所隨，得正則遠邪，從非則失是，無兩從之理。隨之六二，苟係初則失五矣，故象曰「弗兼與也」，所以戒人從正當專一也。

補註：隨卦六二小象傳曰：「係小子，弗兼與也。」伊川以是釋之，蓋戒學者從正之道，必當專一而不二也。

君子所賁，世俗所羞；世俗所貴，君子所賤。故曰：「賁其趾，舍車而徒。」

補註：賁卦初九曰：「賁其趾，舍車而從。」蓋君子以義爲榮，不以徒行爲辱，所謂「窮不失義」者也。賁，脩飾也。

蠱之上九曰：「不事王侯，高尚其事。」象曰：「志可則也。」傳曰：士之自高尚，亦非一道。有懷抱道德，不偶於時，而高潔自守者；有知止足之道，退而自保者；有量能度分，安於不求知者；有清介自守，不屑天下之事，獨潔其身者。所處雖有得失小大之殊，皆自「高尚其事」者也。象所謂「志可則」者，進退合道者也。

補註：則，法也。此言賢者進退合道之義。

遯者，陰之始長。君子知微，故當深戒。而聖人之意，未便遽已也。故有「與時行，小利貞」之教。聖賢之於天下，雖知道之將廢，豈肯坐視其亂而不救？必區區致力於未極之間，强此之衰，艱彼之進，圖其暫安。苟得爲之，孔孟之所屑爲也，王允、謝安之於漢、晉是也。遯卦彖傳。

補註：王允[四]，漢獻帝時拜司徒，嘗使中郎將吕布誅董卓。謝安，晉孝武帝時爲侍中總中書事，以計止桓温簒逆，及舉姪謝玄等破符堅入寇[五]。

明夷初九，事未顯而處甚艱，非見幾之明不能也。如是，則世俗孰不疑怪？然君子不以世俗之見怪，而遲疑其行也。若俟衆人盡識，則傷已及而不能去矣。

補註：此言君子見幾之明。

晉之初六，在下而始進，豈遽能深見信於上？苟上未見信，則當安中自守，雍容寬裕，無急於求上之信也。苟欲信之心切，非汲汲以失其守，則悻悻以傷於義矣。故曰：「晉如摧如，貞吉，罔孚，裕，無咎。」然聖人又恐後之人不達寬裕之義，居位者廢職失守以爲裕，故特云「初六裕則無咎」者，始進未受命當職任也。若有官守，不信於上而失其職，一日不可居也。然非一槩，久速唯時，亦容有爲之兆者。

補註：汲汲，急也。悻悻，怒意也。晉，進也。摧，抑退也。罔孚，不見信也。裕，寬裕也。兆，幾微之先見者也。此言進退遲速之義。

不正而合，未有久而不離者也。合以正道，自無終睽之理。故賢者順理而安行，智者知幾而固守。睽卦六三小象傳。

補註：睽，乖離也。此言順理知幾之道。

君子當困窮之時，既盡其防慮之道而不得免，則命也。當推致其，命以遂其志。知命之當然也，則窮塞禍患不以動其心，行吾義而已。苟不知命，則恐懼於險難，隕穫於窮厄，所守亡矣，安能遂其爲善之志乎？困卦大象彖。

補註：困卦大象曰：「澤無水困，君子以致命遂志。」程子釋之以此。隕穫，出禮記儒行篇「不隕穫於貧賤」。註謂：「隕者，如有墜失。穫者，如有割刈也。」

寒士之妻，弱國之臣，各安其正而已。苟擇勢而從，則惡之大者，不容於世矣。困九四傳。

補註：寒士，孤寒之士也。

井之九三，渫治而不見食，乃人有才智而不見用，以不得行爲憂惻也。蓋剛而不中，故切於施爲，異乎「用之則行，舍之則藏」者矣。

補註：馮氏曰：淘井曰渫。

革之六二，中正則無偏蔽，文明則盡事理，應上則得權勢，體順則無違悖。時可矣，位得矣，才足矣，革之至善者也[六]。必待上下之信，故「巳日乃革之」也。如二之才德，當進行其道，則吉而無咎也。不進則失可爲之時，爲有咎也。

補註：革，變革也。巳，終也。巳日者，一爻爲一日初至，二巳終一日矣。巳日乃吉，言當詳緩而又不可失時也。

鼎之「有實」，乃人之有才業也。當慎所趨向，不慎所往，則亦陷於非義。故曰：「鼎有實，慎所之也。」鼎九二小象傳。

補註：「鼎有實慎所之也」七字，乃鼎卦九二夫子小象，上文則程子釋其義之往也。

士之處高位，則有拯而無隨。在下位，則有當拯，有當隨，有拯之不得而後隨。艮六二傳。

補註：拯，救也。拯之不得而後隨，勉而隨之也。

「君子思不出其位。」位者，所處之分也。萬事各有其所，得其所則止而安。若當行而止，當速而久，或過或不及，皆出其位也，况踰分非據乎！

補註：「君子思不出其位」，艮卦大象之辭，其下文則伊川之傳也。

人之止，難於久終，故節或移於晚，守或失於終，事或廢於久，人之所同患也。艮之上九，敦厚於終，止道之至善也。故曰「敦艮吉」。艮上九傳。

補註：朱子曰：敦厚於止，成德之事也。

中孚之初九曰：「虞吉。」象曰：「志未變也。」傳曰：當信之始，志未有所從，而虞度所信，則得其正，是以吉也。志有所從，則是變動，虞之不得其正矣。

補註：此言當信之始，惟當虞度所信，其志不可他從也。

賢者惟知義而已，命在其中。中人以下，乃以命處義。如言「求之有道，得之有命，是求無益於得」。知命之不可求，故自處以不求。若賢者則求之以道，得之以義，不必言命。

熊氏曰：命有必然之數，義有當然之宜。賢者惟知義之當然，而命在其中，若中人以下知命有定，不敢妄求，故曰「以命處義」。

人之於患難，只有一箇處置，盡人謀之後，卻須泰然處之。有人遇一事，則心心念念不肯捨，畢竟何益？若不會處置了放下，便「是無義無命也」。

熊氏曰：人遇患難，當審所以處之之道，是義也。處置之後則須泰然，是命也。若不放下，是無義無命也。

門人有居太學而欲歸應鄉舉者，問其故，曰：蔡人尠習戴記，決科之利也。先生曰：汝之是心，已不可入於堯舜之道矣！夫子貢之高識，曷嘗規規於貨利哉？特以豐約之間不能無留情耳。且貧富有命，彼乃留情於其間，多見其不信道也。故聖人謂之「不受命」。有志於道者，要當去此心而後可與語也。

補註：「尠」與「鮮」同，少也。子貢貨殖，見論語。命，謂天命。

人苟有「朝聞道，夕死可矣」之志，則不肯一日安於所不安也。何止一日，須臾不能。如曾子易簀，要如此乃安。人不能若此者，只爲不見實理。實理者，實見得是，實見得非。凡實理得之於心自別，若耳聞口道者，心實不見，若見得，必不肯安於所不安。人之一身，儘有所不肯爲，及至他事又不然。若士者，雖殺之，使爲穿窬，必不爲，其他事則不然。至如執卷者，莫不知説義理。又如王公大人，皆能言軒冕外物，及其臨利害，則不知就義理，卻就富貴。如此者只是説得，不實見，及其蹈水火，則人皆避之，是實見得，須是有「見不善如探湯」之心，則自然別。昔曾經傷於虎者，他人語虎，則雖三尺童子，皆知虎之可畏，終不似曾經傷者神色懾懼，至誠畏之，是實見得也。得之於心，是謂有得〔七〕，不待勉强。學者則須勉强。古人有捐軀隕命者，若不實見得，則烏能如此？須是實見得生不重於義、生不安於死也。故「殺身成仁」，只是成就一箇是而已。

補註：曾子易簀，見論語集註及禮記。穿窬，謂穿壁窬墻而爲盜也。見不善如探湯，殺身成仁，亦見論語。

孟子辨舜、跖之分，只在義利之間。言「間」者，謂相去不甚遠，所爭毫末爾。義與利，只是箇公與私也。出義，便以利言也。只那計較，便是爲有利害。若無利害，何用計較？利害者，天下之常情也。人皆知趨利而避害，聖人則更不計利害〔八〕，惟看義當爲不當爲，便是命在其中也。

補註：按：孟子盡心章有曰：「欲知舜與跖之分無他，利與善之間也。」此條言義利之間，蓋爲義即爲善也。餘解見字訓。跖，盜跖也。

大凡儒者，未敢望深造於道，且只得所存正，别善惡，識廉耻。如此等人多，亦須漸好。

補註：此程子歎當世無造道之儒，故云然。

趙景平問：「子罕言利」，所謂利者，何利？曰：不獨財利之利，凡有利心便不可。如作一事，須尋自家穩便處，皆利心也。聖人以義爲利，義安處便爲利。如釋氏之學，皆本於利，故便不是。

補註：張氏曰：「學者莫先於義利之辨，有所爲而爲者，皆人欲之私而非天理之所存，此利也。」朱子曰：「佛法要求寂滅超脱世界，是求一身利便也。」

問：邢七久從先生，想都無知識，後來極狼狽。先生曰：謂之全無知則不可，只是義理不能勝利欲之心，便至如此。

補註：邢七，名恕，字和叔，其行事見宋史本傳。

謝湜自蜀之京師，過洛而見程子。子曰：爾將何之？曰：將試教官。子弗答。湜曰：何如？曰：吾嘗買婢，欲試之，其母怒而弗許，曰：「吾女非可試者也。」今爾求爲人師而試之，必爲此媪笑也。湜遂不行。

補註：謝湜，程子門人，欲應試教官，以子之言而止。

先生在講筵，不曾請俸。諸公遂牒户部，問不支俸錢。户部索前任曆子，先生云：「某起自草萊，無前任曆子。」遂令户部自爲出券曆。又不爲妻求封。范純甫問其故，先生曰：「某當時起自草萊，三辭然後受命，豈有今日乃爲妻求封之理？」問：「今人陳乞恩例，義當然否？皆以爲本分，不爲害。」先生曰：「只爲而今士大夫道得箇乞字慣，卻動不動又是乞也。」問：「陳乞封父祖如何？」曰：「此事體又別。」再三請益，但云：「其說甚長，待别時說。」

補註：「待别時說」者，其意有所難言也。

漢策賢良，尤是人舉之。如公孫弘者，尤强起之乃就對。至如後世賢良，乃自求舉爾。若果有曰「我心只望廷對，直言天下事」，則亦可尚已。若志富貴，則得志便驕縱，失志則便放曠與悲愁而已。

補註：公孫弘，武帝時舉賢良對策事，見史記。尚，上也。

伊川先生曰：人多説某不教人習舉業，某何嘗不教人習舉業也？人若不習舉業而望及第，卻是責天理而不修人事。但舉業既可以及第即已，若更去上面盡力求必得之道，是惑也。

補註：此言應舉得之不得有命。

問：家貧親老，應舉求仕，不免有得失之累，何脩而可以免此？伊川先生曰：此只是志不勝氣。若志勝，自無此累。家貧親老須用禄仕，然「得之不得爲有命」。曰：在己固可，爲親奈何？曰：爲己爲親，只是一事。若不得，其如命何？孔子曰：「不知命，無以爲君子。」人苟不知命，見患難必避，遇得喪必動，見利必趨，其何以爲君子？

補註：此言欲爲君子，必當知命。

或謂科舉事業，奪人之功，是不然。且一月之中，十日爲舉業，餘日即可爲學。然人不志于此，必志于彼。故科舉之事，不患妨功，惟患奪志。

補註：功，謂格致誠正之功。志，謂志於道。

橫渠先生曰：世禄之榮，王者所以録有功，尊有德，愛之厚之，示恩遇之不窮也。爲人後者，所宜樂職勸功，以服勤事任，長廉遠利，以似述世風。而近代公卿子孫，方且下比布衣，工聲病，售有司。不知求仕非義，而反羞循理爲無能；不知蔭襲爲榮，而反以虚名爲善繼。誠何心哉！文集。下同。

補註：「似」與「嗣」同，此言世禄，子孫當承廕襲以嗣世德。

不資其力而利其有，則能忘人之勢。孟子説。

補註：其者，指其勢力之人能不藉其力而利其有，則能忘其勢矣。

人多言安於貧賤，其實只是計窮、力屈、才短，不能營畫耳。若稍動得，恐未肯安之。須是真知義理之樂，於利欲也乃能。天下事大患只是畏人非笑。不養車馬，食麄衣惡，居貧賤，皆恐人非笑。不知當生則生，當死則死，今日萬鍾明日棄之，今日富貴明日饑餓亦不恤，惟義所在。

補註：此言生死、貧賤、富貴皆當揆之義。

近思録卷第八

本註：此卷論治道。

伊川先生曰：比之九五曰：「顯比，王用三驅，失前禽。」傳曰：人君比天下之道，當顯明其比道而已。如誠意以待物，恕己以及人，發政施仁，使天下蒙其惠澤，是人君親比天下之道也。如是，天下孰不親比於上？若乃暴其小仁，違道干譽，欲以求下之比，其道亦已狹[九]矣，其能得天下之比乎？王者顯明其比道，天下自然來比。來者撫之，固不煦煦然求比於物。若田之「三驅」，禽之去者從而不追，來者則取之也。此王道之大，所以其民皥皥而莫知爲之也。非唯人君比天下之道如此，大率人之相比莫不然。以臣於君言之，竭其忠誠，致其才力，乃顯其比君之道也。用之與否，在君而已，不可阿諛奉迎，求其比己也。在朋友亦然，脩身誠意以待之，親己與否，在人而已，不可巧言令色，曲從苟合，以求人之比己也。於鄉黨親戚，於衆人莫不皆然，「三驅，失前禽」之義也。

補註：煦煦，以氣温物之謂。韓子謂「老氏以煦煦爲仁」，註「小惠也」。此條言上下親比之道。

古之時，公卿大夫而下，位各稱其德，終身居之，得其分也。位未稱德，則君舉而進之。士脩其學，學至而君求之。皆非有預於己也。農工商賈，勤其事而所享有限。故皆有定志，而天下之心可一。後世自庶士至於公卿，日志於尊榮。農工商賈，日志於富侈。億兆之心，交騖於利，天下紛然，如之何其可一也？欲其不亂難矣！

補註：履卦大象曰：「上天下澤，履；君子以辨上下，定民志。」伊川釋其義以此。夫上天下澤，履之象也，君子法之，故必辨上下，使尊卑有等，長幼有倫，而後各安其分也。

泰之九二曰：「包荒，用馮河。」傳曰：人情安肆，則政舒緩，而法度廢馳，庶事無節。治之之道，必有包含荒穢之量，則其施爲，寬裕詳密，弊革事理，而人安之矣。若無含弘之度，有忿疾之心，則無深遠之慮，有暴擾之患。深弊未去，而近患已生矣，故在「包荒」也。自古泰治之世，必漸至於衰替，蓋由熊本作「猶」。狃習安逸，因循而然。自非剛斷之君、英烈之輔，不能挺特奮發以革其弊也，故曰「用馮河」。或疑上之「包荒」，則是包含寬容，此之「用馮河」，則是奮發改革，似相反也。不知以含容之量施剛果之用，乃聖賢之爲也。

補註：馮，音憑。馮河，謂徒涉也。此言治泰之道，當用含容之量以施剛果之用。

觀：「盥而不薦，有孚顒若。」傳曰：君子居上，爲天下之表儀，必極其莊敬，如始盥之初，勿使誠意少散，如既祭之後。則天下莫不盡其孚誠，顒然瞻仰之矣。

補註：觀「盥而不薦，有孚顒若」，卦下彖辭。朱子曰：「盥，將祭而潔手也。薦，奉酒食以祭也。顒然，尊敬之貌。」

凡天下至於一國一家，至於萬事，所以不和合者，皆由有間也，無間則合矣。以至天地之生，凡未合者，皆爲間也。若君臣、父子、親戚、朋友之間，有離貳怨隙者，蓋讒邪間於其間也。去其間隔而合之，則無不和且治矣。噬嗑者，治天下之大用也。

補註：噬，齧也。嗑，合也。此程子釋噬嗑卦名之辭。

大畜之六五曰：「豶豕之牙，吉。」傳曰：物有總攝，事有機會。聖人操得其要，則視億兆之心猶一心。道之斯行，止之則戢，故不勞而治，其用若「豶豕之牙」也。豕，剛躁之物。若剛制其牙，則用力勞而不能止，若豶去其勢，則牙雖存而剛躁自止。君子法「豶豕」

之義，知天下之惡不可以力制也。則察其機，持其要，塞絶其本原。故不假刑法嚴峻，而惡自止也。且如止盜，民有欲心，見利則動，苟不知教，而迫於飢寒，雖刑殺日施，其能勝億兆利欲之心乎？聖人則知所以止之之道，不尚刑威而修政教，使之有農桑之業，知廉恥之道，「雖賞之不竊」矣。

補註：豕去勢曰豶。

解：「利西南，無所往，其來復吉，有攸往，夙吉。」傳曰：西南坤方，坤之體廣大平易。當天下之難方解，人始離艱苦，不可復以煩苛嚴急治之，要濟之寬大簡易[一〇]，乃其宜也。既解其難而安平無事矣，是「無所往」也。則當脩復治道，正紀剛，明法度，進復先代明王之道，是「來復」也，謂反正理也。自古聖王救難定亂，其始未暇遽爲也；既安定，則爲可久可繼之治。自漢以下，亂既除，則不復有爲，姑隨時維持而已，故不能成善治，蓋不知「來復」之義也。「有攸往，夙吉」，謂尚有當解之事，則早爲之乃吉也。當解而未盡者，不早去，則將復盛。事之復生者，不早爲則將漸大，故夙則吉也。

補註：解「利西南」止「夙吉」，卦下彖辭。「傳曰」以下，伊川之言也。此言救難定亂之後，當爲可久可繼之治。

夫「有物必有則」，父止於慈，子止於孝，君止於仁，臣止於敬，萬物庶事，莫不各有其所。得其所則安，失其所則悖。聖人所以能使天下順治，非能爲物作則也，唯止之各於其所而已。

補註：艮卦彖曰：「艮其止，止其所也。」伊川釋之以此，夫所謂「各止其所」者，即大學所謂「至善之所在」也。餘解見字訓。

兑説而能貞，是以上順天理，下應人心，説道之至正至善者也。若夫違道不順天干譽非應人，苟取一時之説耳，非君子之正道。君子之道，其説於民，如天地之施，感之於心而悦服無斁。兑彖傳。

補註：此言君子説民之正道。

天下之事，不進則退，無一定之理。濟之終不進則止矣，無常止也。衰亂至矣，蓋其道已窮極也。聖人至此奈何？曰：唯聖人爲能通其變於未窮，不使至於極，堯舜是也，故有終而無亂。既濟彖傳。

補註：此言聖人能通其變。

爲民立君，所以養之也。養民之道，在愛其力。民力足則生養遂，生養遂則教化行而風俗美，故爲政以民力爲重也。春秋凡用民力必書，其所興作不時害義，固爲罪也，雖時且義亦書，見勞民爲重事也。然有用民力之大而不書者，爲教之意深矣。僖公修泮宫、復閟宫，非不用民力也，然而不書。二者，復古興廢之大事，爲國之先務，如是而用民，乃所當用也。人君知此義，知爲政之先後輕重矣。經説。下同。

補註：泮宫，諸侯之學鄉射之宫，水形如半璧，半於辟雍而宫以名也。閟宫，祀先公之廟。閟，深閉也。宫，廟也。「修泮宫，復閟宫」，詳見詩魯頌。

治身齊家以至平天下者，治之道也。建立治綱，分正百職，順天時以制事。至於創制立度，盡天下之事者，治之法也。聖人治天下之道，唯此二端而已。

補註：道者，制治之本，自身而家而國而天下是也。法者，爲治之具，自立綱紀以至命官創制皆是也。

明道先生曰：先王之世以道治天下。後世只是以法把持天下。遺書。下同。

補註：此言後世制治與先王之世不同。

爲政須要有綱紀文章，先有司、鄉官讀法、平價、謹權量。

熊氏曰：大曰綱，小曰紀。文謂文法，章謂章程。有司，謂衆職。鄉官，如黨正、族師之類。讀法，如州長正月之吉屬民讀法。平價，如賈師平物價之類。權有五：銖、兩、斤、鈞、石。量有五：龠、合、升、斗、斛也。

人各親其親，然後不獨親其親。仲弓曰：「焉知賢才而舉之？」子曰：「舉爾所知。爾所不知，人其舍諸？」便見仲弓與聖人用心之大小。推此義，則一心可以喪邦，一心可以興邦，只在公私之間耳。〔一二〕

補註：朱子曰：「興邦喪邦，蓋極言之。人必自知而後舉，則遺才多矣，未必不由此而喪邦也。」熊本以此條與上條合爲一。

治道亦有從本而言，亦有從事而論。從本而言，惟從「格君心之非」，「正心以正朝廷，正朝廷以正百官」。若從事而言，不救則已，若須救之，則須變，大變則大益。

補註：此言治道不同，所謂「救之則須變，大變則大益」者，蓋言衰亂之世，欲救敗亡不可不變。如周宣王中興，變厲王暴虐之政是也。觀「救」之一字可見，至若文武之道，則固當世守而不可變也。

唐有天下，雖號治平，然亦有夷狄之風。三綱不正，無君臣父子夫婦，其原始於太宗也。故其後世子弟皆不可止使，君不君，臣不臣。故藩鎮弗賓，權臣跋扈，陵夷有五代之風。漢之治過於唐。漢大綱正，唐萬目舉，本朝大綱正，萬目亦未盡舉。

補註：太宗殺兄太子建成，高祖聞變乃禪以位，又殺弟元吉，復納其妻而生子。所謂「夷狄之風，三綱不正」者也。厥後高宗納父妾，玄宗納子婦，肅宗撫軍而自立，皆原於太宗也。藩鎮弗賓，謂朱滔、田悦輩據地弗服。權臣跋扈，謂朱全忠輩稔惡構禍也。漢大綱正，謂人倫之道正。唐萬目舉，如府兵租庸調之類。宋與漢同，故萬目亦未盡舉也。

教人者，養其善心而惡自消。治民者，導之敬讓而爭自息。外書。下同。

熊氏曰：養其善心，謂道之以德也。導之敬讓，謂齊之以禮也。

明道先生曰：必有關雎、麟趾之意，然後可行周官之法度。

補註：關雎、麟趾，皆周南詩篇名，言文王之德躬行於上，故其后妃皆有關雎之行。后妃既皆仁厚，故其子亦仁厚，如麟之趾也。朱子曰：「自閨門衽席之微，積累到薰蒸洋溢，天下無一不被其化，然後可以行周官之法度也。」愚謂：周官，謂周禮。法度，即前所謂鄉官讀法、平價之類是也。

「君仁莫不仁，君義莫不義。」天下之治亂，繫乎人君仁不仁耳。離是而非，則「生於其心」，必「害於其政」，豈待乎作之於外哉？昔者孟子三見齊王而不言事，門人疑之，孟子曰：「我先攻其邪心。」心既正，然後天下之事可從而理也。夫政事之失，用人之非，知者能更之，直者能諫之。然非心存焉，則一事之失，救而正之，後之失者，將不勝救矣。「格其非心」，使無不正，非大人其孰能之？

補註：「君仁莫不仁，君義莫不義」，此二句孟子之言。「天下之治亂」以下，程子釋之之語，而其中復引孟子見齊王之事以明之也。格，正也。非心，非僻之心也。大人者，大德之人，正己而物正者也。

橫渠先生答范巽之書曰：朝廷以道學與政術爲二事，此正自古之可憂者。巽之謂孔孟可作，將推其所得而施之天下邪？將以其所不爲而强施之於天下歟？大都君相以父母天下爲王道，不能推父母之心於百姓，謂之王道可乎？所謂父母之心，非徒見於言，必須視四海之民如己之子。設使四海之内皆爲己之子，則講治之術必不爲秦漢之少恩，必不爲五伯之假名。巽之爲朝廷言，「人不足與適，政不足與間」，能使吾君愛天下之人如赤子，則治德必日新，人之進者必良士，帝王之道不必改途而成，學與政不殊心而得矣。

補註：大都，猶大凡也。五伯，齊桓、晉文、秦穆、宋襄、楚莊也。「人不足與適，政不足與間」，出孟子。適，過也。間，非也。謂用人之非不足過謫，行政之失不足非間，惟使人君愛天下之人如赤子爲急耳。

近思録卷第九

本註：此卷論治法。

伊川先生看詳三學條制云：舊制公私試補，蓋無虚月。學校禮義相先之地，而月使之爭，殊非教養之道。請改試爲課，有所未至，學官召而教之，更不考定高下。置尊賢堂以延天下道德之士[一二]，及待賓吏師齋，立檢察士人行檢等法。又云：自元豐後設利誘之法，增國學解額至五伯人[一三]，來者奔湊，捨父母之養，忘骨肉之愛，往來道路，旅寓他土，人心日偷，士風日薄。今欲量留一百人，餘四百人分爲州郡解額窄處[一四]，自然士人各安鄉土，養其孝愛之心，息其奔趨流浪之志，風俗亦當稍厚。又云：三舍升補之法，皆案文責跡，有司之事，非庠序育材論秀之道。蓋朝廷授法，必達乎下。長官守法而不得有爲，是以事成於下，而下得以制其上，此後世所以不治也。或曰長貳得人則善矣，或非其人，不若防閑詳密，可循守也。殊不知先王制法，待人而行，未聞立不得人之法也。苟長貳非人，不知教育之道，徒守虛文密法，果足以成人才乎？

補註：三學，謂太學、宗學、武學也。元豐，神宗年號。解額，謂鄉試解送之額。三舍，謂外舍、内舍、上舍，以次升補也。

萃：「王假，有廟。」傳曰：群生至衆也，而可一其歸仰。人心莫知其鄉也，而能致其誠敬。鬼神之不可度也，而能致其來格。天下萃合人心，總攝衆志之道非一，其至大莫過於宗廟。故王者萃天下之道至於有廟，則萃道之至也。祭祀之報，本於人心，聖人制禮以成其德耳。故豺獺能祭，其性然也。

補註：「王假有廟」，萃卦彖辭。其下則程子之言也。萃，聚也，假音。格，至也。豺、獺，皆獸名。禮記月令：「孟春獺祭魚，季秋豺祭獸。」

古者戍役，再期而還。今年春暮行，明年夏代者至，復留備秋，至過十一月而歸。又明年中春遣次戍者。每秋與冬初，兩番戍者皆在疆圉，乃今之防秋也。經説。

補註：戍役，守邊之役也。再期，二年。圉，邊垂也。

聖人無一事不順天時，故至日閉關。

補註：解見復卦贊。

韓信多多益辦，只是分數明。

熊氏曰：高祖問信能將幾何，曰「多多益辦」。分者，管轄階級之分。數者，行伍多寡之數。分數明，則上下相臨，體統不紊，所御愈衆，而所操常寡矣。

伊川先生曰：管轄人亦須有法，徒嚴不濟事。今帥千人，能使千人依及時節得飯喫，只如此者亦能有幾人？
熊氏曰：管轄千人，使皆按時喫飯，能如此亦少。

嘗謂軍中夜驚，亞夫堅卧不起。不起善矣，然猶夜驚何也？亦是未盡善。
補註：周亞夫，漢景帝時將兵擊七國。夜驚，見史記。

管攝天下人心，收宗族，厚風俗，使人不忘本，須是明譜系，收世族，立宗子法。宗子法壞，則人不知來處，以致流轉四方，往往親未絶，不相識。今且試以一二巨公家行之，其術要得拘守得，須是且如唐時立廟院，仍不得分割了祖業，使一人主之。[一五]
熊氏曰：譜，謂籍録。系，謂聯屬也。「世族」者，服至五世而盡收之，使不散也。宗子有大宗一，有繼高祖、繼曾祖、繼祖，繼禰之小宗四，通爲五宗也。廟院，謂宗子立廟院，使宗族中一人掌祖業，不得分割也。

凡人家法，須月爲一會以合族，每有族人遠來，亦一爲之。吉凶嫁娶之類，更須相與爲禮，使骨肉之意常相通。骨肉日疏，只爲不相見，情不相接耳。

補註：此言合族之道。

卜其宅兆，卜其地之美惡也。美則神靈安，其子孫盛。然則曷謂地之美者？土色之光潤，草木之茂盛，乃其驗也。而拘忌者惑以擇地之方位，决日之吉凶，甚者不以奉先爲計，而專以利後爲慮，尤非孝子安厝之用心也。惟五患者，不得不謹：須使異日不爲道路，不爲城郭，熊本缺上四字。不爲溝池，不爲貴勢所奪，不爲耕犂所及。

補註：此言卜葬，惟五患不可不僅，不必拘忌方位與擇日吉凶。熊本缺「不爲城郭」四字，今考家禮注補入。

今無宗子，故朝廷無世臣。若立宗子法，則人知尊祖重本。人既重本，朝廷之勢自尊。古者子弟從父兄，今父兄從子弟，由不知本也。且如漢高祖欲下沛時，只是以帛書與沛父老，其父兄便能率子弟從之。又如相如使蜀，亦移書責父老，然後子弟皆聽其命而從之。只有一箇上下尊卑之分，然後順從而不亂也。且立宗子法，亦是天理。譬如木，必有從根直上一榦，亦必有旁枝。又如水，雖遠必有正源，亦必有分派。然而又有旁枝達而爲榦者，故曰「古者天子建國，諸侯奪宗」云。

補註：高祖下沛，相如下蜀，俱見史記及前漢書。天子建國，謂封建侯國，賜之土而命之氏。諸侯奪宗，謂始封諸侯，雖非宗子，亦得建廟爲宗子云。

邢和叔叙明道事云：堯、舜、三代帝王之治，所以博大悠遠，上下與天地同流者，先生固已默而識之。至於興造禮樂制度文爲，下至行師用兵戰陣之法，無所不講，皆造其極。外之夷狄情狀，山川道路之險易，邊鄙防戍城寨斥堠控帶之要，靡不究知。其吏事操決，文法簿書，又皆精密詳練。若先生可謂通儒全才矣！

補註：此邢和叔叙明道先生事實，而稱之曰：先生可謂通天地人之儒，備文與武之全才也。

介甫言律是八分書，是他見得。

熊氏曰：律，是歷代相傳，至周世宗命竇儀註解，名曰刑統。與古法相近，故曰八分。

補註：按：朱子答鄧衛老曰：「律所以明法禁非，亦有助於教化，但於根本上有欠闕耳。八分是其所長處，二分乃其所闕也。」「是他見得」者，蓋許之之詞，非譏之也。

横渠先生曰：兵謀師律，聖人不得已而用之。其術見三王方策、歷代簡書。惟志士仁人爲能識其遠者大者，素求預備而不敢忽忘。

補註：兵謀，用兵之謀。師律，行師之律，論語「好謀而成」、大易「師出以律」是也。三王，夏禹、商湯、周武王也。志士，有志於用世。仁人，有憂世之心，故能識其遠者大者。

肉辟於今世死刑中取之，亦足寬民之死，過此，當念其散之之久。

熊氏曰：肉刑有五：墨、劓、剕、宫、大辟也。欲取大辟死刑情輕者，以墨劓剕宫代其死。外此，當念民心涣散之久，必明教化以維持之。

古者「有東宫，有西宫，有南宫，有北宫，異宫而同財」，此禮亦可行。古者慮遠，目下雖似相疏，其實如此乃能久相親。蓋數十百口之家，自是飲食衣服難爲得一。又異宫乃容子得伸其私，所以「避子之私也，子不私其父，則不成爲子」。古之人曲盡人情，必也同宫，有叔父、伯父，則爲子者何以獨厚於其父？爲父者又烏得而當之？父子異宫，爲命士以上，愈貴則愈嚴。故異宫猶今世逐位，非如異居也。

熊氏曰：異宫，不過同居而異其分位，非是異其居也。

治天下不由井地，終無由得平。周道至是均平。

補註：詳見横渠行狀。周道，周室制治之道也。

井田卒歸於封建乃定。

熊氏曰：後世雖復井田，不歸封建，庸可定乎？封建者，三代建國封侯，使其子孫世守其地也。

性理群書補註卷之十三終

校勘記

［一］按：自「家人上九爻辭」至本條末，葉采近思録集解單列爲一條。

［二］就孝弟中便至盡性至命　「至」，葉采近思録集解、句解本作「可」。

［三］數歲　「數」上，葉采近思録集解、句解本有「纔」。

［四］「王允」之「王」原作「至」，據補註明宣德九年刻本及前文改。

［五］及舉姪謝玄等破符堅入寇　「符堅」之「符」，宜作「苻」。

［六］革之至善者也　「革」上，葉采近思録集解有「處」。

［七］是謂有得　「得」，葉采近思録集解、句解本作「德」。

［八］聖人則更不計利害　「計」，葉采近思録集解、句解本作「論」。

［九］按：自前文「繼誠何心哉」至「其道亦已狹」，韓國國立中央圖書館所藏朝鮮本脱損一葉，據補註明宣德九年刻本、日本抄本補。

［一〇］要濟之寛大簡易　「之」，葉采近思録集解、句解本作「以」。

［一一］按：自「人各親其親」至本條末，葉采近思録集解、句解本未單列，與上條合爲一條。

［一二］置尊賢堂以延天下道德之士　「置」，葉采近思録集解、句解本作「制」。

［一三］增國學解額至五伯人　「伯」，葉采近思録集解、句解本作「百」。

［一四］餘四百人分爲州郡解額窄處　「爲」，葉采近思録集解、句解本作「在」。

［一五］按：自「宗子法壞」至本條末，葉采近思録集解單列爲一條。

性理群書補註卷之十四

建安熊剛大集解　海虞吴訥補註

近思録卷第十

本註：此卷論臨政處事。

伊川答人示奏藁書云：觀公之意，專以畏亂爲主。頤欲公以愛民爲先，力言百姓飢且死，丐朝廷哀憐。因懼將爲寇亂，可也。不惟告君之體當如是，事勢亦宜爾。公方求財以活人，祈之以仁愛，則當輕財而重民；懼之以利害，則將恃財以自保。古之時，得丘民則得天下。後世以兵制民，以財聚衆，聚財者能守，保民者爲迂。惟當以誠意感動，覬其有不忍之心而已。

補註：丘民，見孟子，謂田野之民，至微賤者也。

明道爲邑，及民之事，多衆人所謂法所拘者，然爲之未嘗大戾於法，衆亦不甚駭。謂之得伸其志則不可，求小補，則過今之爲政者遠矣。人雖異之，不至指爲狂也。至謂之狂，則大駭矣。盡誠爲之，不容而後去，又何嫌乎？

補註：戾，違戾。駭，驚駭。「嫌」者，疑也。

明道先生曰：一命之士，苟存心於愛物，於人何所不濟。

補註：周禮曰「一命受職」，即令之第九品。一命雖小，誠能以愛民爲心，則惠利亦有以及人矣。

伊川先生曰：君子觀天水違行之象，知人情有爭訟之道。故凡所作事，必謀其始，絶訟端於事之始，則訟無所由生矣。謀始之義廣矣，若慎交結、明契券之類是也。

補註：易訟卦大象曰：「天與水違行，訟；君子以作事謀始。」朱子曰：「天自上去，水自下去，所以爲訟。」愚按：慎交結，謂凡締交結親，審擇所當謹。明契券，謂凡質易契券文字所當明也。

師之九二，爲師之主，恃專則失爲下之道，不專則無成功之理，故得中爲吉。凡師之道，威和並至則吉也。

補註：師卦九二爻辭曰：「在師，中吉。」程子曰：中，中道也。

世儒有論魯祀周公以天子禮樂，以爲周公能爲人臣不能爲之功，則可用人臣不得用之禮樂。是不知人臣之道也。夫居周公之位，則爲周公之事。由其位而能爲者，皆所當爲也。周公乃盡其職耳。師九二傳。

補註：按：禮記祭統云：「成王追念周公，故賜之以重祭。」又按：禮運：「孔子曰：魯之郊禘非禮也，周公其衰矣。」程子之言蓋本諸此。

大有之九三曰：「公用亨于天子，小人弗克。」傳曰：三當大有之時，居諸侯之位，有其富盛，必用亨通于天子，謂以其有爲天子之有也，乃人臣之常義也。若小人處之，則專其富有以爲私，不知公己奉上之道。故曰「小人弗克」也。

補註：亨，程傳以爲亨通乎天子，乃「元亨」之「亨」也。朱子本義謂春秋傳作「享」，謂朝獻也。詳味傳文，不專其富有之意，則享獻之義爲當。此條朱子未著本義時所録。

人心所從，多所親愛者也。常人之情，愛之則見其是，惡之則見其非。故妻孥之言，雖失而多從。所憎之言，雖善爲惡也。苟以親愛而隨之，則是私情所與，豈合正理？故隨之初九，出門而交，則「有功」也。

補註：「出門交，有功」，隨卦初九爻辭。出門而交，謂所交非私愛，故能有功孥之孫也。

隨九五之象曰：「孚于嘉吉，位正中也。」傳曰：隨以得中爲善，隨之所防者過也。蓋心所悦隨，則不知其過矣。

補註：孚，信。嘉，善也。此言隨之道以得中爲善。

坎之六四曰：「樽酒簋貳用缶，納約自牖，終無咎。」傳曰：此言人臣以忠信善道結於君心，必自其所明處乃能入也。人心有所蔽，有所通，通者明處也。當就其明處而告之，求信則易也。故云「納約自牖」。能如是，則雖艱險之時，終得無咎也。且如君心蔽於荒樂，惟其蔽也故爾，雖力詆其荒樂之非，如其不省何？必於所不蔽之事，推而及之，則能悟其心矣。自古能諫其君者，未有不因其所明者也。故訐直强勁者，率多取忤；而温厚明辨者，其説多行。非唯告於君者如此，爲教者亦然。夫教必就人之所長，所長者心之所明也。從其心之所明而入，然後推及其餘，孟子所謂「成德」、「達才」者也。

熊氏曰：一樽之酒，二簋之食，復以瓦缶爲器，質之至也，所謂「忠信善道」也。牖者，室中所以通明也。忠信者，納約之本，苟不因其明而納焉，則亦不能入矣。「成德」者，因其有得而成就之。「達才」者，因其有才而遂達之。皆謂就其所長而開導之也。

恒之初六曰：「浚恒，貞凶。」象曰：「浚恒之凶，始求深也。」傳曰：初六居下，而四爲正應。四以剛居高，又爲二三所隔，應初之志，異乎常矣。而初九求望之深，是知常而不知變也。世之責望故素，皆「浚恒」者也。

補註：浚，深之也。淘井求深，謂之浚。故素，故舊之人也。

遯之九三曰：「係遯，有疾厲，畜臣妾吉。」傳曰：係戀之私恩，懷小人、女子之道也。故以畜臣妾則吉。然君子之待小人，亦不如是也。

補註：朱子曰：「遯而有所係，有疾而危之道也。然以畜臣妾則吉。」又曰：「君子小人便不可相對，更不可與相接矣。」

睽之象曰：「君子以同而異。」傳曰：聖賢之處世，在人理之常，莫不大同，於世俗所同者，則有時而或異。蓋於秉彝則同矣，於世俗之失則異也。熊本脱上十五字。不能大同者，亂常拂理之人也。不能獨異者，隨俗習非之人也。要在同而能異耳。

補註：熊本脱去「蓋於秉彝則同矣，於世俗之失則異也」十五字，今考易傳補入，則程子之意始明。「秉彝」者，烝民所執之常性，所謂聖賢「莫不大同」者也。於世俗所同，有時或異者，此言後世習俗有戾於古聖賢，不得不與之異也。至若所謂「不能大同者」，斯乃拂亂秉彝常理之人。不能獨異者，乃隨流俗爲非之人也。

睽之初九，當睽之時，雖同德者相與，然小人乖異者至衆，若棄絶之，不幾盡天下以仇君子乎？如此則失含弘之義，致凶咎之道也，又安能化不善而使之合乎？故必「見惡人」，則無咎也。古之聖王，所以能化姦凶爲良善[二]，革仇讎爲臣民者，由弗絶之也。

補註：「見惡人」，睽卦初九爻辭。朱子曰：「見惡人然後可以辟咎，如孔子之於陽貨也。」

睽之九二，當睽之時，君心未合，賢臣在下，竭力盡誠，期使之信合而已。至誠以感動之，盡力以扶持之，明義理以致其知，杜蔽惑以誠其意，如是宛轉以求合也。「遇」非枉道逢迎也，「巷」非邪僻由徑也。故象曰：「遇主於巷，未失道也。」

補註：睽卦九二爻辭有曰：「遇主于巷，無咎。」夫子小象曰：「遇主于巷，未失道也。」伊川釋之以此，其義備矣。

損之九二曰：「弗損，益之。」傳曰：不自損其剛貞，則能益其上，乃益之也。若失其剛貞而用柔説，適足以損之而已。世之愚者，有雖無邪心而惟知竭力順上爲忠者，蓋不知「弗損，益之」之義也。

補註：朱子曰：弗損益之，言不變其所守，乃所以益上也。

益之初九曰：「利用爲大作，元吉，無咎。」象曰：「元吉無咎，下不厚事也。」傳曰：在下者本不當處厚事。厚事，重大之事也。以爲在上所任，所以當大事，必能濟大事而致元吉，乃爲無咎。能致元吉，則在上者任之爲知人，己當之爲勝任，不然則上下皆有咎也。

補註：朱子曰：下本不當任厚事，故不如是不足以塞責也。

革而無甚益，猶可悔也，况反害乎？古人所以重改作也。《革彖傳》[二]。

補註：此條發明古人重於改作之義。

《漸之九三》曰：「利禦寇。」《傳》曰：君子之與小人比也，自守以正。豈唯君子自完其己而已？亦使小人得不陷於非義。是以順道相保，禦止其惡也。

熊氏曰：小人得不陷非義，亦以近正而不敢爲惡也。

《旅之初六》曰：「旅瑣瑣，斯其所取災。」《傳》曰：志卑之人，既處旅困，鄙猥瑣細，無所不至。乃其所以取災咎也。

補註：瑣瑣，猥細之貌。《詩》云「瑣兮尾兮，流離之子」是也。

在旅而過剛自高，致困災之道也。《旅九三傳》。

補註：此條明在旅過剛而取災之戒。

兑之上六曰：「引兑。」象曰：「未光也。」傳曰：説既極矣[三]，又引而長之，雖説之之心不已，事理已過，而實無所説。事之盛則有輝，既極而强引之長，其無意味甚矣，豈有光也？

補註：此條明説極而無光輝之義。

中孚之象曰：「君子以議獄緩死。」傳曰：君子之於議獄，盡其忠而已。決死，極其惻而已。天下之事，無所不盡其忠，而議獄緩死，最其大者也。

補註：緩，寬也。忠，盡己之謂。惻者，惻傷之也。項氏曰：「獄之將決則議之，其既決則又緩之，在我者盡，故在人者無憾也。」

事有時而當過，所以從宜。然豈可甚過也？如過恭、過哀、過儉，大過則不可，所以小過爲順乎宜者也，能順乎宜，所以大吉。小過象傳。

補註：順宜，謂合乎事之宜也。

防小人之道，正己爲先。小過九三傳。

補註：防，禦也。

周公至公不私，進退以道，無利欲之蔽。其處己也，夔夔然存謹畏之心；其存誠也，蕩蕩然無顧慮之意。所以雖在危疑之地，而不失其聖也。詩曰：「公孫碩膚，赤舄几几。」經說。下同。

補註：夔夔，敬謹恐懼之貌。蕩蕩，寬廣坦平之意。危疑，謂遭流言之變也。詩豳風狼跋之篇。公謂周公，孫讓。碩，大膚美也。赤舄，冕服之舄。几几，安重貌。詳見詩傳。

採察求訪，使臣之大務。

熊氏曰：採察民隱，求訪賢才，二者使職之大事。

明道先生因論「口將言而囁嚅」云：若合開口時，要他頭也須開口。須是「聽其言也厲」。遺書。下同。

熊氏曰：囁嚅，欲言而不敢發之貌。厲則理明義直，故出於口者，自然剛決，不可回撓。

須是就事上學。蠱「振民育德」，然有所知後，方能如此。「何必讀書然後爲學？」

補註：蠱卦大象曰：「君子以振民育德。」此條乃上蔡記先生之語。所謂「須是就事上學」者，蓋振民育德乃治蠱之事，在己則養德，在天下則濟民，君子之事無大於此。然謂之君子則非初學之人矣，故又曰「有所知後方能如此」也。末謂「何必讀書然後爲學」者，是雖與子路之言同，而意則異也。朱子亦嘗曰：「學無非事，事無非學。」

先生見一學者忙迫，問其故。曰：「欲了幾處人事。」曰：「某非不欲周旋人事者，曷嘗似賢急迫？」

補註：此條戒學者忙迫之病。

安定之門人往往知稽古愛民矣，則於爲政乎何有？

補註：稽古，即經義齋之事。愛民，即治事齋之事。講習有素，其於爲政，又何難哉！

門人有曰：吾與人居，視其有過而不告，則於心有所不安，告之而人不受，則奈何？

曰：與之處而不告其過，非忠也。要使誠意之交通，在於未言之前，則言出而人信矣。又曰：責善之道，要使誠有餘而言不足，則於人有益，而在我者無自辱矣。

補註：此條戒朋友責善，當使誠有餘而言不足。

職事不可以巧免。

補註：職事，謂職任之事。巧免，謂畏難巧求脱免也。

「居是邦，不非其大夫」，此理最好。

補註：朱子曰：下訕上，則無忠敬之心，不非之者，不議其過惡也。

「克勤小物」最難。

補註：克勤小物，畢命之辭。小物猶小事，不忽小事，謹之至也。

欲當大任，須是篤實。

熊氏曰：篤實則力量深厚而謀慮審固。

凡爲人言者，理勝則事明，氣忿則招拂。

補註：理勝於辭，則事明白而人易從。若帶忿怒而言，則人不見從而招其拂逆矣。

居今之時，不安今之法令，非義也。若論爲治，不爲則已，如復爲之，須於今之法度内處得其當，方爲合義。若須更改而後爲，則何義之有？

熊氏曰：非天子，不議禮、制度、考文，若欲爲治，必由今之法而處之合宜。如率意改作，則失爲下之義也！

今之監司，多不與州縣一體。監司專欲伺察，州縣專欲掩蔽。不若推誠心與之共治，有所不逮，可教者教之，可督者督之，至于不聽，擇其甚者去一二，使足以警衆可也。

補註：宋世各道有轉運、安撫、提刑、常平，皆謂之監司，州縣則其屬也。此言監司待州縣當如此。

伊川先生曰：人惡多事，或人憫之。世事雖多，盡是人事，人事不教人做，更責誰做？

補註：此言世事雖多，皆人所當做。愚謂：人能各盡其所當爲之事，則世事何患其多。

感慨殺身者易，從容就義者難。

熊氏曰：一時感慨，至於殺身而不顧，匹夫匹婦猶或能之。若從容就義，死得其所，非義精仁熟者莫之能也。

人或勸先生以加禮近貴，先生曰：何不見責以盡禮，而責之以加禮？禮盡則已，豈有加也？

補註：加禮，謂增其當行之禮。盡禮，謂盡其當爲之禮。

或問：簿，佐令者也。簿所欲爲，令或不從[四]。曰：當以誠意動之。今令與簿不和，只是爭私意。令是邑之長，若能以事父兄之道事之，過則歸己，善則惟恐不歸於令，積此誠意，豈有不動得人？

補註：誠意動之，謂盡誠以感之，若能推事父兄之道以事官長，又能引過於己，推功歸之彼，豈不感動哉？

問：人於議論，多欲直己，無含容之氣，是氣不平否？曰：固是氣不平，亦是量狹。人量隨識長，亦有人識高而量不長者，是識實未至也。大凡別事，都强得，惟識量不可强。今人有斗筲之量，有釜斛之量，有鍾鼎之量，有江河之量。江河之量亦大矣，然有涯，有涯亦有時而滿。故聖人者，天地之量也。聖人之量，道也；常人之有量者，天資也。天資有量須有限，大抵六尺之軀，力量只如此，雖欲不滿，不可得也。如鄧艾位三公，年七十，處得甚好，及因下蜀有功，便動了。謝安聞謝玄破符堅[五]，對客圍棋，報至不喜，及歸折屐齒，强終不得也。更如人大醉後益恭謹者，只益恭謹，便是動了，雖與放肆者不同，其爲酒所動一也。又如貴公子位益高益卑謙，只卑謙便是動了，雖與驕傲者不同，其爲位所動一也。然惟知道者，量自然宏大，不勉强而成。今人有所見卑下者，無他，亦是識量不足也。

補註：斗筲、釜斛、鍾鼎，皆量名。斗十升，筲一斗二升，釜六斗四升，斛十斗，鍾六斛四斗，鼎有牛羊豕魚麋五鼎，其所受則多寡不同也。鄧艾事，見三國志。謝安事，見晉史。

人纔有意於爲公，便是私意。昔有人典選，其子弟係磨勘，皆不爲理，此乃是私心。人多言古時用直，不避嫌得。後世用此不得，自是無人，豈是無時？

補註：有意爲公，即南軒所謂「有所爲而爲之」者也。磨勘，宋世文武官皆按年分磨勘其功績，以轉陞官階。

君實嘗問先生云：「欲除一人給事中，誰可爲者？」先生曰：「初若泛論人材，卻可。今既如此，頤雖有其人，何可言？」君實曰：「出於公口，入於光耳，又何害？」先生終不言。

補註：此司馬公當國之日與伊川問答之言。

先生云：韓持國服義最不可得。一日，頤與持國、范夷叟泛舟于潁昌西湖。須臾客將云：有一官員上書謁見大資。頤將爲有甚急切公事，乃是求知己。頤云：「大資居位，卻不求人，乃使人倒來求己，是甚道理？」夷叟云：「只爲正叔大執。求薦章，常事也。」頤云：「不然。只爲曾有不求者不與，句。來求者與之，句。遂致人如此。句。」持國大服。

熊氏曰：持國，韓維字。夷叟，范純禮也。只爲曾有不求者，謂有不肯求人者也。不與來求者，謂不可與來求於己者也。「與之，遂致人如此」者，謂纔與之則起奔競之風也。

補註：大資者，時持國官資政殿大學士也。「只爲曾有不求者不與，來求者與之」，謂持國必曾有下官不來求者不與薦章，而來求者與之，故人來求也。持國聞言，於是大服。嗚呼！宋之宰輔大臣聽言服善也，如此盛哉！

先生因言：今日供職，只第一件便做他底不得。吏人押申轉運司狀，頤不曾簽。國子監自係臺省，臺省係朝廷官。外司有事，合行申狀，豈有臺省倒申外司之理？只爲從前人只計較利害，不計較事體，直得恁地。須看聖人欲正名處，見得道名不正時，便至禮樂不興，是自然住不得。

補註：此先生判西京國子監時之語。正名，見論語。

學者不可不通世務。天下事譬如一家，非我爲則彼爲，非甲爲則乙爲。「人無遠慮，必有近憂」，思慮常在事外。[六]聖人之責人也常緩，便見只欲事正，無顯人過惡之意。[七]

熊氏曰：思慮常在事外，謂慮之遠也。

補註：「人無遠慮，必有近憂」，見論語。

伊川先生云：今之守令，唯「制民之産」一事不得爲，其他在法度中甚有可爲者，患人不爲耳。

熊氏曰：制民之産，謂井地貢助之法。[八]

伊川每見人論前輩之短，則曰：汝輩且取他長處。

熊氏曰：且取他長處，即中庸隱惡揚善之意。

劉安禮云：王荆公執政，議法改令，攻者甚力。明道先生嘗被旨赴中堂議事，荆公方怒言者，厲色待之。先生徐曰：「天下之事，非一家私議，願公平氣以聽。」荆公爲之媿屈。

補註：詳見先生行狀。附録。下同。

劉安禮問臨民，明道先生曰：使民各得輸其情。問御吏，曰：正己以格物。

補註：各得輸情者，平易近民，故下得吐其情實也。正己格物者，正己而物正也。

橫渠先生曰：凡人爲上則易，爲下則難。然不能爲下，亦未能使下，不盡其情僞也。大抵使人，常在其前，己嘗爲之，則能使人。

熊氏曰：「不盡其情僞」者，謂己未嘗事人，則使人之際不能盡其情也。「使人常在其前」者，謂使人之道，頤指氣使常在吾前也。

補註：情，謂情實。僞，謂虚僞。使人常在其前者，謂使人作事，凡難易遲速無不備知，而常在其作爲之前也，所以然者，由己嘗爲之，故能盡其情僞也。

〈坎，「維心亨」，故「行有尚」。外雖積險，苟處之心亨不疑，則雖難必濟，而「往有功也」。今水臨萬仞之山，要下即下，無復凝滯之在前。惟知有義理而已，則復何迴避？所以心通。

熊氏曰：坎，險也。二、五以剛居中，中心亨通而無疑懼，則可以出險。「而往則有功也，水臨萬仞之山，要下即下，而無凝滯之在前」者，此以坎象而言，大水臨高山，其流而下，安有留滯也？「惟知義理，則復何迴避？所以心通」者，人於義理，苟信之篤、行之力[九]，則如水之就下，沛然莫禦，何往而不心亨哉！

人所以不能行己者，於其所難者則惰，其異俗者，雖易而羞縮。惟心弘，則不顧人之非笑，所趨義理耳，視天下莫能移者道。然爲之，人亦未必怪。正以在己者義理[一〇]，不勝惰與羞縮之病，消則有長，不消則病常在，意思齷齪，無由作事。若古氣節之士，冒死以有爲，於義未必中，然非有志槩者莫能，况吾於義理已明，何爲不爲？

補註：心弘，謂心廣也。視天下莫能移者道，謂天下不可移易者道理也。羞縮，羞愧退縮也。「消則有長，不消則病常在」者，惰與羞縮之病，消則義理長而可有爲，不消則病根常在也。齷齪，委瑣貌。槩，節操也。

姤初六：「羸豕孚蹢躅。」豕方羸時，力未能動，然至誠在於蹢躅，得伸則伸矣。如李德裕處置群宦[一二]，徒知其帖息威服，而忽於志不忘逞。照察少不至，則失其幾矣。

補註：羸，弱也。蹢躅，跳躑也。李德裕，唐武宗相，事見本傳。

近思録卷第十一

本註：此卷論教人之道。

伊川先生曰：古人生子，能食、能言而教之。大學之法，以豫爲先。人之幼也，知思未有所主，便當以格言至論日陳於前，雖未曉知，且當薰聒，使盈耳充腹，久自安習，若固有之，雖以他言惑之，不能入也。若爲之不豫，及乎稍長，私意偏好生於内，衆口辯言鑠於外，欲其純全，不可得也。

補註：學記云「禁於未發之謂豫」，知謂心之所知，思謂心之所思。格言，至言也。鑠，銷也。

人教小童，亦可取益。絆己不出入，一益也。授人數數，己亦了此文義，二益也。對之必正衣冠，尊瞻視，三益也。常以因己而壞人之才爲憂，則不敢惰，四益也。

補註：此言教童蒙有益於己者四。

觀之上九曰：「觀其生，君子無咎。」象曰：「觀其生，志未平也。」傳曰：君子雖不在位，然以人觀其德，用爲儀法，故當自謹省。觀其所生，常不失於君子，則人不失所望而化之矣。不可以不在於位故，安然放意，無所事也。

補註：朱子曰：其生，謂言行事爲之見於事者。志未平，言雖不得位未可忘戒懼也。

聖人之道如天然，與衆人之識甚殊邈也。門人弟子既親炙，之後益知其高遠。既若不可及，則趨望之心怠矣。故聖人之教，常俯而就之。事上臨喪，不敢不勉，君子之常行。不困於酒，尤其近也。而以己處之者，不獨使夫資之下者勉思企及，而才之高者亦不易乎近矣。

熊氏曰：「事上臨喪」者，事上而敬，臨喪而哀也。不困於酒，如惟酒無量不及亂。此又最淺近者也。而以己處之者，謂受教者以身行之也。

補註：邈，遠也。親炙者，親近而薰炙之也。論語曰：「出則事公卿，入則事父兄，喪事不敢不勉，不爲酒困，何有於我哉。」此程子釋之之辭曰「事上臨喪，君子之常行。不困於酒，尤其近也」。而聖人以己處之者，蓋欲教「資之下者勉思冀及，而才高者亦不敢易其近」者也。

胡安定在湖州置「治道齋」，學者有欲明治道者，講之於中，如治民、治兵、水利、算數之類。嘗言劉彝善治水利，後累爲政，皆興水利有功。

補註：劉彝，事神宗，善興水利。

凡立言欲涵蓄意思，不使知德者厭、無德者惑。

補註：涵蓄則不淺露，醇正則知德者不厭，明白則無德者不惑。

教人未見意趣，必不樂學。欲且教之歌舞。如古詩三百篇，皆古人所作。如關雎之類，正家之始，故用之鄉人，用之邦國，日使人聞之。此等詩，其言簡奥，今人未易曉。欲別作詩，略言教童子洒掃、應對、事長之節，令朝夕歌之，似當有助。

補註：樂，喜好也。此言古詩簡奥，欲別作詩，教童子朝夕歌詠，似爲有助。

子厚以禮教學者最善，使學者先有所據守。

補註：此言横渠以禮教學者，使其先有執守。

語學者以所見未到之理，不惟所聞不深徹，久將理低看了。

熊氏曰：學者所見未到驟以語之，不惟無深造自得之功，且將道理輕視之矣。

舞射便見人誠。古之教人，莫非使之成己。自洒掃應對上，便可到聖人事。

補註：謝氏曰：「古人須要就洒掃應對上養取誠意出來。」黄氏曰：「洒掃應對至小，亦由天理之全體而著見于事物之節文，聖人之所以爲聖人者，初不外乎此。」

自「幼子常視無誑」以上，便是教以聖人事。「視」與「示」同。

補註：真氏曰：聖誠而已矣。教以「無誑」者，欲其誠也。

「先傳」、「後倦」，君子教人有序。先傳以小者近者，而後教以遠者大者，非是先傳以近小，而後不教以遠大也。

補註：朱子曰：非以洒掃應對爲先，而傳非以性命、天道爲後而倦，但道理自有先後，是以其序不可紊也。

伊川先生曰：説書非古意，轉使人薄。學者須是潛心積慮，優游涵養，使之自得。今一日説盡，只是教得薄。至如漢時説「下帷講誦」，猶未必説書。

補註：此條言教學者，於經書當優游涵泳，潛心積慮，使其自得。

古者八歲入小學，十五入大學，擇其才可教者聚之，不肖者復之農畝。蓋士農不易業，既入學則不治農，然後士農判。在學之養，若士大夫之子，則不慮無養；雖庶人之子，既入學則亦必有養。古之士者，自十五入學，至四十方仕，中間自有二十五年學，又無利可趨，則所志可知，須去趨善，便自此成德。後之人，自童稚間已有汲汲趨利之意，何由得向善？故古人必使四十而仕，然後志定。只營衣食卻無害，惟利祿之誘最害人。

補註：此條言古今教養之法不同，故其成就亦異。

天下有多少才，只爲道不明於天下，故不得有所成就。且古者「興於詩，立於禮，成於樂」，如今人怎生會得？古人於詩，如今人歌曲一般，雖閭巷童稚，皆習聞其説而曉其義，故能興起於詩。後世老師宿儒，尚不能曉其義，怎生責得學者是不得「興於詩」也。古禮既廢，人倫不明，以至治家皆無法度，是不得「立於禮」也。古人有歌詠以養其性情，聲音以養其耳目，舞蹈以養其血脉，今皆無之，是不得「成於樂」也。古之成材也易，今之成材也難。

補註：此條言今之教道不明，故人不得有所成就。

孔子教人，「不憤不啓，不悱不發」。蓋不待憤悱而發，則知之不固；待憤悱而後發，則沛然矣。學者須是深思之，思之不得，然後爲他説便好。初學者須是且爲他説，不然，非獨他不曉，亦止人好問之心也。

補註：朱子曰：「憤」者，心求通而未得之意。「悱」者，口欲言而未能之意。啓謂開其意，發謂達其辭。此言學者須令深思，不得，然後爲説，若初學者有問則須與説。

學記曰：「進而不顧其安，使人不由其誠，教人不盡其材。」人未安之，又進之，未喻之，又告之，徒使人生此節目。不盡材，不顧安，不由誠，皆是施之妄也。教人至難，必盡人之材，乃不誤人。觀可及處，然後告之。聖人之明，直若庖丁之解牛，皆知其隙，刃投餘地，無全牛矣。人之才足以有爲，但以其不由於誠，則不盡其才。若曰勉率而爲之，則豈有由誠也哉！

補註：「進而不顧其安，使人不由其誠，教人不盡其材。」此三句學記之文，其下則程子之言也。庖丁解牛，見莊子。隙，謂骨之縫隙處，所謂「餘地」也。

古者小兒便能敬事。長者與之提攜，則兩手奉長者之手，問之，掩口而對。蓋稍不敬事，便不忠信。故教小兒，且先安祥恭敬。

熊氏曰：安詳則不躁率，恭敬則不怠慢，此忠信之本。

孟子曰：「人不足與適也，政不足與間也，唯大人格君心之非。」非惟君心，至于朋游學者之際，彼雖議論異同，未欲深較，惟整理其心，使歸之正，豈小補哉！

補註：此條言君臣朋友皆以治心爲本。

近思録卷第十二

本註：此卷論戒謹之道。

伊川先生曰：德善日積，則福禄日臻。德踰於禄，則雖盛而非滿。自古隆盛，未有不失道而喪敗者也。泰九三傳。

熊氏曰：自古享福禄之盛，未有不自無德而致喪敗。

人之豫樂，心説之，故遲遲，遂至於耽戀不能已也。豫之六二，以中正自守，其介如石，其去之速，不俟終日，貞正而吉也。處豫不可安且久也，久則溺矣。如二可謂「見幾而作」者也。蓋中正，故其守堅，而能辨之早、去之速也。

補註：此條言處逸樂當辨之早去之速。

人君致危亡之道非一，而以豫爲多。

熊氏曰：危亡之道，大率由逸豫而致者衆。

聖人爲戒，必於方盛之時。方其盛而不知戒，故狃安富則驕侈生，樂舒肆則紀綱壞，忘禍亂則釁孽萌，如是以浸淫不知亂之至也。

熊氏曰：聖人警戒，必於世道隆盛之時。

復之六三，以陰躁處動之極，復之頻數而不能固者也。復貴安固焉，頻復頻失，不安於復也。復善而屢失，危之道也。聖人開其遷善之道，與其復而危其屢失，故云「厲無咎」。不可以頻失而戒其復也。頻失則爲危，屢復何咎？過在失而不在復也。劉質夫曰：「頻復」不已，遂至迷復。

補註：饒氏曰：頻復則雖厲而亦可無咎，迷復則必至于凶而有災眚矣。此皆人事所致，君子不可不慎也。

睽極則咈戾而難合，剛極則躁暴而不詳，明極則過察而多疑。睽之上九，有六三之正應，實不孤，而其才性如此，自「睽孤」也。如人有親黨，而多自疑猜，妄生乖離，雖處骨肉親黨之間，而常孤獨也。

補註：此條言咈戾難合，躁暴不詳，過察多疑，則雖處骨肉親黨之間而常孤獨也。詳，謂安詳也。

解之六三曰：「負且乘，致寇至，貞吝。」傳曰：小人而竊盛位，雖勉爲正事，而氣質卑下，本非在上之物，終可吝也。若能大正則如何？曰：大正非陰柔所能也。若能之，則是化爲君子矣。

補註：南軒張氏曰：小人秉君子之器，乃所以招寇而起禍，貞固守此，寧不可吝乎？

益之上九曰：「莫益之，或擊之。」傳曰：理者天下之至公，利者衆人所同欲。苟公其心，不失其正理，則與衆同利，無侵於人，人亦與之。若切於好利，蔽於自私，求自益以損於人，則人亦與之力爭。故莫肯益之，而有擊奪之者矣。

補註：董氏曰：利無獨專之理，或擊之者犯衆怒也。

艮之九三曰：「艮其限，列其夤，厲薰心。」傳曰：夫止道貴乎得宜。行止不能以時，而定於一，其堅强如此，則處世乖戾，與物睽絶，其危甚矣。人之固止一隅，而舉世莫與宜者，則艱蹇忿畏焚撓其中，豈有安裕之理？「厲薰心」，謂不安之勢薰爍其中也。

補註：朱子曰：「限者，身上下之際，即腰胯也。」夤，膂也。九三以過剛不中，當限之處而艮其限，則不得屈伸而上下判隔，如列其夤矣。危厲心不安之甚也。「列」，與「裂」同。

大率以説而動，安有不失正者？歸妹象傳。下同。

補註：兑下震上爲歸妹。兑，少女。震，長男。男上女下，女從男也。蓋有悦少之義，而又以説而動，不得其正矣。

男女有尊卑之序，夫婦有倡隨之理，此常理也。若徇情肆欲，唯説是動，男牽欲而失其剛，婦狃説而忘其順，則凶而無所利矣。

補註：此言男失其剛，女忘其順，則失常理而凶矣。

雖舜之聖，且畏巧言令色，説之惑人易入而可懼也如此。兑九五傳。

補註：舜畏巧言令色，見虞書。

治水，天下之大任也。非其至公之心，能舍己從人，盡天下之議，則不能成其功，豈方命圮族者所能乎？鯀雖九年而功弗成，然其所治，固非他人所及也。惟其功有叙，故其自任益强，咈戾圮類益甚，公議隔而人心離矣，是其惡益顯，而功卒不可成也。經説。下同。

補註：舍己從人，方命圮族，鯀治水九年，績用弗成，皆見虞書。「方命」者，逆命而不行也。圮，敗族類也。

「君子敬以直内。」微生高所枉雖小，而害直則大。

補註：微生高事，見論語。

人有慾則無剛，剛則不屈於慾。

補註：慾，多嗜慾也。剛者，堅强不屈之意。

人之過也，各於其類。君子常失於厚，小人常失於薄；君子過於愛，小人過於忍。

補註：詳見論語。忍，殘忍也。

明道先生曰：富貴驕人固不善，學問驕人害亦不細。遺書。下同。

補註：驕，矜夸也。此言學問驕人與富貴驕人不異。

人以料事爲明，便駸駸入逆詐億不信去也。

補註：駸駸，馬行疾貌。逆，未至而迎之也。詐，謂人欺己。億，未見而意之也。不信，謂人疑己。詳見論語。

人於外物奉身者，事事要好，只有自家一箇身與心，卻不要好。苟得外面物好時，卻不知道自家身與心卻已先不好了也。

補註：外物如衣服居室之類。人於外物一一要好不得，則决性命以求之，不知身心顛倒眩瞀迷惑者，甚矣。

人於天理昏者，是只爲嗜欲亂著他。莊子言「嗜慾深者，其天機淺」，此言卻最是。

補註：此言人心天理不明，只是嗜欲汩亂。

伊川先生曰：閲機事之久，機心必生。蓋方其閲時，心必喜，則如種下種子。

熊氏曰：莊子曰：「有機械者必有機事，有機事者必有機心。」閲機事久，則機心自生。蓋閲之時心喜之，正猶種下種子于心也。

疑病者，未有事至時，先有疑端在心。周羅事者，先有周事之端在心。皆病也。

補註：疑端，謂疑惑之端。先有在心事至則疑矣。周羅，猶言兜攬，先有此意，事至則攬之矣。

較事大小，其弊爲枉尺直尋之病。

熊氏曰：事無大小，惟理是視。若生計較，忽其小而立其大，則有「枉尺直尋」之患。尋，八尺也。

小人、小丈夫，不合小了，他本不是惡。

熊氏曰：人而謂之小人，丈夫而謂之小丈夫。是局於氣質、汩於私欲，不合自小之耳。原其初，則性無不善，何有於惡？

雖公天下事，若用私意爲之，便是私。

熊氏曰：事雖出於公，如見人飢寒，與之衣食。苟有要譽之心，即私矣。

做官奪人志。

補註：按：趙致道問曰：「仕而志於富貴，固不足言，然纔仕宦則於室礙處便有隨宜區處之意。浸浸入於隨宜徇俗，與初間立志各別，此程子所謂『奪志』也。」朱子曰：「然。」

驕是氣盈，吝是氣歉。人若吝時，於財上亦不足，於事上亦不足，凡百事皆不足，必有歉歉之色也。

補註：驕，矜夸。吝，鄙嗇。歉歉，不足之貌。朱子曰：「驕者，吝之枝葉，吝者，驕之根本。」

未知道者如醉人，方其醉時，無所不至，及其醒也，莫不愧耻。人之未知學者，自視以爲無缺，及既知學，反思前日所爲，則駭且懼矣。

補註：此言人未知道，如醉人何所不至。及既知道，則如酒醒後反思前者所爲，則愧耻矣。爲學亦然。

邢七云：「一日三點檢。」明道先生曰：「可哀也哉！其餘時理會甚事？蓋倣『三省』之説錯了，可見不曾用功。」

補註：邢七，邢恕也。「三省」，見論語。

横渠先生曰：學者捨禮義，則飽食終日，無所猷爲，與下民一致，所事不踰衣食之間、燕遊之樂耳。

補註：猷，謀爲作也。下民，小人也。致，意趣也。李氏曰：「藏脩游息於禮義者，士君子之謀爲也。急衣食、嗜燕游者，小人之情意也。」

鄭、衛之音悲哀，令人意思留連，又生怠惰之意，從而致驕淫之心，雖珍玩奇貨，其始感人也亦不如是切，從而生無限嗜好。故孔子曰必放之，是亦聖人經歷過，但聖人能不爲物所移耳。禮記說。

補註：鄭、衛之音，鄭、衛二國之聲樂也。「放鄭聲」，見論語。

聖人言「反經」，特於「鄉原」之後者，以鄉原大者不先立，心中初無主，惟是左右看，順人情，不欲違，一生如此。

補註：論語曰：「鄉原，德之賊也。」孟子又引孔子之言曰：「惡似而非者，惡鄉原恐其亂德也。」繼之曰：「君子反經而已矣。」反，復也。經，常道也。鄉，鄙俗之意。「原」與「愿」同，鄉原，鄉人之愿者也。惟是看順人情，即孟子所謂「同乎流俗，合乎污世」也。

近思録卷第十三

本註：此卷論辨異端。〔一二〕

明道先生曰：楊、墨之害，甚於申、韓；佛、老之害，甚於楊、墨。楊氏爲我疑於仁，墨時，公卿大夫多爲所惑，故程子之言若此，即孟子闢楊、墨之意。

又非楊、墨之比，此所以爲害尤甚。楊、墨之害，亦經孟子闢之，所以廓如也。遺書。下同。

補註：楊、墨之言，朱子嘗論其做得淺，況經孟子闢之，廓如也。佛氏之言，程子之

氏兼愛疑於義。申、韓則淺陋易見，故孟子只闢楊、墨，爲其惑世之甚也。佛、老其言近理，

伊川先生曰：儒者潛心正道，不容有差，其始甚微，其終則不可救。如「師也過，商也不及」，於聖人中道，師只是過於厚些，商是不及些。然而厚則漸至於兼愛，不及則便至於爲我，其「過」、「不及」同出於儒者，其末遂至楊、墨。至如楊、墨，亦未至於無父無君，孟子推之便至於此，蓋其差必至於是也。

熊氏曰：子張，才高意廣，泛愛兼容，故常過中。子夏，篤信自守，規模卑狹，故常不及。子夏之後，傳田子方，子方之後爲莊周，遂爲爲我之學。

補註：尹氏曰：中庸之爲德也，其至矣乎。夫過與不及，均也。差之毫釐，繆以千里，故聖人之教抑其過，引其不及，歸於中道而已。

明道先生曰：道之外無物，物之外無道，是天地之間，無適而非道也。即父子而父子

在所親，即君臣而君臣在所嚴，以至爲夫婦、長幼、爲朋友[一三]，無所爲而非道，此道所以「不可須臾離也」。然則毁人倫，去「四大」者，其戾於道遠矣。故「君子之於天下也，無適也，無莫也，義之與比」。若有適有莫，則於道爲有間，非天地之全也。彼釋氏之學，於「敬以直内」則有之矣，「義以方外」則未之有也。故滯固者入於枯槁，疏通者歸於恣肆，此佛之教所以爲隘也。吾道則不然，「率性」而已。斯理也，聖人於易備言之。又曰：佛有一箇「覺」之理，可以「敬以直内」，然無「義以方外」。其直内者，要之其亦不是。

熊氏曰：釋氏毁棄人倫，以爲地、水、火、風四大，幻假而成此身。故欲寂滅幻根，斷除一切。其戾於道遠矣。所言覺即「常惺惺法」之謂，似乎「敬以直内」矣。然無制事之義，則猶無寸之尺、無星之秤，故其直内亦非矣。

釋氏本怖死生爲利，豈是公道？惟務上達而無下學，然則其上達處豈有是也？元不相連屬。但有間斷，非道也。孟子曰：「盡其心者，知其性也。」彼所謂「識心見性」是也，若存心養性一段則無矣。彼固曰出家獨善，便於道體自不足。或曰：釋氏地獄之類，皆是爲下根之人設此怖，令爲善。先生曰：至誠貫天地。人尚有不化，豈有立僞教而人可化乎？

熊氏曰：釋氏謂有生則有滅，今求不生不滅以免輪迴之苦，此出利己之私，專務絶學以求頓悟，而無下學之功，故其所謂上達者，亦豈有是也？物理身心判然間斷，恍惚之間略見心性影子，然無存養工夫。所云出家獨善，己於道體虧欠，況地獄之類，皆僞説非實，又豈能化人乎？

學者於釋氏之説，直須如淫聲美色以遠之，不爾則駸駸然入其中矣。顔淵問爲邦，孔子既告之以二帝、三王之事，而復戒以「放鄭聲，遠佞人」，曰：「鄭聲淫，佞人殆。」彼佞人者，是他一邊佞耳，然而於己則危也。只是能使人移，故危也。至於禹之言曰：「何畏乎巧言令色！」直消言畏，只是須著如此戒慎，猶恐不免。釋氏之學，更不消言常戒，到自家自信後，便不能亂得。

補註：程子言學者於佛氏，當如淫聲美色以遠之，若孔子所謂「鄭聲淫，佞人殆」者，爲他能移人心志，故曰危也。又若大禹曰：「何畏乎巧言令色，覵畏之一字。」蓋言如此戒慎，猶恐不免也。至若釋氏，則更不消言，戒學者於吾道，自信既篤，則彼自不能惑矣。

所以謂萬物一體者，皆有此理，只爲從那裏來。「生生之謂易」，生則一時生，皆完此理。人則能推，物則氣昏推不得，不可道他物不與有也。人只爲自私，將自家軀殼上頭起意，故看得道理小了他底。放這身來，都在萬物中一例看，大小大快活。釋氏以不知此，去他身上起意思，奈何那身不得，故卻厭惡，要得去盡根塵，爲心源不定，故要得如枯木死灰。然没此理，要有此理，除是死也。釋氏其實是愛身，放不得，故説許多。譬之負版之蟲，已載不起，猶自更取物在身。又如抱石投河[一四]，以其重愈沉，終不道放下石頭，惟嫌重也。

熊氏曰：人與萬物均有此生，均具是理，皆從天地中以生。生生不窮，乃陰陽變易之道。人物，生則皆生，理則皆備。推，謂推廣之也。佛氏以耳、目、口、鼻、身、意爲六根，以色、聲、香、味、觸、法爲六塵。必欲盡去根塵，要心如死灰。然無此理。蝜蝂，蟲，見柳子厚文集。

人有語導氣者，問先生曰：君亦有術乎？曰：吾嘗「夏葛而冬裘，飢食而渴飲」，「節嗜欲，定心氣」，如斯而已矣。

補註：導氣，謂導引其氣，以求長年者。

佛氏不識陰陽、晝夜、死生、古今，安得謂形而上者與聖人同乎？釋氏之説，若欲窮其説而去取之，則其説未能窮，固已化而爲佛矣。只且於跡上考之，其設教如是，則其心果如何？固難爲取其心不取其迹。有是心則有是迹，王通言「心迹之判」，便是亂説，故不若且於迹上斷定不與聖人合。其言有合處，則吾道固已有；有不合者，固所不取。如是立定，卻省易。[一五]

補註：有陰必有陽，有晝必有夜，有生必有死，此古今之常理，形而上道也。跡，謂其棄君臣，去父子，禁相生相養，不耕而食，不蠶而衣是也。王通，文中子也。

問：神仙之説有諸？曰：若白日飛昇之類則無，若言居山林間，保形鍊氣，以延年益壽，則有之。譬如一爐火，置之風中則易過，置之密室則難過，有此理也。又問：揚子言「聖人不師仙，厥術異也」，聖人能爲此等事否？曰：此是天地間一賊。若非竊造化之機，安能延年耶？使聖人肯爲，周、孔爲之矣。

補註：造化機，即所謂生死關也。解見感應詩註。

謝顯道歷舉佛説與吾儒同處，問伊川先生。先生曰：恁地同處雖多，只是本領不是，一齊差卻。

補註：此條論佛説本領不是，故其言論皆差。

近思録卷第十四[一六]

本註：此卷論聖賢相傳之統緒，諸子附焉。

明道先生曰：堯與舜更無優劣，及至湯武便別。孟子言「性之」、「反之」，自古無人如此説[一七]，只孟子分別出來，便知得堯舜是生而知之，湯武是學而能之。文王之德則似堯舜，禹之德則似湯武。要之皆是聖人。

補註：堯舜性之，湯武反之，詳見孟子集註。

仲尼，元氣也。顔子，春生也。孟子，並秋殺盡見。仲尼無所不包。顔子示「不違如愚」之學於後世，有自然之和氣，不言而化者也。孟子則露其材，蓋亦時然而已。仲尼，天地也。顏子，和風慶雲也。孟子，泰山巖巖之氣象也。觀其言皆可見之矣。仲尼無迹，顏子微有迹，孟子其跡著。孔子儘是明快人，顏子儘豈弟，孟子儘雄辨。遺書。下同。

補註：此條論孔子、顏子、孟子之不同。

曾子傳聖人學，其德後來不可測，安知其不至聖人？如言「吾得正而斃」，且休理會文字，只看他氣象極好，被他所見處大。人雖有好言語[一八]，只被氣象卑，終不類道。

補註：曾子易簀，曰「吾得正而斃焉，斯已矣」。詳見論語集註。

傳經爲難。如聖人之後纔百年，傳之已差。聖人之學，若非子思、孟子，則幾乎息矣。道何嘗息，只是人不由之，「道非亡也，幽厲不由也」。

補註：息，猶滅也。幽、厲，周室二王謚。

荀卿才高，其過多；揚雄才短，其過少。

荀子極偏駁，只一句「性惡」，大本已失。揚子雖少過，然已不識性，更説甚道。

補註：此二條論荀、揚，蓋本其著述，非論其行事也。

董仲舒曰：「正其義，不謀其利；明其道，不計其功。」此董子所以度越諸子。

補註：仲舒，漢武時對天人三策，爲江都易王相，王問越國三仁，仲舒答之以此。度越，謂超過諸子之上也。

漢儒如毛萇、董仲舒最得聖賢之意，然見道不甚分明。下此即至揚雄，規模又窄狹矣。

熊氏曰：毛萇傳詩，如關雎所謂「夫婦有別則父子親，父子親則君臣敬，君臣敬則朝廷正，朝廷正則王化成」。仲舒所謂「正誼」「明道」之言，最爲得聖人之意，然皆見道不分明。下至楊子雲，以清淨寂寞爲道，無儒者之規模矣。

林希謂揚雄爲祿隱。揚雄後人只爲見他著書，便須要做他是，怎生做得是？

補註：林希，宋人。祿隱，謂浮沉下位。揚雄雖能著書，然劇秦美新，臣事賊莽，豈得是也？

孔明有王佐之心，道則未盡。王者如天地之無私心焉，行一不義而得天下不爲。孔明必求有成而取劉璋，聖人寧無成耳，此不可爲也。若劉表子琮將爲曹公所并，取而興劉氏可也。

熊氏曰：諸葛孔明，名亮。輔昭烈，興復漢室，有王佐之心。先主詐取劉璋，孔明不得無責。若劉表子琮，將爲曹操所并，取其地興劉氏，可也，而乃不取，何哉？

諸葛武侯有儒者氣象。

熊氏曰：孔明開誠心，布公道，集衆思，廣忠益，有儒者氣象。

孔明庶幾禮樂。

補註：文中子曰：孔明無死，禮樂其有興乎！

文中子本是一隱君子，世人往往得其議論，附會成書，其間極有格言，荀、楊道不到。

補註：文中子有中説行世，先儒謂多福郊、福畤所爲。

韓愈亦近世豪傑之士，如原道中言語雖有病，然自孟子而後，能將許大見識尋求者，才見此人。至如斷曰：「孟氏醇乎醇。」又曰：「荀與揚擇焉而不精，語焉而不詳。」若不是他見得，豈千餘年後便能斷得如此分明？

學本是脩德，有德然後有言。退之卻倒學了，因學文日求所未至，遂有所得。如曰：「軻之死，不得其傳。」似此言語，非是蹈襲前人，又非鑿空撰得出。必有所見。若無所見，不知言所傳者何事。

補註：此二條，皆論昌黎韓子所見所得處。

明道先生曰：周茂叔窻前草不除，問之，云：「與自家意思一般。」

補註：詳見第一卷像贊。

張子厚聞生皇子，喜甚；見飢莩者，食便不美。

補註：詳見行狀。

謝顯道云：明道先生坐如泥塑人，接人則渾是一團和氣。

偃師聖云：朱公掞見明道于汝，歸謂人曰：「光庭在春風中坐了一箇月。」游、揚初見伊川，伊川瞑目而坐，二子侍立。既覺，顧謂曰：「賢輩尚在此乎？日既晚，已休矣。」及出門，門外之雪深一尺。

劉安禮云：明道先生德性充全，粹和之氣，盎於面背，樂易多恕，終日怡悦，立之從先生三十年，未嘗見其忿厲之容。

吕與叔撰明道先生哀詞云：先生負特立之才，知大學之要，博文强識，躬行力究，察倫明物，極其所止，涣然冰釋，洞見道體。其造於約也，雖事變之感不一，知應以是心而不窮；雖天下之理至衆，知反之吾身而自足。其致於一也，異端並立而不能移，聖人復起而不與易。其養之成也，和氣充浹，見于聲容，然望之崇深，不可慢之。遇事優爲，從容不迫，然誠心懇惻，弗之措也。其自任之重也，寧學聖人而未至，不欲以一善成名；寧以一物不被澤爲己病，不欲以一時之利爲己功。其自信之篤也，吾志可行，不苟潔其去就；吾義所安，雖小官有所不屑。

横渠先生曰：二程從十四五時，便脱然欲學聖人。

補註：此五條，皆論明道、伊川先生，詳見像贊、行狀。

按：晦翁與東萊編近思録載周、程、張子之言，總六百十二條[一九]，今考熊本止存程、張之言四百八十四條，而周子之言無復在卷，豈熊氏以周子之言俱出太極、通書，已在編内，故刪而不録耶？抑別有所去取耶？又按：年譜：淳熙二年晦翁編成是録，語學者曰：「四書，六經之階梯；近思録，四書之階梯。」蓋當時四書集註未成，故録諸先生切要之言，令學者熟玩，以爲讀四書正文之階梯。越七年，辛丑而東萊没，又八年，己酉始序大學、中庸，出四書集註以傳。自是凡教學者，則先四書而後及於六經也。晦翁既没，覺軒蔡氏模又輯朱、張、吕三先生遺言爲續、別二録，而晦翁之説十居八九。其首篇則論無極太極，勉齋云「名曰『近思』，反若遠思」者，兼其中多四書註，亦有與前録義同而複出者。竊謂程、張微言傳世者少，熊氏傳布是録有功後學，若晦翁則四書集註、詩傳、易本義、太極、通書、西銘解衣被海内，莫非切要之語，及有語類等書傳在學者，况南軒之言其要切者，晦翁已收入四書集註，東萊之言則蔡氏所録，遂有與集註不同者焉。以閑先聖之道爲閑智聖道。抑又聞西山真公亦嘗編近思後語，欲先四書，勉齋辨之，今已不傳。故愚亦於續、別二録不復收載云。訥謹識。[二〇]

性理群書補註卷之十四終

校勘記

［一］所以能化姦凶爲良善　「良善」，葉采近思録集解、句解本作「善良」。

［二］革象傳　按：「革」字原爲大字，依據本書體例改作小字。

［三］傳曰説既極矣　「傳曰」二字原無，據葉采近思録集解增入。

［四］令或不從　「從」下，葉采近思録集解、句解本有「奈何」二字，當補。

［五］謝安聞謝玄破苻堅　「苻」，當據葉采近思録集解改作「苻」。

［六］按：自「人無遠慮」至「常在事外」，葉采近思録集解單列爲一條。

［七］按：自「聖人之責」至本條末，葉采近思録集解、句解本單列爲一條。

［八］按：「熊氏曰」下的文字實際上是葉采註文。「地」，句解本作「里」。

［九］苟信之篤行之力　「苟」原作「句」，據補註明宣德九年刻本、句解本改。

［一〇］正以在己者義理　「正」原作「政」，據補註明宣德九年刻本、句解本改。

［一一］如李德裕處置群宦　「群」，葉采近思録集解、句解本作「閹」。

［一二］按：「本註此卷論辨異端」八字原無，依吴訥補註中近思録其他各卷的編排體例，據葉采近思録集解增入。

［一三］以至爲夫婦長幼爲朋友　按：依據前後文以及葉采近思録集解、句解本，「長幼」前當補「爲」字爲宜。

〔一四〕又如抱石投河　「又」原作「入」，據補註明宣德九年刻本、句解本改。

〔一五〕按：自「釋氏之説」至本條末，葉采近思録集解、句解本單列爲一條。

〔一六〕近思録卷第十四　「卷第十四」原作「第十四卷」，依據吴訥補註中近思録其他各卷的編排體例改。

〔一七〕自古無人如此説　「説」原作「論」，據補註明宣德九年刻本、句解本改。

〔一八〕人雖有好言語　「人」上，葉采近思録集解、句解本有「後」字。

〔一九〕總六百十二條　「六百十二條」，依據現存近思録通行本，爲「六百二十二條」。

〔二〇〕按：自「補註詳見第一卷像贊」至卷末的尾題，韓國國立中央圖書館所藏朝鮮本脱損一葉，據補註明宣德九年刻本、日本抄本補。

附録

書性理群書補註後

［明］嚴　本

濂洛關閩諸大儒之格言，凡有關於性理者，建安熊氏蒐輯爲書。自天地陰陽之化、性命道德之奥，與夫格致誠正，脩齊治平之功，靡不具載，且爲句解傳行于世。惜其去取，間有未當，覽者病焉。吾友思庵吴公，昔在布衣時，慨前哲之已遠，懼斯文之湮晦，絃誦之暇，删其可疑，補其所缺，而又稽經質傳，擇取儒先成説，足以己意，一以晦庵爲主，題曰補註。邇來重加考訂，繕寫成秩，其嘉惠後學之心至矣。本得是書，藏之已久，姻友徐公敏叔見之，曰「是編發明親切，可以羽翼四書」，乃捐貲繡梓以廣其傳。予謂「思庵固有功學者，而敏叔樂善之心亦豈可泯哉？」因爲僣書其後，有志性理之學者，誠能熟玩而擴充之，其必有以思進矣。宣德九年甲寅十月朔旦江陰嚴本書。（録自明宣德九年刻本性理群書補註）

重刊性理群書補註序

［明］希　古

粤自孔子删書繫易，曰「降衷」，曰「成性」，所以啓萬世言性理之端也。當時親炙其教而傳得其宗者，亦皆領悟而發明之，殆無餘藴。去聖既遠，人文亦晦，下逮秦、漢諸儒，雖或有述作之功，然不能無乖戾之失；間有羽翼之助，未免爲穿鑿之陋。天啓有宋五星聚奎時，則有若濂、洛、關、閩諸君子出，爲之著述，文簡而理備，言約而義盡，于以發性命之微，闡天人之秘，其有補於聖經、有功於聖門可見矣。鼇峯熊端操乃蒐輯成書，考亭熊剛大復解釋其義，至我國朝都憲吴公訥又益以補註，其理甚明，其義易曉。於中去取增損各有攸當，然而用心之仁則一耳。予奉藩之暇，獲閲是編，味其言之正而繹其理之深，特更鋟梓，嘉惠來學。噫！是書也，非數君子之著述，固莫能羽翼乎聖人之經；非二公之註釋，抑無以發明數君子所言之旨也。學者誠先翫味二公之註，以求數君子之言，由數君子之言以探聖經之奥，庶幾循序而有得焉，尚其勖諸。成化歲之己亥菊月上旬吉日，希古。（録自朝鮮李朝成宗年刻本性理群書補註）